지구적 전환 2021

지구적 전환

근대성에서 지구성으로 다시개벽의 징후를 읽다

20
개벽의 징후
21

지구인문학연구소 기획

고은광순 김유리 박길수 박치완 신승철 오하시 겐지 유상용 유정길 이윤복

이주연 이현진 임진철 전희식 조성환 차은정 허남진 황선진

지음

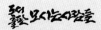
도서출판 모시는사람들

'지구인문학연구소' 탄생에 공명하며

언제부터인가 우리에게는 '전환'이라는 말이 하나의 슬로건처럼 다가오고 있다. 존재론적 전환ontological turn, 영성적 전환spiritual turn, 생태적 전환ecological turn, 에너지 전환energy transition, 전환 마을transition town 등등. 단순한 '변화'도 아니고 '발전'도 아닌 '전환'인 것이다. 이 시대가 어떤 근본적인 변화를 요구하고 있음을 실감할 수 있다.

이러한 사실은 '전환'이 '위기'와 함께 호출되고 있는 점을 보면 더욱 분명해진다. 생태적 위기, 근대의 위기, 기후 위기, 감염병 위기, 지방의 위기, 저출산 위기 등등. 울리히 벡의 표현을 빌리면, 우리는 지금 각종 위기에 직면한 "위험사회"1986년를 살고 있는 것이다. 그런 의미에서 20세기가 '혁명의 시대'였다면, 21세기는 '전환의 시대'이자 '위기의 시대'라고 할 수 있다.

오늘날 인류가 당면한 위험과 시대가 요청하는 전환은 그 범위가 '국가'가 아니라 '지구'라는 점에서 이전과의 차이가 두드러진다. 그래서 그것은 '지구적 전환'과 '지구적 위기'라고 명명될 수 있다. 여기에서 말하는 '지구'는 단순히 '글로벌global'을 의미하지는 않는다. 그것은 지구상에 사는 모든 존재를 포괄하는 개념이다. 그래서 '글로벌라

이제이션'보다는 '지구공동체Earth community'에 가깝다. 동아시아적 개념으로 말하면 천하天下가 아닌 천지天地에 해당한다. 그래서 '지구적 전환'은 '천하국가에서 천지만물로의 전환'으로 바꿔 말할 수 있다.

1990년대에 한국 사회를 강타한 두 가지 큰 흐름은 '글로벌라이제이션'과 '포스트모더니즘'이었다. 그러나 이 책의 관점에서 보면, 양자는 모두 '지구적 전환'의 일환으로 수렴된다. '모더니즘'이 인간과 국가를 중심으로 세계를 바라본 유럽적 근대의 산물이었다고 한다면, '포스트모더니즘'은 그것을 지구적 차원으로 확장하려는 시도라고 볼 수 있기 때문이다.

이 책은 이러한 지구적 차원의 전환과 위기를 한국인의 관점에서 논한 인문서이다. 그런 점에서 '지구한국학'이라고 할 수 있다. 또는 "한국에서 바라본 지구인문학"이라고 해도 무방할 것이다. 책의 구성은 크게 두 부분으로 되어 있다. 전반부는 이론적 탐구의 시도이고, 후반부는 실천적 체험의 서술이다. 그리고 맨 앞과 맨 뒤에 각각 프롤로그와 에필로그가 붙어 있다.

먼저 〈프롤로그〉에서 조성환은, 한나 아렌트의 '지구소외', 울리히 벡의 '지구성'globality, 스테거의 '지구화globalization', 그리고 모시는사람들의 『다시개벽』 창간, 원불교사상연구원의 '지구인문학' 연구 등을 소개하면서 '근대성에서 지구성으로'의 전환의 필요성을 역설하고 있다.

이어서 제1부 〈가치의 전환〉에서는 인류학, 한국학, 종교학, 그리고 수양학의 차원에서 전환을 논하고 있다. 먼저 에두아르도 콘의 『숲은 생각한다』의 역자로 유명한 인류학자 차은정은 지구적 위기를 치유할 수 있는 인류학적 사고법으로 샤머니즘과 다자연주의를 제안한다. 이어서 「지구인문학의 관점에서 본 한국종교」『신종교연구』43의 공동저자인 조성환과 허남진은 각각 한국학과 종교학 분야에서 지구적 전환의 사례를 소개한다. 마지막으로 농사를 지으면서 수련을 병행하고 있는 전희식은 '영성적 삶'의 체험을 생생하게 서술하고 있다.

제2부 〈주체의 전환〉에서는 근대화 과정에서 소외되었던 여성과 노인 그리고 동물을 지구공동체의 일원으로 다루고 있다. 먼저 원불교 성직자이자 원불교사상연구원 책임연구원인 이주연은 에코페미니즘이나 사이보그페미니즘과 같은 최신 페미니즘 이론을 '지구페미니즘'의 관점에서 논하고 있다. 이어서 최근에 1인출판사 〈물음표〉를 차린 청년창업자 김유리는 지구적 위기를 맞아서 인류가 청년의 감수성을 회복해야 한다고 주장한다. 『노년철학하기』의 저자이자 동아시아 실학연구자인 오하시 겐지는 초고령사회 일본의 사회적 문제들을 자세하게 소개하면서, 노년기의 특권은 '철학하기'에 있다는 신선한 대안을 제시한다. 마지막으로 『지구살림, 철학에게 길을 묻다』의 저자이자 생태지혜연구소협동조합의 이사장인 신승철은 2020년을 '동물권운동 개벽의 해'로 선언하면서, 최근에 대두되고 있는 비인간 존재의 권리에 대한 뜨거운 관심을 '개벽의 징후'라고 진단하고 있다.

제3부 〈사회의 전환〉에서는 대학, 미래재단, 환경연대, 출판사와

같이 다양한 현장에서 일하는 전문가들의 소리를 담았다. 먼저 미디어아티스트인 이현진 교수는 코로나19로 인해 우리의 일상생활에 어떤 변화가 일어나고 있는지, 그리고 그것에 어떻게 대응해야 하는지를 교육환경의 변화에 초점을 맞추어 논한다. 이어서 환경부 산하 사단법인 청미래재단의 임진철 이사장은 동서양의 문명사에 대한 폭넓은 이해를 바탕으로 '마을공화국 지구연방' 건설을 제창하면서, 전쟁없는 지구평화가 단순한 이상만은 아니라고 말한다. 불교환경연대 녹색불교연구소의 유정길 소장은 코로나19의 교훈을 상기시키면서, 지구적 전환을 위한 사회운동의 방향을 구체적이고 현실적으로 제시해 준다. 마지막으로 모시는사람들의 박길수 대표는 1920년의 『개벽』 창간에서 2020년의 『다시개벽』 창간에 이르는 100년의 역사를 다섯 단계로 나누어서 상세하게 고찰한 뒤에, 『다시개벽』 창간의 의의를 지구적 전환의 관점에서 서술하고 있다.

마지막 제4부 〈마을의 전환〉에서는 지구적 위기를 극복하기 위하여 구체적으로 우리의 삶을 어떻게 전환해야 할지를 '마을'의 차원에서 논하고 있다. 먼저 '즐거운가'의 대표 이윤복은 2000년대 초반, 송파구 문정동에 있었던 비닐하우스촌일명 '개미마을'의 '청개구리들'이 어떻게 서로 힘을 합하여 자신들의 공간을 만들어 갔는지를 감동적으로 들려준다. 이어서 강화도 '진강산마을교육공동체'의 유상용 대표는 자신의 평생의 염원인 이상적인 공동체를 구현하기 위해 어떤 '사상'을 가지고 어떻게 '실천'하고 있는지를 '원'의 모티브로 풀어낸다.

평화어머니회의 상임대표 고은광순은 '행복마을만들기' 등의 사례를 소개하면서, 지구적 위기를 해결하기 위해서 마을마다 자치권을 갖는 '마을공화국'을 세울 것을 제안한다. 마지막으로 3·1서울민회의 황선진 의장은 "귀본歸本·귀공歸共·귀농歸農"의 삼귀의를 주창하면서, 대동과 민본의 의미를 지구위기시대에 맞게 새롭게 해석하고 있다.

〈에필로그〉는 한국외국어대학 철학과의 박치완 교수가 장식하였다. 박치완 교수는 코로나19 시대에는 '지구시민' 차원에서의 '공통선'이 요청되며, 그것을 실현하기 위해서는 지구시민의 연대가 필요하다고 역설하면서, 『지구적 전환』의 대미를 장식하고 있다.

이 책을 기획한 지구인문학연구소는 도서출판 모시는사람들 산하의 연구소로, 장차 한국학이 나아가야 할 방향을 스스로 찾아보자는 취지에서 설립되었다. 수운회관 삼일대로 157 13층에 위치해 있고, 『지구적 전환』과 거의 동시에 기획되었다. 연구소 명칭은 '지구인문학연구소'이지만, 내용적으로는 개벽학을 중심으로 '지구학-동양학-한국학'의 세 분야를 넘나들 계획이다. '한국학의 지구화'와 '지구학의 한국화'에 관심 있는 여러분들의 많은 관심과 응원을 부탁드린다.

2021년 3월 29일 조성환

지구적 전환 2021

근대성에서
지구성으로

조성환
원광대학교 동북아시아인문사회연구소 HK교수

* 이 글은 2020년 11월 28일에 있었던 〈한국종교학회 온라인 학술대회〉의 한국종교분과
  〈지구위험시대의 한국적 영성과 지구적 치유〉에서 발표한 동명의 제목의 원고를 수정
  보완한 것이다.

〈혹성탈출〉과 지구소외

지금 인류가 겪고 있는 기후 위기나 팬데믹과 같은 '지구적 위험 global risk'은 영화 〈혹성탈출〉1968의 마지막 장면을 떠올리게 한다. 주인공 테일러찰톤 헤스톤가 바닷가에 파묻힌 '자유의 여신상'을 발견하고 무릎을 꿇은 채 통곡하는 장면이다. 우주선을 타고 떠났다가 2천 년 만에 돌아온 '원숭이들의 혹성 Planet of the apes'이 바로 지구였음을 깨닫게 되었기 때문이다. 인류는 자멸하고 그 자리를 원숭이들이 차지한 지구가 된 것이다.

홍미롭게도 〈혹성탈출〉이 나오기 10년 전에, 독일의 정치철학자 한나 아렌트는 『인간의 조건』1958을 출간하였다. 우리에게는 '활동' 개념으로 널리 알려진 이 책에서 그녀는 뜻밖에도 '지구소외' 개념을 제시하였다.

인간의 조건 때문에 여전히 지구에 구속되어 있는 우리는 마치 외부, 즉 아르키메데스적 점으로부터 지구를 마음대로 할 수 있는 양, 지상에서 … 행동하는 방식을 발견했다.373쪽 근대 자연과학 발전의 밑바탕에 깔려 있는 지구소외earth alienation와 비교해 볼 때 … 세계소외world alienation는 사소한 의미만을 가질 뿐이다. 세계소외가 근대사회의 방향과 발전을 규정했다면, 지구소외는 근대과학의 기호가 되었다. … 근대 수학은 인간을 지구에 묶인 경험의 한계로부터 해방시켰으며 인식 능력을 유한성의 속박으로부터 해방시켰다. 375-376쪽[*]

아렌트에 의하면 근대과학은 인간을 '지구'라는 구속에서 해방시키는 '자유'를 가져다주었지만, 그와 동시에 인간이 삶의 '조건'에서 분리되는 '위험'을 낳았다. 동아시아적 개념으로 말하면 천인분리天人分離에 의한 천인불화天人不和를 야기시킨 것이다. 흥미롭게도 이 책이 나오기 한 해 전에 소련에서는 인류 최초의 인공위성이 발사되었다. 1957년 10월에 발사된 '스푸트니크 1호Спутник-1'가 그것이다. 아렌트는 인간이 '지구탈출'을 감행하는 모습을 보면서 '지구소외' 개념을 생각해 냈으리라. 그리고 10년 뒤에 그 결과가 얼마나 비극적인지를 그려 낸 영화 〈혹성탈출〉1968이 나왔다.

아렌트가 말한 '지구소외'는 물리적인 '지구탈출'을 의미하는 것은 아니다. 그것은 '근대과학의 밑바탕에 깔려 있는' 근대의 필연적 속성이다. 과학혁명이 시작된 이래로 인간이 지구를 도구화하고 수단시한 모든 행위들이 지구소외인 것이다. 그래서 아렌트의 관점에서 보

---

[*]   한나 아렌트 지음, 이진우 옮김, 『인간의 조건』, 한길사, 2020(제2 개정판).

면, '근대성'이란 마치 동전의 양면처럼 '소외성'이라는 그림자를 늘
달고 다니게 마련이다.

지구화와 지구학[*]

역설적이게도 지구소외가 가장 가속화된 시기는 '지구화' 시대였다.
우리에게는 '지구화'라는 번역어로 알려진 'globalization'은 1990년대
부터 등장한 새로운 현상을 일컫는다. 인터넷과 신자유주의로 "세계
가 하나 되어 간다."는 뜻으로, 지리학자 데이비드 하비1935~의 표현을
빌리면 '시공간이 압축time-space compression'된 시대를 말한다.[**] 그러나
모든 것에는 양면이 있듯이 지구화로 세계는 하나가 되었지만, 인간과
지구 사이는 점점 더 멀어져 갔다.

  이러한 현상을 연구하는 학문이 20세기 말부터 대두되기 시작
한 '지구학'이다. 1990년대부터 서양에서는 Global Sociology, Glbal
History, Global Politics, Global Anthropology, Global Religion과 같
이 'global지구적'이라는 수식어를 붙인 책과 글들이 봇물처럼 쏟아져
나오기 시작했다. 국가와 국가 간의 경계를 넘나드는 지구화시대에
접어들면서 '국가학National Studies'에서 '지구학Global Studies'으로의 전

---

[*] 이 부분은 조성환·허남진, 「지구인문학의 관점에서 본 한국종교」, 『신종교연구』 43집,
    2020 참조.
[**] 이 표현은 David Harvey, Basil Blackwell, 1989에 나온다. 우리말 번역은 구동회·박
    영민 옮김, 『포스트모더니티의 조건』, 2009(초판은 1994).

환이 요청되었기 때문이다. 이제 국민윤리는 지구윤리로, 국사national
history는 지구사global history로 학문의 영역이 확장되어야 할 시점에 이
른 것이다.

이러한 흐름을 한눈에 보여주는 책이 대표적인 지구학자 맨프레
드 스테거Manfred Steger의 『지구화: 짤막한 소개 Globalization: A Very Short
Introduction』이다. 2003년에 초판이 나온 이래로 판을 거듭하여 2020
년 여름에 제5판까지 나온 상태다. 이 입문서는 목차에도 잘 나와 있
듯이, 정치·경제·문화·생태 등 각 분야별로 '지구화' 현상을 일목요
연하게 소개하였다.*

1. 지구화란 무엇인가? What is globalization?

2. 역사 속의 지구화 Globalization in history

3. 지구화의 경제적 차원 The economic dimension of globalization

4. 지구화의 정치적 차원 The political dimension of globalization

5. 지구화의 문화적 차원 The cultural dimension of globalization

6. 지구화의 생태적 차원 The ecological dimension of globalization

7. 지구화를 둘러싼 이념적 대치 Ideological confrontations over globalization

8. 지구화의 미래 The future of globalization

---

* 참고로 이 책은 현재 공주교대의 이우진 교수와 원불교사상연구원의 허남진 교수, 그
리고 필자가 공동으로 번역하고 있고, 올해에 모시는사람들에서 간행될 예정이다.

지구성과 지구공동체

스테거가 사회과학자의 입장에서 지구화 현상을 다루고 있다면, 울리히 벡 1944~2015은 지구화에 대한 인문학적인 접근을 겸하고 있다. 그의 대표 저서 『*Risikogesellschaft*』Risk Society, 1986와 『*Was ist Globalisierung?*』What is Globalization?, 1997은 오늘날 우리가 겪고 있는 팬데믹을 이미 예견하고 있다는 점에서 놀랄만하다. 두 책은 우리말로도 번역되었는데, 『*Risk Society*』는 1997년에 홍성태에 의해 『위험사회』 새물결로, 『*What is Globalization*』은 2000년에 조만영에 의해 『지구화의 길』 거름로 각각 번역되었다. 『위험사회』가 나온 1986년은 체르노빌 원전 사고가 난 해였고, 『지구화의 길』에서는 이것을 '위험의 지구화' globalization of risk라고 표현하였다. 지구화로 인해 세계가 하나 되었을 뿐만 아니라 위험도 하나가 되었다는 뜻이다.

이 '하나 됨'을 울리히 벡은 '지구성 globality'이라는 개념으로 표현하였다. 여기서 '지구성'이란 "인류가 하나의 지구사회 속에 살고 있다."는 뜻이다. 그런 점에서 지구학자 geologian를 자임한 토마스 베리 1914~2009의 '지구공동체 Earth Community' 개념과 상통한다. 토마스 베리의 '지구공동체' 개념은 1988년에 『지구의 꿈』에서 사용되었고,* 울리히 벡의 '지구성' 개념은 그로부터 9년 뒤인 1997년에 『지구화의 길』

---

* 토마스 베리 지음, 맹영선 옮김, 『지구의 꿈』, 대화문화아카데미, 2013.

에서 등장한다.[*] 양자의 공통점은 '지구'를 하나의 '살아 있는 공동체'로 간주하면서, 인간 이외의 존재까지도 지구학의 범주에 넣고 있다는 점이다. 대표적인 예가 자연에게도 생존권을 보장해 주자는 토마스 베리의 '지구법' 제안이다. 이처럼 토마스 베리와 울리히 벡은 지구 전체를 대상으로 인문학적 고찰을 시도하였고, 그런 점에서 '지구인문학자'라고 명명할 수 있다. 이들이 당시의 사회과학자들과 다른 점은 바로 여기에 있다.

'지구인문학'의 발견

지구인문학은 하나의 '발견'이라고 해도 과언이 아니다. 마치 조선 후기에 실학이라는 새로운 학문 사조가 일어났다고 알려져 있듯이, 서양에서도 1990년대부터 지구학이라는 새로운 학문 경향이 대두되었다는 흐름을 포착해 냈기 때문이다. 국내에도 지난 30년 동안 지구화에 관한 많은 번역서들이 출간되긴 했지만, 이들을 '지구학'이라는 포괄적인 틀로 이해한 경우는 없었다. '실학'이라는 학문 범주가 1930년대의 조선학 운동가들에 의해서 처음으로 제안되었듯이, '지구학'도 30여 년이 지난 후에야 하나의 흐름으로 보이기 시작한 것이다.

그런데 지나고 나서 생각해 보면 '지구학'이라는 통찰은 국내에서

---

[*] 울리히 벡 지음, 조영래 옮김, 『지구화의 길』, 거름, 2000, 27쪽, 29쪽, 31쪽 등.

는 이미 2019년에 역사학자 이병한이 제기했다고 할 수 있다. 그는 필자와 같이 쓴 『개벽파선언』모시는사람들에서 수차례에 걸쳐 '지구학'이라는 말을 사용하였다. 나아가서 '개벽학은 지구학'이라는 새로운 해석을 제안하였다.* 조선 말기에 대두되기 시작한 동학·천도교·원불교와 같은 개벽학이 알고 보면 지구학이었다는 것이다. 아마도 수년 동안 유라시아 견문과 미국 유학의 경험을 통해서 얻은 통찰일 것이다. 이 통찰은 필자에게 개벽사상에 대한 폭넓은 시각을 열어주었을 뿐만 아니라 한국학이 나아가야 할 방향을 암시해 주었던 것 같다. 그 결과가 지금 원광대학교 원불교사상연구원에서 진행하고 있는 '지구인문학'이다.

장점마을에서 시작하는 지구인문학

2019년까지 자생적 근대사상으로서의 '개벽학'을 연구해 왔던 원불교 사상연구원에서는 2020년 2월 18일에 '지구인문학' 개념을 창안하고, 4월 7일부터 본격적인 스터디를 시작하였다. 그 최초의 연구 성과가 2020년 10월에 나온 조성환·허남진의 「지구인문학의 관점에서 본 한국종교 - 홍대용의 『의산문답』과 개벽종교를 중심으로」『신종교연구』43집, 2020이다. 이 외에도 필자는 2020년 겨울부터 대발해동양학한국학

---

* 이병한, 「개벽학은 미래학이요 지구학이라」, 『개벽파선언』.

지금은 폐허가 된 금강농산

장정마을 앞에 있는 버스정류장

연구원에서 간행하는 『文學 史學 哲學』에 '지구인문학' 연재를 시작하였다.

첫 번째 연재 제목은 「장점마을에서 시작하는 지구인문학」이었다. '장점마을'은 전북 익산시 함라면에 위치한 농촌 마을로, 2001년에 비료 공장 '금강농산'이 들어선 이래로 88명의 마을 주민 중에 18명이 암으로 사망하고, 12명이 암으로 투병 중인 비극적인 곳이다. 원인은 비싼 비료를 만들기 위해서 불법적으로 연초박을 태운 데에 있었다. 원래 연초박은 썩혀서 퇴비만 만들 수 있는데 금강농산에서는 고가로 판매할 수 있는 비료를 만들기 위해 연초박을 태운 것이다. 이 과정에서 나온 발암물질이 20년 동안 마을 주민을 괴롭히고 있었다. 전문가들에 의하면, 마을 주민들은 20년 동안 간접흡연을 한 거나 다름없다고 한다. 원광대 예방의학교실 오경재 교수는 《시사IN》과의 인터뷰에서 "사람은 뒷전이고 산업만 성장하는 과정에서 환경문제, 환경 재앙은 필연적이었다"라고 하였다.[*] 21세기 지구화시대에도 20세기 산업화의 문제가 여전히 뿌리깊음을 보여주는 비극적인 사례이다.

---

[*] 이상, 장점마을 사태를 다룬 유튜브 동영상 "『시사IN』 미니다큐 〈장점마을의 17년, '해바라기 꽃 필 무렵'〉, 2020.05.11. 참조(https://www.youtube.com/watch?v=tKXFKOaqdIs) 이 외로도 최근에 보도된 "KBS 생로병사의 비밀" 749회 〈귀촌부부도 암 확진, 부부가 동시 사망하기도. 익산 장점마을의 비극이 시작된 원인은?〉 2020.10.14.이 있다(https://www.youtube.com/watch?v=PHGZVS6Rf7Q).

지구학과 지역학의 양행兩行

장점마을에서 희생된 것은 인간만이 아니다. 숲속의 동물, 물속의 물고기, 하늘의 새가 먼저 떼죽음을 당했다. 그런 의미에서는 장점마을 사태는 특정 지역에서 발생한 지구적 문제라고 할 수 있다. 이처럼 지구인문학은 지구학Global Studies과 지역학Local Studies이라는 두 길을 동시에 가는 것을 兩行 이상으로 삼는다. 이것은 마치 1860년에 동학을 창시한 수운 최제우1824~1864가 "도는 천도天道이지만 학은 동학東學이다."라고 한 것과 유사하다. 추구하는 지향성은 서학과 같은 천도지구학이지만, 그것에 이르는 방법은 토착적인 동학지역학이라는 뜻이다. 그래서 동학에서 시작된 개벽학은 '한반도라는 지역에서 일어난 지구학'이라고 할 수 있다.

이러한 흐름을 잇는 것이 지난 12월 1일에 탄생한 『다시개벽』이다. 『개벽』 창간 100주년을 기념하여 창간된 계간지 『다시개벽』은 개벽학과 지구학의 양행을 지향하고 있다. 안으로는 동학 이래의 개벽사상의 흐름을 이으면서, 밖으로는 지구위험시대의 지구인문학을 모색하자는 취지에서 시작되었다. 발행인은 월간《개벽신문》을 10년 동안 간행한 도서출판 모시는사람들의 박길수 대표이고, 필자는 창간호부터 편집위원으로 참여하고 있다. 하지만 실제로 책을 만드는 실무진은 철학과 문학과 디자인을 전공한 20-30대 청년들이다. 편집장은 국문학을 전공한 서울대학교의 홍승진1988~현재이고, 표지와 본문디자인은 PaTI의 안마노1982~현재 디자이너가 맡았다. 이 외로도 편집위원으로 철학을 전공한 이원진, 철학을 공부하는 성민교와 영문학을 연구하는 유상근, 문학을 전공한 이소연이 활동하고 있다. 과거의 『개벽』이 천도교 청년들이 중심이 되어 탄생했듯이, 『다시개벽』도 그런 '푸른' 전통을 '다시' 살리자는 취지이다.

『다시개벽』의 '다시'는 동학을 창시한 수운 최제우의 개벽정신을 잇고 있다. 최제우는 『용담유사』에서 "십이제국 괴질운수 **다시개벽** 아닐런가. 태평성세 **다시 정해** 국태민안 할것이니."「몽중노소문답가」라고 하였다. 인문적 가치의 기준을 '다시' 정해서, 마치 천지가 처음 열렸던 것처럼 새로운 세상을 '다시' 열자는 것이다. 그런 점에서 최제우의 동학은 '다시'의 철학이라고 할 수 있다.

'다시'의 철학은 조선이 가장 암울했던 시점에서 나왔다는 점에서 주목할 만하다. 동학이 창시된 1860년은 영불 연합군에 의해 북경이 함락된 해이다. 전통적으로 중국과 '조공-책봉' 관계를 맺어 오던 조선으로서는 언제 나라가 넘어갈지 모르는 풍전등화의 상황이었다. 그런데 이런 위기 상황에서 비관론이나 종말론으로 빠지지 않고 "다시 시작하자!"라는 슬로건을 내건 사상운동이 나온 것이다. 그뿐만 아니라 최제우의 '다시개벽'은 이후에 최시형의 '후천개벽'으로, 천도교에서는 '사회개벽'으로, 원불교에서는 '정신개벽'으로 이어지게 된다. 『다시개벽』도 이러한 '다시'의 전통을 이어서, **전통과 현대를 잇고, 세대와 세대를 잇고, 인간과 자연을 잇자**는 취지에서 시작되었다.

『다시개벽』과 술이창작述而創作

『다시개벽』은 마치 사계절이 순환하듯이, 매년 같은 계절에 같은 테마로 '다시' 돌아오는 순환 구조를 띠고 있다.

> 겨울호 : 서구 중심주의 비판
>
> 봄호 : 한국 자생학의 발굴
>
> 여름호 : 지구인문학의 모색
>
> 가을호 : 현대 철학들의 모험

『다시개벽』 창간호와
제2호 표지

이에 맞게 창간호인 겨울호의 부제는 '**서구근대 백여년에 운이역시 다했던가**'로 정했다. 최제우의 『용담유사』에 나오는 "**유도불도 누천년에 운이역시 다했던가.**" 「교훈가」를 지금 현실에 맞게 수정한 것이다. 최제우는 서세동점의 상황에서 유교儒道나 불교佛道와 같은 전통사상의 유효기간이 다했다고 보고 새로운 학문을 창작하였다. 마치 1990년대에 토마스 베리가 근대 학문의 종언을 고하고 새로운 '지구학'을 제창한 것과 유사하다. 『다시개벽』도 이러한 시대적 흐름에 동참하면서, 서구 학계에 의존하는 풍토를 지양하고, 자생적인 학문운동을 일으키고자 한다. 공자의 표현을 빌리면 '술이부작述而不作'에서 '술이창작述而創作'으로의 전환이다.

신학에서 님학으로

지구인문학의 모색은 『다시개벽』과 같은 출판 운동 이외에 학술 대회를 통해서도 시도되고 있다. 2020년 11월 28일에 한국종교학회 학술 대회 한국종교분과에서 열린 '지구위험시대의 지구적 치유와 한국적 영성'은 '지구인문학'이라는 주제를 다룬 최초의 학술 대회라는 점에서 의의가 크다. 프로그램에 나와 있듯이, 지구학과 지역학을 모자이크처럼 짜 놓은 구성이다.

특히 제3부의 〈신에게서 님에게로〉는 한글 개념 '님'에 담긴 인문학적 의미를 추적하고 있다는 점에서 주목할 만하다. 한국인들에게 '님'은 그리움과 동경의 대상을 지칭하는 개념이다. 그런데 종래에 학계에서 동학의 '하늘님' 개념은 '님'이 아닌 '신god'의 범주로 연구되어 왔다. '범재신론'이나 '범신론'과 같은 규정이 그것이다. 그러나 최제우는 분명 『용담유사』에서 '하늘신'이 아니라 '하늘님'이라고 말했다. 여기에서 '하늘'은 '님'을 수식하는 관형어다. '하늘'과 '한'의 어원적 유사성을 고려하면 '하늘님'은 '큰 님'이라는 의미가 된다. 가장 큰 님이 '하늘님'인 것이다.

최제우는 모든 인간은 자기 안에 '하늘님'을 모시고 있다侍天主고 하였다. 『신생철학』1974의 저자 윤노빈의 표현을 빌리면, 아무리 신분이 천해도 '놈'이 아니라 '님'이라는 것이다. 최제우의 뒤를 이어 해월 최시형1827~1898은 만물도 하늘님을 모시고 있다고 하였다. 그 이유는 만물을 낳고 길러 주는 지구야말로 가장 큰 '하늘님'이자 '부모님'이고,

만물은 그런 하늘님의 자식이라고 보았기 때문이다. 그래서 최시형에게 오면 우주에 존재하는 모든 존재가 '님'으로 여겨지게 된다 "해도 옷을 입고 달도 밥을 먹는다." 『해월신사법설』「천지부모」. 최시형의 동학이 지구학적이고 생태학적 성격을 띠는 것은 이 때문이다.

2020년 11월 열린 한국종교학회 한국종교분과 학술대회 프로그램

그렇다고 해서 이것이 사물의 인격화 人格化를 의미하는 것은 아니다. 단순히 '님'이 아니라 '하늘님'이기 때문이다. 그래서 인격화라기보다는 '천격화 天格化'라고 하는 편이 옳을 것이다. 그래야 동학이 꿈꾼 '개벽세상'의 의미가 드러나기 때문이다. 그 세상은 모두가 '하늘'이고 만물이 '님'이 되는 지상천국이자 님들의 세상이다. 지금도 한국인들이 '선생님', '사장님', '사모님'과 같이 모두에게 '님'을 붙이는 것은 이러한 염원의 흔적이 아닐까 생각한다.

'님'에 대한 동경

최제우의 '하늘님'은 한국인들의 무의식 속에 남아 있던 '님'의 세계를 부활시켰다. 고조선 시대의 최초의 시가로 알려져 있는 〈공무도하가 公無渡河歌〉는 "님아, 물을 건너지 마오!"라고 번역된다. '공 公'이라는 한자어를 '님'의 번역어로 본 것이다. 그런데 님은 끝내 물을 건너고 말았다. 동학 식으로 해석하면 '개벽'을 감행한 셈이다. 떠나 버린 님에 대한 그리움을 표현한 노래가 〈공무도하가〉이다.

이처럼 '님'은 그리움과 동경의 대상을 일컫는 말로 사용되었다. 조선 중기의 문인 송강 정철의 〈사미인곡思美人曲〉도 '님'美人을 그리워하며思 쓴 노래歌이다. 조선 후기의 유씨 부인이 쓴 〈조침문弔針文〉은 부러진 바늘을 '그리워'하면서 쓴 제문祭文이다. 그런 점에서 유씨 부인에게 바늘은 단순한 '사물'이 아니라 하나의 '님'이었다고 할 수 있다. 자신과 오랫동안 관계를 맺은 것이라면 모두 '님'으로 대했던 전통시대 사람들의 정서를 잘 보여준다.

'님'은 또한 한국인들이 외래 사상을 수용하는 토대가 되기도 하였다. 김형효는 성리학의 '리理'가 퇴계학에서는 '님'으로 수용되었다고 보았다.* 실제로 퇴계는 '리'와 '상제上帝'를 번갈아가며 쓰기도 하였다. 그뿐만 아니라 말년에는 "내가 리를 궁구하면 리는 반드시 나에게 다가온다."라는 리도설理到說을 제창하면서, "리는 사물死物이 아니다."라고 하였다. 이것은 '리'를 주자학에서와 같은 추상적인 도리道理가 아니라 나와 감응하는 활리活理로 이해하겠다는 입장이다. 그래서 적어도 퇴계에서는 '리'가 '하늘님'과 같은 인격적 존재로 이해되었다고 할 수 있다.

---

* 김형효, 「퇴계의 사상과 자연신학적 해석」, 『원효에서 다산까지』, 청계, 2000.

반면에 최제우에게 오면 리理가 아닌 기氣가 '님'이 된다. 최제우는 천리天理가 아닌 지기至氣를 하늘님으로 보았기 때문이다. 여기에서 '지기'는 일반적으로 '우주적 생명력'으로 설명되는 개념으로, 종교학적으로 말하면 일종의 '생태영성'과 상통하는 개념이다. 『동경대전』에 나오는 천령天靈이나 영기靈氣와 같은 개념은 이 점을 잘 보여준다.

한편 해방 이후에는 자유와 같은 민주주의의 가치가 '님'이 된다. 데모나 집회 때에 애창된 〈'님'을 위한 행진곡〉에서 '님'은 물리적으로는 민주화운동의 희생자를 가리키지만, 가치적으로는 그 희생자가 추구한 '민주주의'를 의미한다. 만해 한용운이 "그리워하는 것은 모두 님이다."라고 하였듯이, 민주주의의 가치를 그리워하고 동경하면 그것이 '님'이 되기 때문이다.

지구가 '님'이 되는 시대

아렌트가 지적한 근대인들의 '지구소외'는 동학적으로 말하면, 지구를 '님'이 아닌 '것'이나 '놈'으로 전락시켰다는 비판이다. 이러한 진단은 일찍이 1931년에 D. H. 로런스가 "근대인들은 우주를 상실했다."라고 비판한 것과도 상통한다.* 근대인들에게 우주는 더 이상 인간과 교감

---

* 데이비드 허버트 로렌스 저, 김명복 역, 『로렌스의 묵시록』, 나남, 1998.

하는 친구가 아니라 자연과학적 탐구의 대
상일 뿐이라는 것이다. 영문학자 백낙청 교
수가 로런스를 '서양의 개벽사상가'라고 평
가한 이유도 여기에 있다.[*]

이와 같이 19세기 말~20세기 초에는 동
서양을 불문하고 산업혁명과 자본주의의
'위험'을 경고하는 사상들이 동시다발적으
로 출현하였다. 특히 한국에서는 이러한 흐
름이 1980년대의 한살림운동과 2000년대

『서양의 개벽사상가 D.H. 로
런스』(백낙청, 창비, 2020)

의 생명평화운동으로 계승되었다. 2020년에 원광대학교 원불교사상
연구원에서 제창한 '지구인문학'은 이러한 흐름을 이으면서, 지구위
험시대에 지구와 인간, 인간과 만물의 관계를 '다시' 생각해 보자는 자
생적 학문 운동이다. 이러한 '관계의 전환', '의식의 개벽'이야말로 오
늘날 인문학에 요청되는 전 지구적 사명이 아닐까 생각한다.

---

[*]　백낙청, 『서양의 개벽사상가 D.H. 로런스』, 창비, 2020.

가치의

— 제1부 —

전환

지구적 치유를 위한 인류학적 사고법

사머니즘과 다자연주의

차은정

서울대학교 사회과학연구원 선임연구원

이전에서 너머로

서울이 한눈에 들어오는 인왕산 중턱에는 국사당國師堂이라는 사당이
있다. 중요민속문화재 제28호로 지정된 국사당은 단군왕검과 태조 이
성계 등 한국의 여러 큰 신을 모시고 있다. 그러나 국사당의 외형은 한
국 무속에서 차지하는 높은 신격과는 어울리지 않아 보인다. 소박하
고 단아하다. 내가 몇 해 전 교양수업의 체험학습 차 학생들과 함께 그
곳을 찾았을 때 우리를 맞은 이는 등이 굽은 초라한 행색의 노파였다.
국사당의 당주堂主인 듯한 그녀는 퉁명스럽게 우리의 신원을 확인한
다음 본당 문에 걸린 자물쇠를 열고 아무 말 없이 우리를 안으로 들여
보내 주었다. 어두침침한 내부의 정면에는 최영 장군의 영정이 걸려
있었다. 때마침 무당들이 찾아왔다. 운수를 점치기 위해서였다. 무당
들은 영정 앞에 놓인 초에 불을 붙이고 본당 한쪽에 마련된 오방기를
허공을 가르듯이 쉭쉭 휘두른 후에 그중 하나를 뽑아 노파에게 보여
주었다. 노파는 조금 전의 흐릿한 눈빛은 온데간데없고 쏘아붙이듯이
무당들에게 점괘를 읽어주었다. 구경꾼으로서 점 굿의 일부가 되어
버린 우리는 말하자면 '무당의 무당'인 노파의 뭐라 표현할 수 없는 강
한 기운에 압도당했다.

노파는 샤먼이다. 샤먼shaman은 혼이 신체를 떠나 이 세계와 저 세계를 자유로이 오가며 사람들의 몸과 마음을 치유하는 자를 말한다. 샤먼이라는 용어는 시베리아 동쪽 끝의 캄차카반도에 살았던 퉁구스족의 사제司祭를 가리키는 "사만šaman"에서 유래한다. 이 말이 17세기 퉁구스족을 정복한 러시아를 통해 네덜란드에 알려진 이래, 유럽에서는 동북아시아의 독특한 종교적 관념과 형식으로서 샤머니즘에 주목해 왔다. 19세기 독일의 비교종교학자 막스 뮐러는 샤머니즘을 "마법적 인물의 형성, 주술을 통한 질병 치료, 악령 숭배, 초자연적인 힘의 획득, 주술과 육화incarnation와 그 외 샤먼의 마법에 관한 규칙"*이라고 규정했다. 근대종교학의 선구자이자 하이데거의 스승이었던 막스 뮐러가 보기에 샤머니즘은 합리적으로 설명되지 않는 초자연적인 종교현상이었다. 어쩌면 서양인들에게 이국적이고 신비로웠을 샤머니즘은 20세기 유럽 제국의 식민지배 하에서 퇴치할 악습으로 치부되었을지언정 학문적으로는 매혹적인 연구 대상이었을 것이다.

인류학에서는 샤머니즘을 동북아시아뿐만 아니라 아메리카와 오스트레일리아 등의 세계 각지에 존재하는 보편적인 문화 관습으로서 인간의 본성과 관련지어 왔다. 샤먼이 자신의 혼을 신체와 분리해서 먼 곳을 여행 다녀오거나 죽은 자의 혼을 다시 불러들이거나 정령의

---

* Max Müller, *Chips from a German Workshop*, Vol. I, pp.233-234.

부름을 받거나 하는 것들은 가장 원시적이면서도 현대에도 지속하는 종교적 전통의 하나로 다뤄져 왔다. 흥미로운 점은 현대사회에 이르러 오히려 샤머니즘적 현상이 급증한다는 사실이다. 한쪽에서는 샤머니즘을 정신질환이나 사기 행각 혹은 구시대적인 인습으로 몰아붙이고, 다른 한쪽에서는 대중문화의 핫한 콘텐츠로 소비한다. 한국에서 무속인의 수는 공식적으로 50만 명이 넘고 비공식적으로 100만 명에 가깝다. 인터넷에서는 각종 운세 풀이와 무속인 유료 상담이 넘쳐난다. 나아가 끝없이 진보할 것이라던 인류의 미래가 장밋빛에서 회색빛으로 점차 변해 가는 오늘날 샤머니즘은 컬트적 현상으로 지나치기에는, 파국을 헤쳐 왔던 인류의 지난 통찰력으로서 어디선가 호출되는 빈도가 잦아지고 있다. 비과학적이라던 샤머니즘은 과학기술의 눈부신 발전에도 불구하고 어찌 된 일인지 인간 사고의 한 자리를 계속해서 차지하고 있다. 이러한 샤머니즘을 어떻게 근대 이전의 낡은 관념이 아니라 근대 너머의 대안적 사고로서 탐색할 수 있을까? 샤머니즘을 미래의 또 다른 철학으로 논하고자 하는 21세기 인류학은 그것을 통해 우리의 시선이 너머의 지평에까지 다다르기를 시도한다.

타자의 문제와 샤머니즘

우리가 샤머니즘을 미래 인류의 대안적 사고로서 검토해 보고자 한다면, 먼저 그것이 시베리아 수렵채집민의 삶에서 비롯된 것임을 간과 해서는 안 된다. 왜 그들은 혼이 한 신체를 떠나 다른 신체로 옮겨갈 수 있다고 말할까? 무엇 때문에 혼은 신체의 경계를 넘어서야 할까?

수렵채집민의 삶은 늘 먹고 먹히는 포식捕食과 피식被食의 긴장 관계에 놓여 있다. 그래서 그들은 한시도 방심할 수 없다. 아마존 내륙에 사는 파다한 부족을 연구한 미국의 언어인류학자 다니엘 에버렛은 그곳 사람들은 "잠들면 안돼!"라는 말로 안부를 주고받는다고 말한다. 연약한 인간은 잠드는 순간 포식자의 먹잇감이 되기 쉽다. 유대계 에콰도르인이자 북미 인류학자 에두아르도 콘은 아마존 수렵채집민들이 밤에 깊은 잠을 자지 않는다고 말한다. 최상위 포식자들이 주로 밤에 활동하기 때문이다. 콘이 현장 연구한 아마존의 루나족은 밤새 마니옥으로 빚은 술이나 우아유사로 만든 차를 마시며 담소를 나눈다. 그들은 밤에 자지 않는 대신 낮잠을 즐긴다. 단, 낮에 잠을 자더라도 반듯하게 누워 자야 한다. 엎드려 자거나 옆으로 자면 재규어같이 강한 포식자에게 '다 잡은 고기'로 보일 수 있고, 자다가 재규어를 만나면 재규어에게 '나도 너와 같은 포식자'로 보이도록 재규어의 눈을 똑바로 응시해야 하기 때문이다. 먹이사슬에서 살아남기 위해서는 내가 너를 어떻게 보는지보다 네게 내가 어떻게 보이는지를 아는 것이 중요하다. 포식자가 세상을 어떻게 보는지를 알아야 포식자에게 잡아먹히지 않을 수 있고, 먹잇감이 세상을 어떻게 보는지를 알아야 먹잇감을 잡아먹을 수 있다. 이처럼 수렵채집민의 기본적인 생존 전략은 타자의 관점에 서는 것이다.

근대의 사고방식에서는 타자의 관점에서 세상을 보는 것이 불가능하다. 세상을 본다는 것은 나의 관점에 선다는 것이기 때문이다. 일찍이 근대철학의 아버지라 불리는 르네 데카르트는 사고의 주체로서 코기토를 발견했다. 데카르트는 진리에 이르기 위해 모든 인식의 가능성을 의심하는 방법적 회의의 길을 택했고, 그 길 끝에서 코기토를 만났다. 코기토야말로 인간에게 진리의 답안을 작성할 자격을 부여한다. 다시 말해 코기토 덕분에 인간은 신의 대리자로서 주체적 의지를 갖추고 진리의 답안을 작성할 수 있다. 여기서 유의해야 하는 것은 라틴어 "코기토cogito"가 단수형으로서 그 뜻이 '나는 생각한다'라는 것이다. 너도 아니고 우리도 아닌 바로 '나'가 생각하므로 진리는 존재한다.

이제 근대철학의 과제는 '나'가 보는 세계는 무엇이며 그 세계를 '나'는 어떻게 인식하는지를 밝히는 것이다. 문제는 '나'가 세계를 인식하는 독점적이고 특권적인 지위를 얻은 만큼, 세계는 수많은 '나'에 외재하는 단일한 본성을 가진 '나'의 인식 대상이 된다는 데에 있다. 경험론과 합리론을 집대성하여 근대 유럽의 형이상학의 기틀을 마련한 임마누엘 칸트는 세계가 인식과 무관한 물자체物自體로서 경험에 앞선다고 말한다. 즉 세계의 본성은 '나'가 인식을 하든 말든 상관없다. 게다가 물자체는 주체와 분리된 '절대적 소여'이기 때문에 인간은 세계를 '즉자적으로' 인식할 수 없다. 이에 따라 물자체에 어떻게 가닿을 수 있는지를 궁리하는 인식론은 객관성과 주관성을 각각 영역화한다. 객관성이란 인식 대상의 단일한 본성을 말하며, 주관성이란 그것에 대한 인식의 차이를 말한다.

영국의 사회인류학자 데이비드 그레이버는 20세기 서구 인류학이 객관성과 주관성을 자연과 문화에 각각 다르게 대응시켜 왔다고 주장한다.[*] 자연은 모든 인간에게 똑같이 주어진 천혜의 조건으로서 앎의 대상이고, 문화는 그 조건에 대한 인간 집단마다 고유한 앎의 세계이다. 20세기 초 문화인류학의 포문을 연 문화상대주의는 이 앎의 세계가 다양하게 존재하며 이것들 사이에서 우열을 가릴 수 없을뿐더러 가치를 판단할 수 없음을 웅변한다. 문화는 텅 빈 '기표'에 채워 넣어지는 각각의 '기의'와 같다. 이를테면 의복이라는 '기표'에 제각기 채워지는 한복과 기모노가 문화이고, 여기서 한복과 기모노 사이에 우열은 없다.

그러나 '기표'는 주어진 것이 아니다. 문화상대주의자들은 그것을 수의 세계에서 아무 값도 갖지 않는 '영 0'에 비유하지만, 그것 또한 서구의 지식에 기반한다. 서구 인류학자는 서구 아닌 사회를 서구의 언어로 기술하고 그렇게 기술된 지식을 서구 사회에 제공해 왔는데, 그 기술에서 '기표'의 역할을 하는 것은 서구의 지식이었다. 근대 유럽의 지식은 세계의 본성이 단일하고 스스로가 여타 지식보다 세계의 본

---

[*] David Graeber, 2015, "Radical alterity is just another way of saying "reality": A reply to Eduardo Viveiros de Castro", *HAU: Journal of Ethnographic Theory* 5(2), p. 19.

성—세계의 단일한 본성을 탐구하는 것, 그것이 바로 '과학 science'이 다—에 더욱 가깝다고 주장한다. 그래서 비교의 관점에서 근대 유럽 의 지식은 어느 쪽이 옳은 인식이고 어느 쪽이 그른 인식인지를 판별 하게 된다. 예를 들어 시베리아 북동쪽에 사는 유카기르족은 인간과 동식물은 물론이고 세계의 모든 것들은 살아 있고 다만 의식 있는 것 과 의식 없는 것으로 구별된다고 생각한다. 유카기르 사람들에게 동 물과 나무와 강은 움직이므로 의식이 있는 것이고 돌과 음식물은 움 직이지 않으므로 의식이 없는 것이다.* 우리는 이러한 유카기르족의 생각을 독특한 사고방식이기는 하지만 근대 유럽의 지식, 곧 '과학'에 비추어 자연에 대한 잘못된 인식이라고 여긴다.

이렇듯 근대의 객관주의적 인식론에서는 자연을 세계에 대한 앎의 규준으로 삼고 자연의 본질을 탐구하기 위해서 세계를 '과학화'한다. 세계의 '과학화'는 타자도 피해갈 수 없다. 이 말은 '나'가 세계를 인식 하기 위해 '나' 이외의 모든 것을 객체화 objectification해야 하고 여기서 타자도 예외가 아님을 뜻한다. 타자가 비실재적인 추상으로 남으면 우리는 타자를 알 길이 없다. 내가 세계를 올바로 알기 위해서는 주체 를 나 이외에는 허용해서는 안 된다. 요컨대 나의 주체적 의지는 타자 를 실재하는 무엇으로 인식하기 위해 타자의 주체까지도 객체화한다.

---

* Rane Willerslev, 2007, *Soul Hunters: Hunting, Animism, and Personhood Among the Siberian Yukaghirs*, University of California Press, pp.73-74.

그래서 우리는 타자의 인격을 사회적으로 범주화하고 유형화한다. 그렇게 타자를 여러 가지의 지식 형태로 포섭한다. 그렇지 않고 우리가 타자에게 주체적 의지를 허용한다면 타자의 말과 행동을 예상할 수 없다. 타자가 무슨 말을 할지 모르고 어디로 튈지 모른다. 만일 누군가의 감정과 말과 행동의 모든 것을 예상할 수 있다면, 우리는 누군가를 안다고 말할 수 있다. 그렇지만 과연 그런 누군가가 있겠는가? 아마도 우리가 연인처럼 친밀한 관계에서 어려움을 겪는 것은 친밀한 관계인 만큼 상대를 잘 알기 때문이 아니라, 그런데도 상대를 모른다는 것을 너무나 잘 알기 때문일 것이다.

내가 사랑하는 만큼 나를 사랑한다고 철석같이 믿었던 연인이 어느 날 갑자기 내 곁을 떠났다. 돌이켜보니 나는 그를 잘 알지 못한 것 같다. 그렇다면 나는 누구를 사랑한 것일까? 그래도 나는 그의 외형을 알고 있고 그가 가진 돈을 알고 있고 그의 학벌과 사회적 지위를 알고 있다. 브라질의 인류학자 비베이루스 지 카스트루의 말을 빌려 말하면, 이것은 타자의 탈주체화desubjectivization, 즉 타자의 주체를 최소량으로 줄여서 대상으로서 해명하는 것이다.[*] 현대사회에 외모지상주의, 학벌주의, '수저론' 등이 만연하는 것은 타자를 알기 위해서가

---

* Eduardo Vibeiros de Castro, 2005, "Perspectivism and Multinaturalism in Indigenous America", In *The Land Within: Indigenous Territory and the Perception of the Environment*, Alexandre Surrallés and Pedro García Hierro (eds.), p42.

아니라 알고 싶지 않아서일지 모른다.

이에 반해 샤머니즘은 타자를 알고 싶다면 타자가 되라고 말한다. 타자가 되는 것이 타자를 아는 유일한 방법이다. 무당의 혼이 자신의 몸을 떠나 '저쪽' 세계를 다녀오는 엑스터시, 죽은 자의 혼이 무당의 몸에 들어오거나 무당의 혼이 다른 자의 몸에 들어가는 빙의, 신이 무당의 몸에 들어와 무당이 초자연적 힘을 얻는 신들림 등은 타자-되기의 샤머니즘적 연행이다. 이 방법은 타자의 주체를 온전히 보존한다. 그래서 카스트루는 객관주의적 인식론에서 타자의 형식이 사물이라면 샤머니즘에서 타자의 형식은 인격이라고 말한 것이다.

역설적이게도 객관주의적 인식론에서 무수한 타자들은 코기토에 의해 주체가 묵살되고 사물로 형식화된다. 내가 타자를 객체화해야 타자를 인식할 수 있지만, 거꾸로 내가 객체화되어서 누군가에게 인식될 때 정작 나의 주체가 소외된다는 점에서 나는 고통의 늪에 빠진다. 성별, 외모, 직업, 학벌 등등의 형틀처럼 단단한 사회적 범주들은 나를 드러내기보다 억압한다. 보이는 외모는 보이지 않는 성품을 단정 짓고, 보이는 학벌은 보이지 않는 미래를 예단하고, 보이는 성별은 보이지 않는 성적 취향을 억누른다. 객관주의의 세계는 모두에게 공평할 것 같지만 그 세계는 자체의 단일한 본성을 보증받기 위해 단 하나의 세계를 주장하는 특정 주체에게 세계인식을 일임함으로써 특정 주체만이 지식 권력을 누리게 만든다. 근대의 객관주의적 인식론의 한계가 바로 여기에 있다.

그렇다고 타자들 사이의 불균등한 앎의 세계를 지양하기 위해 사회관계의 형식을 샤머니즘적 연행으로 퇴보시킬 수는 없다. 더군다나 샤머니즘에서 타자-되기의 연행은 객관주의적 인식론이 초래한 타자의 문제가 다만 인식을 전환한다고 해서 해결될 일이 아님을 시사한다. 위치가 고정된 주체의 관점은 언제나 타자에 특권적이다. 타자의 문제는 내가 타자를 어떻게 인식하느냐의 문제가 아니라 타자와 어떻게 상호주관적으로 관계하느냐의 문제이기 때문이다. 우리가 샤머니즘이 현대사회에 시사하는 바를 충분히 이해했다면, 그것으로부터 타자에 대한 앎의 방식을 다만 인식의 문제가 아닌 관계의 문제로서 모색해보아야 할 것이다.

인식에서 관계로: 다문화주의에서 다자연주의로

샤머니즘에서 눈여겨보아야 할 점이 더 있다. 그것은 사물을 다만 사물로 보지 않는다는 점이다. 객관주의적 인식론에서는 타자를 사물화=대상화하는 반면, 샤머니즘에서는 사물을 타자화=인격화한다. '신체神體'라는 용어가 암시하듯이 사물은 하나의 인격으로 간주된다. 곰곰이 따져 보면, 인공물artefact은 인간의 굳은 행위와 같다. 우리의 삶을 구성하는 이러저러한 인공물은 굳어있을 뿐이며 인간처럼 행위성이 있다는 뜻이다. 샤머니즘은 인공물의 물질성에서 비물질적인 지향을 읽어냄으로써 인공물의 행위성을 극대화한다. 우리가 세계를 어떻게 인식할 것인가의 질문으로 인공물에 접근한다면, 우리는 단지 그것의 성분과 형태 등의 비유기체적 성질이나 기능과 용도 등의 기계적 측면만을 논할 것이다. 그러나 우리가 사물과 어떤 관계 속에서 살아가는가를 질문한다면, 사물의 인격화는 우리가 의식하지 못하는 우리 삶의 보이지 않는 세계를 드러낸다.

20세기 초반 북미 인디언을 연구한 미국의 문화인류학자 A. 어빙 할로웰은 1930년대 캐나다 북중부 지역에 사는 오지브와족 언어에서 돌이 생명체로 다뤄진다는 것을 알았다. 그래서 그는 오지브와족 부족장에게 "우리 주위에 있는 모든 돌이 살아있습니까?"라고 묻는다. 부족장은 한참을 생각한 후에 "그렇지는 않지만 어떤 돌은 살아있소!"라고 답한다. 할로웰은 이 말이 무슨 뜻인지를 고심한다. 그리고 마침내 돌 자체만으로는 이 말을 이해할 수 없음을 깨닫는다. 오지브와 사람들이 돌을 신성하게 여기면 그 돌은 살아 있는 것이고 그렇지 않은 돌은 살아 있지 않은 것이다. 사람들이 어떤 상황에서 돌과 어떻게 관계하느냐에 따라 돌은 살아 있기도 하고 살아 있지 않기도 한다.*

우리는 같은 물건이라 해도 그것이 우리 삶 속에서 어떻게 쓰이느냐에 따라 전혀 다른 존재가 된다는 것을 안다. 가령 예전에는 마을 입구에 장승이 있었다. 나무로 만들어진 천하대장군과 지하여장군은

---

*   A. Irving Hallowell, 1960, "Ojibwa ontology, behavior, and world view", In *Culture in History*, Stanley Diamond (ed.), New York: Columbia University Press, pp. 24-25.

잡신과 전염병을 막아주는 마을 수호신의 역할을 했다. 사람들은 장승이 '죽은' 나무로 만들어졌음을 알면서도 장승을 살아 있는 인격체로 대했다. 지금은 그 많던 장승들을 찾아볼 수 없다. 산업화 과정에서 미신으로 치부되어 파괴되었다. 장승이 사라지자 마을을 이루는 사람들의 공동체적 관계도 끊어졌다.

21세기 인류학이 타자를 사물화하는 근대 유럽의 사고방식을 재고하고 그 대안으로서 사물까지도 인격화하는 새로운 사고방식을 제안하는 것은 무엇보다 현재 지구가 당면한 문제가 인류뿐만 아니라 지구상의 모든 생명체에게 어떤 절체절명의 과제를 제기하기 때문이다. 그것은 다양한 생명체들과의 공존을 모색하지 않는 한 인류의 미래를 장담할 수 없다는 것이다. 단 하나의 세계 속에서 인간 이외의 것들을 사물화하는 인간 본위의 근대적인 사고방식은 동식물과 같은 비인간 생명체를 사물화하고 인간마저 사물화하는 데에까지 이르렀으며 생명체들 사이의 눈에 보이지 않는 관계를 찾을 수 없게 만들었다. 사물의 인격화는 이러한 근대적인 사고방식을 전복하고 세계에 대한 앎을 인식의 문제에서 관계의 문제로 전환한다.

그래서 세계에 대한 앎을 다만 인식의 차이로 고찰하는 다문화주의multiculturalism는 문화의 다양성을 주장하는데도 다양한 문화들의 상호공존의 길을 찾을 수 없게 만든다. 다문화주의는 단 하나의 세계, 곧 자연을 문화의 배경으로 상정함에 따라 인간 집단 각각의 문화를 자연에 대한 인식의 차이에 머물게 하고 자연을 설계한 근대 유럽의 지식으로 흡수되게 만든다. 그러나 근대 유럽이 설계한 자연 또한 그들의 '자연nature'에 불과하다. 레비스트로스의 마지막 제자인 프랑스 인류학자 필리프 데스콜라가 논했듯이, 유럽인들은 16세기 자연과학의 성립과 17세기 광학의 발전에 힘입어 인간으로부터 분리된 인간 외부로부터 재현되는 '대자연Nature'의 풍광을 만들어내었다. 이 자연은 마치 연기하는 배우의 연극무대와 같이 무색무취하며 아무 감정이 없다. 온화한 어머니의 대지처럼 감싸 안을 줄도 모르고 혹독한 군주처럼 벌을 내리지도 않는다.

　　더는 숨쉬지 않는 자연은 근대 유럽인의 작품이다. 한술 더 떠 그들은 이 자연이 인류 공통의 주어진 환경이라는 자연의 '팩티쉬즈factishes'를 주장한다. 다시 말해 그들은 '실재의 객관화objectivization of reality'를 통해 '자연'을 인간 모두의 자연으로 둔갑시켰다.* 근대 유럽의 지식이 만든 자연은 인간이 한 번도 손대지 않은 원시림과 같은 것이어야 했다. 정작 데스콜라는 1976년부터 2년 반 동안 에콰도르의 아추아르족을 현장 연구하면서 아마존 밀림은 원시림이 아니라 인간이 오랜 세월에 걸쳐 정성스레 가꾼 생태환경임을 발견한다. 그는 아마존 원주민에게 숲은 도시인의 건축물과 같으며 '손대지 않은 자연'이란 유럽인이 만들어낸 관념일 따름이라고 말한다. 인류는 지구상

＊　Philippe Descola, 2013, *Beyond Nature and Culture*, Janet Lloyd (trans.), The University of Chicago Press, pp.61-62.

에 출현한 이래 다양한 동식물들과 함께 자연 세계를 구축해 왔고, 근대에 이르러 유럽인이 그 세계를 야생의 저편으로 밀어내었다.

다문화주의란 객관주의적 인식론의 인류학적 판본이다. 그래서 카스트루는 다문화주의를 넘어서는 다자연주의multinaturalism를 제안한다. 다자연주의는 각각의 주체를 보존하고 그 관점에 따라 제각기 구성되는 자연의 다양성을 인정한다. 여기서 주체는 인간에게만 한정되지 않는다. 카스트루가 말했듯이, 인간에게 썩은 고기가 독수리에게 맛난 만찬이라면, 썩은 고기는 맛난 만찬이기도 하다. 인간에게 구덩이가 독수리에게 성전이라면 구덩이는 성전이기도 하다. 인간이 멧돼지를 먹잇감으로 보기 때문에 멧돼지가 비인간이라면, 재규어가 인간을 먹잇감으로 보기 때문에 인간은 재규어에게 비인간이다.

실은 다자연주의는 21세기 인류학의 첨단이라기보다는 인류의 오랜 지혜의 산물이다. 인류의 수많은 신화는 그것을 말해 왔다. 인간은 수백만 년 전 지구상에 출현한 이래 비인간 생명체와 생태적 관계를 이어오면서 인간과 비인간이 다르지 않음을 알았다. 그래서 세계 곳곳의 신화는 동물성에서 인간성이 출현한 것이 아니라 인간성에서 동물성이 떨어져 나갔다고 이야기한다. 인간이 자연에서 문화로 이행한 것이 아니라, 비인간 동물이 문화에서 자연으로 멀어져 간 것이라고. 지구 생명체들은 문화와 자연 사이의 어디쯤에서 각기 다른 터전인 세계를 만들어 왔으며, 이 세계들은 영원한 포식자도 피식자도 존재하지 않듯이 생명체들의 물고 물리는 관계를 통해 연결되어 왔다고. 이처럼 인간과 비인간이 인격 혹은 인간됨personhood을 공유하는 사고는 인간중심주의anthropocentrism와 그로부터 파생된 중심주의적 사고를 치유하는 효과가 있다.

포섭에서 횡단으로

그렇다면 이제 인간과 인간의 관계, 인간과 비인간의 관계는 단지 단하나의 세계에서 자신의 자리를 서로 차지하기 위한 악전고투의 전장이 아니다. 그것은 저마다의 세계들이 존재하는 속에서 세계들 사이의 '부분적인 연결'이 어떻게 가능한지를 가늠하는 존재의 처소로 탈바꿈한다. 다가오는 미래에 지구상의 모든 생명체와 인류를 위한 사제司祭의 역할이란 아마도 종을 구분하지 않고 관계와 관계를 이어주는 통역가일는지 모른다. 우리에게 필요한 이는 전체를 구상하는 문화 정책전문가가 아니라 각기 다른 세계를 오가며 외교술을 펼치는 우주론적 외교관이다.

지구화시대의 한국철학

글로벌 동학, 개벽의 외유

조성환

원광대학교 동북아시아인문사회연구소 HK교수

˚ 이 글은 『개벽신문』 2020년 1월호에 실린 필자의 「개벽의 외
출 - 동학, 세계와 만나다」를 보완한 것이다.

다시 '개벽'을 찾다

2018년과 2019년은 "개벽사상의 연구와 확산"이라는 측면에서 가히 획기적인 해였다고 해도 과언이 아니다. 먼저 대학원구소인 원광대학교 원불교사상연구원이 2016년에 개벽사상 연구로 한국연구재단 대학중점연구소로 선정된 이래로, 2018년부터 2020년까지 '한국 근대의 개벽사상과 개벽운동'을 주제로 총 3권의 총서를 간행하였다.[*] 그뿐만 아니라 2018년 8월 15일~16일에는 〈근대 한국종교의 토착적 근대화 운동〉을 주제로, 그리고 2019년 8월 15일에는 〈개벽과 근대-한국의 근대를 다시 묻는다〉를 주제로 한일공동학술대회를 개최하였다. 이러한 흐름을 이어서 2018년 11월에는 조성환의 『한국 근대의 탄생 - 개화에서 개벽으로』가 간행되었고, 2019년 9월에는 조성환·이병한의 『개벽파선언』이 간행되었다.

한편 해외에서도 근대 한국의 개벽사상을 소개하는 움직임이 활발

---

[*] 『근대한국 개벽종교를 공공하다』(2018), 『근대한국 개벽사상을 실천하다』(2019), 『근대한국 개벽운동을 다시읽다』(2020). 출판사는 모두 모시는사람들. 총서는 앞으로도 계속 발간될 예정이다.

하였는데, 2018년 12월에 일본의 토호쿠대학東北大學에서 〈동아시아에서 공감할 수 있는 새로운 '근대성' 개념의 구축〉을 주제로 한일공동학술대회가 열려, 원광대학교 종교문제연구소와 원불교사상연구원의 연구자들이 동학을 비롯한 개벽사상과 윤노빈의 신생철학, 그리고 장일순의 한살림철학을 일본에 소개하였다. 그리고 2019년 11월과 12월에는 원광대학교의 연구자들이 일본과 중국에 가서 현지인들이 주최하는 심포지엄에서 동학과 천도교, 그리고 한살림운동을 소개하였다.

이 글은 그중에서도 특히 2019년 10월부터 12월 사이에 있었던 중국과 일본에서의 동학 심포지엄을 소개한 뒤에, 2021년 이후의 '개벽학의 흐름'을 전망하고자 한다.

2019년 9월 30일, 서양과의 조우

지난 2019년 9월 30일부터 10월 1일까지 서울역사박물관에서 〈2019 한국생태문명회의: 생태문명을 향한 전환, 철학부터 정책까지〉가 열렸다. 한국의 생태문명을 주제로 한 이 국제회의는 2019년에 세 번째를 맞이하는 연례행사이다. 2017년에 캘리포니아주 클레어몬트시에서 〈한국 사회의 생태적 전환을 위한 국제 컨퍼런스〉라는 이름으로 개최된 이래로, 2018년에는 경기도 파주시에서 〈생태문명 국제 컨퍼런스 2018: 한반도와 동아시아의 생태적 전환〉으로 이어졌다. 이 야심찬 포럼을 기획한 인물은 클레어몬트 신학대학원 과정사상연구소

연구원을 지낸 한윤정1967~ 박사다. 지금은 '한국생태문명 프로젝트 디렉터'라는 직함으로 활동하고 있다. 한윤정 디렉터는 1991년부터 2016년까지 경향신문 사회부·경제부·문화부 기자와 문화부장을 역임하였고, 2018년에는 화이트헤드철학자인 존 캅 교수의 생태철학 저술을 번역하기도 하였다『지구를 구하는 열 가지 생각』, 지구와 사람.

2019년에 열린 세 번째 생태문명회의에는 영광스럽게 나도 발표자로 참여할 기회를 얻었다. 첫날 첫 섹션의 주제는 "생태문명의 철학"이었는데, 내가 준비한 내용은 "해월 최시형의 생태철학"이었다. 참고로 이 섹션의 발표자와 발표주제는 다음과 같다.

「산업문명에서 생태문명으로」 이재돈 신부, 가톨릭대 겸임교수

「생태문명, 고등교육, 아름다움의 생태학」 제이 맥다니엘, 미국 헨드릭스대 교수 · 철학

「개벽파의 생명사상과 탈근대적 함의」 조성환, 원광대 원불교사상연구원 책임연구원

「녹색국가론, 미완의 꿈? 여전히 유효한 질문」 정규호, 한살림연합 정책기획본부장

이 중에서 나에게 가장 인상 깊었던 발표는 이재돈 교수의 「산업문명에서 생태문명으로」였다. 이 발표에서 이재돈 교수는 토마스 베리Thomas Berry, 1914~2009의 생태철학을 소개하였는데, 나에게는 그

것이 미국의 '개벽사상'처럼 보였다. 그가 제시한 '지구공동체earth community'나 '종들의 연합The United Species' 개념은 나의 발표주제였던 최시형1827~1898의 "천지부모-만물동포" 사상이나 『천도교회월보』1911에 실린 정계완의 '천인공화天人共和'[*] 개념과 크게 다르지 않았기 때문이다. 그래서 토마스 베리와 최시형은, 비록 1세기라는 시간차와 미국과 한국이라는 공간차는 있지만, '생태철학'이나 '생태신학'이라는 주제로 얼마든지 대화가 가능하겠다는 생각이 들었다.

이재돈 교수의 발표에 이어서, 제이 맥다니엘 교수는 화이트헤드의 과정철학을 미학적 관점에서 접근하는 발표를 하였고, 나는 최시형의 생태철학을 동학사상사의 흐름 속에서 소개하였다. 마지막으로 〈한살림〉의 정규호 본부장은 풍부한 현장 경험을 바탕으로 구체적인 생태정책을 제안하였다. 각 발표자에게 주어진 시간은 20분 정도였고, 통역은 동시통역으로 이루어졌다. 나는 발표는 한국어로 하였지만 미국인 학자들의 이해를 돕기 위해 PPT는 영문으로 작성하였다. 가령 해월의 "이천식천以天食天"은 "Heavens eat heavens"와 같이-.

제1섹션의 발표가 끝나자 청중들의 질문 시간이 이어졌다. 토마스 베리나 화이트헤드와 같은 영미 철학, 또는 구체적인 생태정책에 관한 질문이 나왔다. 그러나 누구 하나 동학에 관심을 갖는 이는 없었

---

[*] 정계완(鄭桂玩), 「삼신설(三新說)」, 『천도교회월보』 9호, 1911.

다. 그러던 와중에 뜻밖에도 발표자였던 제이 맥다니엘 교수가 청중의 질문에 답변하는 도중에 나를 쳐다보면서 동학에 대한 얘기를 꺼냈다.

저는 동학에 대해서는 잘 모르지만 이런 부분은 동학과 통하는 점이 있다고 생각합니다. 실은 저도 동학을 공부한 적이 있습니다. 아까 동학에 대한 발표가 대단히 흥미로웠는데, 가능하면 조성환 박사님으로부터 동학을 배우고 싶습니다.

맥다니엘 교수의 코멘트가 끝나자 그제서야 플로어에서 동학에 관한 질문이 나왔다. 지금 생각해 보면 이런 상황은 별로 이상할 것도 없다. 처음부터 어느 정도 예견되어 있었다고 하는 편이 맞을지 모른다. 내가 발표에 앞서 "한국철학을 하는 조성환입니다"라고 자기소개를 하는 순간 이미 객석에는 낯설어하는 분위기가 감돌고 있었기 때문이었다. 그것은 난생 처음 접하는 미지味知의 것을 대했을 때 느끼는 '어색함'과도 같은 것이었다. 그러나 청중들은 모두 한국인이었다.

그것은 그렇다 치더라도 나로서는 미국의 화이트헤디언이 동학을 공부한 적이 있다는 사실에 놀라지 않을 수 없었다. 한국인조차 무관심한 동학을 미국의 철학과 교수가 관심을 가지고 있다니! 이번 컨퍼런스를 통해 내가 깨달은 점은 동학이 현대 서양철학과도 얼마든지 대화가 가능하다는 사실이다. 생태신학과 같은 주제라면 해월철학은 화이트헤드 철학이나 토마스 베리 철학과도 충분히 접점을 찾을 수 있다는 확신을 가졌다.

2019년 11월 23일~24일, 일본에 가다

영미 철학과의 만남에 이어서 동학을 들고 두 번째로 찾아간 곳은 일본이다. 한국생태문명회의가 있은 뒤 두 달 후인 11월 23일과 24일, 난생 처음 일본의 대학에서 동학을 얘기할 기회를 얻었다. 그것도 오로지 동학사상만을 말하는 자리였다. 강연자도 원광대학교의 박맹수 총장과 나, 단 두 명뿐이었다. 원래는 이번 심포지엄을 기획한 일본의 기타지마 기신北島義信, 1944~ 명예교수도 강연자로 참석하기로 되어 있었는데 시간 관계상 본인의 발표를 양보하고 심포지엄의 진행을 맡아 주셨다. 기타지마 선생은 2012년 무렵부터 원광대학교와 학술교류를 시작하면서 동학사상을 알게 되었고, 그것이 계기가 되어 '토착적 근대론' indigenous modernity을 주창하게 된, 아프리카 영문학 연구자이자 불교학자이다. 이번 심포지엄이 있기 전에 개인적으로 주고받은 대화에서 "요즘과 같이 한일관계가 안 좋은 시기일수록 시민 차원의 교류는 더 활발해져야 한다"는 기획 의도를 피력하였다.

심포지엄 제목은 〈현대에 되살리는 한국사상現代に活かす韓国の思想〉. 일본에서 동학사상만으로 이런 자리가 마련되는 것은 아마도 교토포럼 이후로 처음일 것이다. 교토포럼이 전문 학자들만 참석하는 엄선된 학술토론의 장이었다면 이번 심포지엄은 일반인들과 함께하는 공개 강연의 형식을 띠었다.

　심포지엄 장소는 일본의 한복판인 동경에 위치한 명문 동양대학東洋大學. 동양대학은 "만학의 기초는 철학에 있다"는 건학이념을 내걸고 있는 종합대학으로, 130년 이상의 전통을 자랑하고 있다. 원광대학교 초대 총장인 숭산 박길진1915~1986 선생이 유학한 대학으로도 널리 알려져 있다. 그래서인지 양자 사이의 유사점도 눈에 띄었다. 동양대학 창립자인 이노우에 엔료井上円了, 1858~1919는 동경의 나카노구中野区에 철학당哲學堂 공원을 짓고 "소크라테스, 칸트, 공자, 석가"를 모신 사성당四聖堂을 세웠는데,* 원광대학교의 수덕호에도 "소크라테스, 공자, 석가, 예수"를 모신 사성상四聖像이 있다. 동양대학에 칸트가 들어 있는 반면에 원광대학에는 예수가 세워져 있는 것은 철학과 종교 중에서 어느 쪽을 더 중시하느냐의 차이를 반영하고 있다고 보인다. 그뿐만 아니라 동양대학의 교육이념 중의 하나인 '지덕겸전知德兼全'**은 원광대학의 건학이념인 '지덕겸수智德兼修'와 정확히 일치한다. 이러한 점들은 박길진 총장이 원광대학을 디자인하는 데 있어서 이노우에 엔료와 동양대학으로부터 일정 정도 영감을 받았음을 시사하는 것이리라.

　강연장에 들어가자 대형 강의실에 100여 명 가까운 청중들이 기다

---

*　〈東洋大学〉홈페이지 "東洋大学について" - "哲学堂公園"
　　https://www.toyo.ac.jp/ja-JP/about/founder/tetsugakudou/
**　〈東洋大学報WEB〉"東洋大学のカタチ : 創立者 井上円了とは"
　　https://www.toyo.ac.jp/site/gakuhou/48958.html

리고 있었다. 박맹수 총장의 통역자로 온 원불교사상연구원의 야규 마코토柳生眞 교수에 의하면 적어도 80명 이상은 모인 것 같다고 하였 다. 제일 먼저 눈에 띈 것은 박맹수 총장과 14년 동안 '한일시민동학 기행'을 이끌어 온 나카츠카 아키라中塚明, 1929~ 명예교수를 비롯하여 기행에 참여한 일본 시민들이었다. 그중에는 재작년부터 동학기행 에 참여한《아사히신문》의 죠마루 요이치 기자의 모습도 보였다. 그 뿐만 아니라 김태창 선생과 같이 한일을 오가며 노년 철학을 정립하 고 있는《미래공창신문》의 야마모토 교시 대표, 와세다대학에서 같 이 유학한 민애선 박사, 멀리 토호쿠대학東北大學에서까지 와준 유학 생 최다울 군 등, 오랜 지인들을 모처럼 한자리에서 만나는 느낌이었 다. 그 외에도 기타지마 기신 선생이 몸담고 있는〈지역문화학회〉회 원 학자들과 동양대학 학생들이 참여하였다.

심포지엄은 기타지마 기신 교수의 진행 하에, 박맹수 총장과 내가 전봉준과 최시형의 생명평화사상에 대해서 각각 40분씩 얘기하고, 이 어서 청중들의 질문을 받는 형식으로 3시간에 걸쳐 진행되었다. 개인 적으로는 재작년부터 동학을 주제로 시민강좌를 여러 번 해 본 경험 이 많이 도움이 되었다. 다만 대상이 일본인으로 바뀌어서 일본어로 말해야 한다는 부담감에 긴장은 두 배로 증폭되었다. 아니 그보다는 동학사상을 처음 접하는 외국인들에게 짧은 시간 안에 동학의 정수를 요령 있게 전달해야 한다는 부담감이 더 컸던 것 같다. 다행히 밤을 새워 만든 '일본어 PPT' 덕분에 전달력이 나쁘지는 않았던 것 같다.

강연이 끝나고 쉬는 시간에 복도에 나갔더니 나카츠카 아키라 교수님이 계셨다. "덕분에 그동안 잘 이해되지 않았던 문제들이 풀렸다"며 고맙다는 말씀을 건네 주셨다. 강연장에 돌아오니 외교관을 지냈다는 어느 원로께서도 "아주 이해하기 쉬웠다"며 칭찬을 해 주셨다. 그뿐만 아니라 심포지엄이 끝나자 어느 시민이 다가와서 동학 연구에 도움이 될지 모른다며 귀중한 정보를 제공해 주셨다.

동양대학 심포지엄이 끝난 다음 날, 박맹수 총장은 한국으로 귀국했고 나는 다음 강연을 위해 기타지마 기신 교수, 최다울 군과 함께 욧카이치四日市로 향했다. 기타지마 기신 교수가 자신의 거주지인 토미다富田에서 시민강좌의 자리를 마련해 주었기 때문이다. 이번 강좌 제목은 〈동학의 생명사상과 현대〉였다. 청중은 10여 명 정도에 불과했지만, 이번에는 또 다른 부담이 가중되었다. 기타지마 기신 교수를 비롯하여 동양대학 심포지엄에 참석한 분들이 4명이나 앉아 있었기 때문이다.

그중에는 최다울 군을 비롯하여 〈지역문화학회〉 회원인 나카오中屋 교수 부부도 있었다. 그뿐만 아니라 원불교사상연구원에서 같이 연구한 적이 있는, 『한살림선언문』*과 『참된 문명은 사람을 죽이지

---

* モシムとサリム研究所 著, 大西秀尚 譯, 『殺生の文明からサリムの文明へ - ハンサリム宣言ハンサリム宣言再読』, 神戸学生青年センター出版部, 2014. 이 책은 모심과살림연구소, 『죽임의 문명에서 살림의 문명으로 - 한살림선언 다시읽기』, 한살림, 2014를 일본어로 번역한 것이다.

동양대학에서 열린 〈현대에 되살리는 한국사상〉 심포지엄

아니하고』*의 역자 오니시 히데나오大西秀尚 박사1943~, 교토포럼 시절부터 알고 지내는『노년철학하기』씽크스마트, 2020의 저자 오하시 겐지大橋健二 교수, 그리고 재일교포라고 자신을 소개하신 욧카이치대학에서 서양경제학을 가르치는 이수이李修二 교수도 계셨다.

두세 명을 제외하고는 모두 교수들인 셈이다. 그래서 나의 부담은 동양대학 때보다 배로 늘어났다. 전날 얘기를 그대로 반복하자니 이미 들었던 사람이 반이나 되고, 그렇다고 그것을 생략하자니 처음 듣는 사람도 반이나 되기 때문이다. 다행히 강연 시간이 동양대학의 두 배인 1시간 반이나 주어졌다. 그래서 심화된 내용을 배로 추가하였다. 최시형의 법설法說을 일본어로 번역해서 넣은 것이다. 그러기 위해서 이번에도 밤을 새워야 했고, 한국에서 짊어지고 온 몸살감기는

---

* 고마쓰 히로시 저, 오니시 히데나오 역,『참된 문명은 사람을 죽이지 아니하고』, 상추쌈, 2019.

완쾌되기는커녕 더욱 악화되기만 하였다.

강연이 끝나자 이번에는 정말 전문적인 질문과 코멘트들이 쏟아졌다. 유학과 동학의 관계, 최시형 사상과 초기 마르크시즘과의 유사성, 최시형 사상과 이슬람 사상과의 유사점 등등. 동양대학 심포지엄에서는 "주체사상과 동학의 연관성"을 묻는 질문이 어려웠는데, 이번에도 거의 답변을 하지 못했다. 동아시아 사상과의 관련성을 묻는 질문 이외에는…. 향후의 과제로 남았지만 앞으로의 전망을 제시해 준 셈이다. 한국생태문명회의에 이어서 동학과 세계철학과의 대화 가능성을 또 한 번 확인했기 때문이다.

이번의 동학 강연 기획은 기타지마 기신 교수와 원광대학교가 7년간에 걸쳐 학술교류를 축적해 온 성과라고 해도 과언이 아니다. 그 축적이 있었기에 한국사상을, 그것도 동학사상을 일본에서 말할 수 있는 장이 마련된 것이다. 노자 식으로 말하면 한일학술교류의 '길道'을 7년간 닦았더니 그것이 마침내 '힘德'으로 드러난 것이다. 개인적으로는 동학에 관심을 갖기 시작한 지 10년의 세월 중에서 가장 기억에 남는 날로 기록될 것이다. 동학에 대한 이토록 뜨거운 반응은 한국에서도 경험해 본 적이 없기 때문이다.

2019년 12월 15일, 북경으로 가다

일본에서 돌아온 지 한 달이 채 안 된 12월 14일, 나는 원광대학교 연구자들과 함께 북경으로 떠났다. 이번에는 중국 학자들과 대화하는

욧카이치에서 열린 〈동학의 생명사상과 현대〉 시민강좌

자리이다. 주제는 〈중국의 향촌건설과 한국의 동학사상〉.『백년의 급진』의 저자이자 중국 향촌건설운동의 대부인 원테쥔溫鐵軍, 1951~ 교수가 2018년에 원광대학교를 방문한 것에 화답하는 형식으로 기획된 일종의 '한중생태포럼'이다. 당시에 원교수는 공주에서 있었던 한일시민동학기행에 참여하고, 다음날 원광대학교에서 강연을 하였다. 그때 강연에서 한 말이 아직도 기억에 생생하다.

저는 지금까지 한국의 근대화가 서양의 영향으로 된 줄만 알고 있었는데, 어제 동학기행을 다녀오고 나서 그 바탕에 동학이 있었다는 사실을 알게 되었습니다.

과연 대가다운 말이었다. 잠깐 동안 동학 전적지를 둘러본 것이 다인데 저런 통찰을 갖게 되다니! 물론 이번 초청의 기획자인 이병한 선생과 통역자인 김유익 선생이 친절하게 배경 설명을 해 준 것도 크게 작용했다고 생각되지만….

이번에 참가한 우리 측 학자는 원광대학교 박맹수 총장을 비롯하여 PaTI파주타이포그라피배곳의 안상수 교장, 세교연구소의 정혜정 연구원, 〈EARTH+〉의 대표 이병한 박사, 원광대학교 종교문제연구소의 김재익 연구원, 그리고 나, 이렇게 여섯 명이었다. 중국 측 참가자는 원테쥔 교수를 비롯하여 원테쥔 선생과 함께 원광대학교를 방문했던 짱란잉 교수, 중국 사회과학원 문학연구소의 쑨거孫歌 교수, 그리고 중국의 향촌운동을 연구하는 중국 학자들과 해외에서 온 중국학 연구자들이다. 이 외에도 영국 슈마허칼리지의 설립자이자《Resurgence & Ecology》의 편집자이기도 한 사티쉬 쿠마르Satish Kumar, 1936~ 선생도 특별강연자로 참석하였다.

기조강연을 맡은 원테쥔 선생은 뜻밖에도 '탈서구중심주의'를 화두로 꺼냈다. 내가 개벽開闢에 관심을 갖게 된 이유 중의 하나도 이것 때문이었는데, 중국에서도 이 문제가 부각되고 있다니 반가운 일이 아닐 수 없었다. 동시에 왜 원테쥔 선생 쪽에서 동학東學에 관심을 표명하는지에 대한 의문도 풀리게 되었다. 동학은 자생적 근대화 운동임과 동시에 〈한살림〉으로 계승된 생태철학인데, 이 두 요소야말로 원테쥔 선생의 가장 큰 관심사였기 때문이다.

우리 측 발표는 기조강연을 맡은 박맹수 총장이 동학을 연구하게 된 계기와 한살림운동에 동참한 경험을 풀어놓는 것으로 시작되었다. 이어서 개별 발표가 진행되었는데 각자에게 주어진 시간은 15분이었다. 그래서 동경 심포지엄에서와 같이 전날 밤 늦게까지 중국어로 PPT를 만들었다. 양은 많지 않았지만 오랜만에 입력하는 중국어 자판이라서 작업은 더디게 진행되었다. 내가 발표한 주제는 〈최시형의 생태공화주의〉였다. 해월의 "천지부모-만물동포" 사상을 포럼의 전체 주제에 맞게 '생태공화生態共和'라는 개념으로 표현해 본 것이다. 이어서 정혜정 연구원은 『개벽』지의 중국 특파원을 역임한 천도교인 이동곡에 대해서 발표하였고, 김재익 연구원은 장일순의 한살림 철학과 운동을 소개하였다. 이병한 대표는 동학에서 개벽학당에 이르는 동학 150년사를 "동학 1.0에서 동학 4.0"으로 정리하였고, 마지막으로 PaTI의 한글디자이너 안상수 선생은 자신이 디자인한 생명평화 무늬의 의미와 천도교의 궁을장弓乙章에 담긴 디자인적 의의를 알기 쉽게 설명하였다.

이번 포럼에서 나에게 가장 인상적이었던 것은 영국에서 온 사티쉬 쿠마르 선생의 강연이었다. 쿠마르 선생은 마이크를 잡자마자 '영성spirituality'에 대한 이야기를 꺼내기 시작했다.

영성은 흔히 생각하듯이 신비적이거나 관념적인 어떤 것이 아닙니다. 그것은 땅을 경작하고 밭을 일구는 과정에서 체험되는 것입니다.

이것은 중국 측 발표자들에게서는 전혀 들을 수 없었던 이야기다. 한국에서도 영성이란 말이 많이 회자되고는 있지만, 이렇게 체화된 언어는 처음이었다. 순간 불교가 중국에 전래되었을 때에도 이런 느낌이었겠구나 싶었다. 쿠마르 선생이 미국의 화이트헤디언 존 캅John B. Cobb, 1925~ 교수와 더불어 중국 향촌건설운동의 고문을 맡고 있는 이유를 알 수 있었다. 운동이나 정책은 정부 차원에서 추진할 수 있지만 '영성'은 바깥에서 빌려올 수밖에 없는 것이 중국의 현실인 것이다. 마치 전통시대에 중국 유교의 부족함을 인도 불교로 채웠듯이 말이다.

우리 쪽 발표에 대한 중국 학자들의 반응은 약간 의외였다. 동학의 사상적 개성이나 특징을 찾으려 하기보다는 중국적인 '천인합일'이나 '유교'의 연장선상에서 동학을 이해하려는 태도가 역력했기 때문이다. 15분 안에 중국적인 천인합일과 해월의 천인상의天人相依/천인상여天人相與의 차이를 설명할 수는 없었지만, 미국 학자들이나 일본 학자들이 보여준 반응과는 사뭇 달랐다. 아마 정부에서 후원하는 공적인 자리여서 더욱 그렇지 않나 싶다.

그러나 이것보다 더 놀라웠던 점은 중국 학자들 입에서 단 한 번도 '평화'라는 말이 나오지 않았다는 사실이다. 우리 측 발표자들이 하나같이 동학을 '생명평화'와 결부지어 논한 것과는 큰 대조를 이루었다. 이 차이는 동학 이래로 한국이 걸어온 길이 동아시아 안에서도 특수한 길이었음을 시사하는 것이리라. 생각해 보면 홍콩 문제나 티벳 문제를 안고 있는 중국으로서는 '평화'를 말하는 것 자체가 자칫 자기모순에 빠질 수도 있겠다는 생각이 들었다.

2021년의 개벽의 전망

이상, 세 차례에 걸쳐 미국, 일본, 중국 학자들과 동학을 매개로 교류하는 체험을 하고서 느낀 점은 앞으로의 동학 연구는 동학사상과 세계철학과의 대화를 준비하는 방향으로 나아가야겠다는 사실이다. 남미에 가면 해방신학으로 동학과 대화하고, 미국에 가면 생태신학이나 생태철학으로 동학과의 대화를 시도하는 것이다. 동학을 해방신학적 관점에서 해석하는 작업은 이미 1974년에 윤노빈이 『신생철학』에서 한 적이 있다. 일본과의 대화는 고마쓰 히로시小松裕, 박맹수, 오니시 히데나오 등이 다나카 쇼조와 전봉준·최제우를 비교하는 작업을 시도한 적이 있다. 마르크시즘이나 주체사상, 모택동사상과의 접점을 찾는 작업도 필요하다. 인간과 만물의 존재론적 평등성을 주장하는 서

2019년 12월에 북경에서 열린 〈한중생태포럼〉

양의 신유물론New Materialism은 최시형의 만물시천주 사상과 크게 다르지 않다.

　이렇게 해서 2019년 개벽학 원년이 저물어 갔다. 개벽학 원년이 개벽을 한국 근대사나 세계 근대사에 자리매김하는 작업에 중점을 두었다면, 앞으로는 개벽학과 세계사상 사이의 접점을 찾아서 상호이해를 모색하는 작업의 필요성을 느꼈다. 그것이 현실화된 것이 2020년 4월부터 원불교사상연구원에서 시작한 '지구인문학' 연구와 2020년 12월에 모시는사람들에서 창간된 『다시개벽』이다. 이에 대해서는 이 책에 수록된 필자의 「근대성에서 지구성으로」를 참고하기 바란다.

　원불교사상연구원의 '지구인문학' 연구는, 먼저 2월 18일에 '지구인문학' 개념을 고안하였고, 곧바로 한국연구재단에서 지원하는 2021년도 학술대회 지원사업에 〈지구화시대의 인문학 - 경계를 넘는 지구학의 모색〉이라는 주제로 응모하여 선정되었다. 그래서 2021년 3월 19일에 원광대학교에서 한국의 연구자를 비롯하여 일본과 캐나다의 학자들도 참여하는 지구인문학 학술대회가 열릴 예정이다. 그뿐만 아니라 지구인문학 연구총서와 번역총서도 간행될 예정이다. 그래서 2019년이 개벽학 원년이라면 2020년은 지구학 원년이 되는 셈이다. 2021년부터는 이 두 학學, 즉 개벽학과 지구학이 양행兩行하는 시대가 전개되고 있다. 이것이 내가 생각하는 지구위험시대에 한국학이 나아가야 할 방향이다.

〈지구화시대의 인문학: 경계를 넘는 지구학의 모색〉

(2021년 3월 19일 원광대학교 숭산기념관, 온라인 병행)

기조강연	철학을 장소화하기, 장소를 철학화하기!? _ (박치완·한국외국어대)	
제1부 해외의 지구학	제1발표:	지구재난학: 지구살림의 영성학 _ (가타오카 류·토호쿠대학)
	제2발표:	지구예술학: 꿈꾸는 사과, 지구예술학은 가능한가? _ (오쿠와키 다카히로·아오모리현립미술관)
	제3발표:	지구 종교학: 지구근대성 시대의 종교 연구 _ (조규훈·오타와대학)
	제4발표:	지구기학: 지구운화 내 공존재(共存在)로서의 인간 _ (야규 마코토·원광대)
제2부 지구인문 학의 이론 과 상상력	제5발표:	지구형이상학: 두 사건에서 보는 지구적 전환(two geological turn) _ (이원진·연세대)
	제6발표:	지구인류학: 지구위험시대의 인류학적 사고 _ (차은정·서울대)
	제7발표:	지구정치학: 지구정치학을 향하여 _ (김석근·역사정치학자)
	제8발표:	지구유학: 조선유학에서 지구유학으로 _ (김봉곤·원광대)
	제9발표:	지구살림학: 인류세시대의 한국철학 _ (조성환·원광대)
제3부 지구인문 학의 실천 과 연대	제10발표:	지구수양학: 개인의 완성과 지구적 연대의 통합적 실천 _ (이주연·원광대)
	제11발표:	지구교육학: 세계시민주의에서 지구시민주의로 _ (이우진·공주대)
	제12발표:	지구윤리학: 지구와 인간의 공생을 위한 지구윤리 _ (허남진·원광대)
	제13발표:	지구평화학: 종교평화론을 통한 지구평화의 모색 _ (원영상·원광대)

지구를 대하는
태도

허남진
원광대학교 원불교사상연구원 연구교수

*   이 글은 허남진·이우진의 「지구위험시대의 지구인문학-
    토마스 베리의 지구학과 개벽사상의 만남」(『한국종교』 49,
    2021)의 일부를 수정한 것이다.

현재 코로나19 팬데믹 상황과 기후 위기는 지구가 회복할 수 없는 임계점에 가까이 와 있다는 지구위험시대의 신호로 인식되고 있다. 지구와 인간이 모두 총체적인 위기 상태에 처해 있다는 것이다. 이와 관련하여, 최근 '인류세'에 대한 논쟁이 눈에 띄게 활발해지고 있다. 인류세는 2000년대 초반 지구 시스템 과학자들에 의해 인간인류의 활동이 지구 지질환경 변화의 결정적인 원인이 되는 시대로 접어들었음을 지칭하기 위해 제안된 개념이다. '인류세'라는 용어를 처음 제안한 1995년 노벨화학상 수상자인 파울 크뤼첸Paul Crutzen은 인류세의 시작을 '산업혁명'으로 보고 그때부터 지구가 파괴되기 시작했다고 주장한다. 이렇게 인류세 논의는 지구 위기를 초래한 전 지구적 자본주의, 과학기술, 인간중심주의 등 근대성에 대한 반성으로 이어지고 있다. 『인류세 Defiant Earth: The Fate of Humans in the Anthropocene』 2017에서 클라이브 해밀턴 Clive Hamilton은 인류세는 인간에게 강한 책임을 부여하고 있다고 주장하면서, 지구와 인간의 관계를 새롭게 정립할 필요성을 제기한다. 미국 경제전문가 제레미 리프킨 Jeremy Rifkin은 "코로나는 기후변화가 낳은 팬데믹"으로 진단한다. 그는 코로나가 우리에게 전하는 메시지는 "세상에 있는 모든 것이 하나의 망으로 연결돼 있다는 것"이라고 말하면서 인간중심주의에서 벗어나 모든 종의 공존을 추구해야 한다고 설파했다. 결국 코로나19 팬데믹과 인류세가 우리에게 던져준 메시지는 인간과 지구 관계 재성찰, 나아가 지구와 만물에 대한 태도 전환 요청이다. 이제 우리는 지구와 인간, 만물과 인간의 관계 정립을 통해 공존을 모색해야 할 때다.

우리에게 지구란 무엇인가? 우리는 지구 의존적 존재이면서도 지구에 대해서는 무지하다는 것이 드러나고 있다. 지금의 지구위험시대를 극복하기 위해서는 지구에 대한 이해가 필수적이다. 필자는 지구위험시대에 지구와 인간의 관계 회복과 나아가 지구와 만물에 대한 태도 전환의 필요성을 이야기하고자 한다. 이를 위해 지구와 인간의 관계를 회복시키고자 노력했던 토마스 베리Thomas Berry, 1914-2009의 사상에 기대어 논의하고자 한다. 먼저 인간과 지구의 관계를 재성찰하기 위해 지구에 대한 두 가지 시선을 살펴보려는 것이다.

지구에 대한 두 가지 시선

1957년 10월 4일 인간은 세계 최초의 인공위성인 '스푸트니크 Sputnik 1호'를 우주를 향해 발사했다. 연이어 생명체를 태운 '스푸트니크 2호'도 발사에 성공했다. 이에 대해 한 기자는 "인간이 지구라는 감옥에서 탈출할 수 있는 첫걸음"이라고 묘사했다. 한나 아렌트 Hannah Arendt의 저서 『인간의 조건The Human Condition』 역시 '스푸트니크 1호' 발사에 대한 이야기로 시작된다. 그녀는 지구를 '인간의 조건'

으로 인식하고 지구로부터 탈출하고자 하는 인간의 욕망을 기술시대의 근본악으로 보면서 근대문명을 비판한다. 알도 레오폴드Rand Aldo Leopold,1887~1948의 대지공동체에서 확인할 수 있듯이, 인간은 대지에 거주하는 자이며, 흙humus에 뿌리를 내리고 있다. 인간은 다른 존재들, 생명체들, 사물들과 함께 대지위에 거주한다. 이것이 바로 인간의 조건이다. 그런데 한나 아렌트에게 우주로 나아가려는 인간의 시도는 근대성과 과학기술로 중무장한 인간이 인간의 조건인 지구를 소외시키려는 행위에 다름이 아니었다. 이렇게 인공위성 발사, 우주탐험을 가능하게 만든 기술은 지구를 소외시키는 수단에 불과하다. 아렌트는 이러한 인간의 행위와 수단을 '지구소외earth alienation'로 개념화하고, 지구소외를 근대과학 기술의 발달이 낳은 결과물로 규정하였다. 인간의 아버지인 신을 거부하면서 시작되었던 서구 근대의 인간해방이 과학기술을 통해 만물의 어머니인 지구소외로 이어지고 있는 것이었다. 지구와 자연은 인간이 탐구하고 분석할 수 있고 이제 정복할 수 있는 대상으로 인식하게 된 것이다. 다시 말해, 인간은 과학기술의 힘을 통해어머니인 대지의 지배를 벗어나 이제 대지의 지배자로 우뚝 서게 되었다는 것이었다.

　이와 달리, 지구를 하나의 거대한 생명체로 보거나 혹은 인간도 "지구 구성원의 일부이다"라는 새로운 지구적 인식이 있다. 우주에서 바라본 푸른색과 흰색의 지구는 지구에 대한 인식의 전환을 자져왔다. 공상과학소설가 아이작 아시모프Isaac Asimov, 1920-1992는 1982년 우주

시대를 연 스푸트니크Sputnik 발사 25주년 경축식에서 우주시대의 업적을 지구와 인류가 하나의 단일한 실체로 구성하고 있다는 것을 인식하게 된 계기로 평가했다. 지구, 인간, 만물이 단일한 유기적 실체로 구성하면서 생명의 그물망으로 연결되었다는 것이었다. 이와 같은 지구에 대한 인식 전환은 제임스 러브록James Lovelock의 '가이아Gaia' 개념으로 이어졌다. 러브록은 1972년 「대기권 분석을 통해 본 가이아 연구」1972, 「지구상의 생명을 보는 새로운 관점」1978 등의 논문을 연이어 발표했다. 그는 지구와 그 속에서 살아가는 모든 생명체들이 맺는 상호관계에 주목한다. 지구의 생물권이 물리 화학적인 환경과의 상호작용을 통해 환경을 생명체가 살기에 적절한 방식으로 바꾸어 왔다고 주장하면서, 그는 생물권biosphere을 포함한 지구 전체를 고대 그리스 신화에 나오는 대지의 여신 '가이아'로 불렀다. 그의 지구론은 생물과 무생물의 이분법적 사유를 부정한다. 생명체는 환경에 적응하는 수동적인 존재가 아니라 주변 환경을 자신이 생존하는 데 유리한 상태로 변화시킬 수 있는 지구 시스템의 중요한 구성요소로 파악되고 있었다. 그래서 그러한 시각으로 볼 때 인간은 지구의 지배자가 아니며, 가이아의 파트너이자 그 한 부분인 것이다. 이점에서 러브록은 인간은 가이아의 일원으로 매우 민주주의적인 관계 속에서 안정된 상태를 유지해야 할 것을 요청하였다. 러브록의 지구론은 20세기 말 실제로 지구 생명체와 대기가 서로 영향을 주고받으며 조절하는 관계에 있다는 사실이 과학적으로 증명되면서 과학적 가치를 인정받았다. 이후 지구 전체를 물리, 화학, 생물학적 구성 요소와 인간으로 구성된 하나의 자기 조절적 시스템으로 파악하는 지구 시스템 과학이 등장하는 데에도 중대한 기여를 하게 된다.

과학철학자 브루노 라투르 Bruno Latour 는 기후 위기를 '가이아의 복수'로 명명할 만큼, 지구위기에 대응하기 위한 방안으로 러브록의 '가이아' 개념을 활용한다. 그는 사물이나 자연 같은 비인간적인 객체에도 정치적 지위나 주체성을 부여해 인간과 통합적으로 살펴야 한다는 '행위자-연결망 이론 Actor-Network Theory'을 정립한 대표적인 과학기술학자이다. 라투르 역시 아렌트와 유사하게 인류세의 인간을 '지구에 묶인 자 the Earthbound'로 표현한다. 그가 독해하는 가이아는 지금까지 이해해온 의미와 다르게 능동적인 비인간적 행위자로서 가이아 개념을 제시한다. 가이아를 어머니의 위치에서 해방시키고, 지구에 묶인 자들과 함께 공동의 운명의 존재로 격하시킨다. 그래서 가이아는 지배의 대상도 복종해야하는 권력을 가진 존재도 아니게 된다. 끊임없이 타협하고, 교섭해야 하는 정치적 존재인 것이다.

지금까지 지구를 어떻게 이해하는지에 따라 지구를 바라보는 태도가 상이하다는 점을 확인했다. 현재 지구위험시대 역시 이와 무관하지 않다.

'지구와 인간', '만물과 인간'의 관계 회복

자신을 지구학자geologian로 자리매김했던 토마스 베리는 지구는 단

한번 주어진 선물이며, 지구가 강한 재생력을 지니고 있지만 분명 한계가 있고 재생시킬 수 없는 측면이 있다고 주장한다. 인간의 지구 학살geocide로 인해 모든 생명의 조건이 되는 지구가 죽어 가고 있다고 경고한다. 이처럼 베리는 지구위기의 일차적 원인으로 인간중심주의 anthropocentrism를 지목한다. 이러한 인간 중심적 세계관은 오늘날 산업사회의 경제, 교육, 종교, 법 등 모든 부문의 기반이 되었고, 자연세계는 단지 인간의 이용을 위한 객체의 집합에 불과하다는 믿음을 길러 왔다는 것이다. 아렌트와 라투르가 지구를 '인간의 조건'으로 설정했다면, 베리는 '인간을 포함한 모든 생명의 조건'으로 인식하면서 지구를 공유하는 모든 생명체를 '지구공동체earth community'로 설정한 것이다. 나아가 베리는 인간 중심의 법에서 지구 중심의 법으로의 변화의 필요성을 주장하면서 "지구는 새로운 법을 요구한다Earth needs a new Jurisprudence"며 이를 지구법Earth Jurisprudence으로 개념화하기도 했다.

그는 인간과 지구의 화해와 평화를 주장한다. 그의 지구론은 물리학·생물학·지질학 등 과학과 신학을 융합시킨다. 동시에 '과학적 우주론'과 '종교적 우주론'을 그리고 우주의 역사, 지구의 역사, 인류의 역사를 통합한 전 지구사를 주장한다. 그의 지구 이해는 하나의 유기체로 보는 데에서 출발한다. 이것은 러브록의 지구론에서 확인된 바와 같이, 생명을 '자기-조직화'의 관점으로서 이해하는 것이다. 좀 더 구체적으로 말하면, 생명이란 엔트로피entropy, 에너지의 분산를 극복하기 위해 신트로피syntropy, 에너지의 경제를 높여주는 형태로 자기-조직화를 이루는 관계들이 상호영향을 미치는 과정으로 이해되는데, 지구 역시 하나의 살아있는 유기체이기 때문에 그 안에 균형을 유지하려는 '항상성'을 지니고 있다는 것이다. 베리는 이러한 지구의 생태 시스템을 '지구생명시스템'이라고 표현하고, 이러한 인식을 바탕으로 인간이 지구와 자연 세계에 대해 친밀하게 대할 것을 요구한다. 그리고 신성한 공동체의 으뜸은 우주 공동체이지 인간 공동체가 아니라고 말한다. 그가 주장하는 지구공동체는 레오폴드가 자본주의에 물든 현대인들이 지구를 상품화하여 남용하는 현실을 비판하면서 제창한 지구에 거주하는 모든 존재, 즉 동물, 식물, 토양, 물 등이 포함된 대지공동체land community 개념과 유사하다. 인간과 비인간적 존재들은 지구의 구성원들이고, 그것을 포함하는 단 하나의 통합된 지구공동체가 존재하며, 지구공동체 내에서는 모든 존재가 자신의 역할, 존엄성, 자생성을 지니고 있다는 것이다.

지구가 만물의 부모天地父母라는 동아시아 사상과 마찬가지로, 레오폴드가 대지를 '존재의 샘'으로 인식했듯이, 베리는 지구와 인류를 하나의 단일 실체로 보고, 지구를 인간 존재를 가능하게 하는 존재로 파악한다. 한편 모든 존재는 다른 존재들과의 긴밀한 연관 관계 속에서 서로 선물을 교환한다고 보고 있다. 만물이 은혜의 관계에 있다는 것이다. 베리에 의하면 행성 지구는 상호의존적인 관계로 서로 밀접하게 연결된 하나의 공동체이고, 지구공동체의 모든 구성원들은 직·간접적으로 스스로의 생존에 필요한 영양 공급을 위하여 다른 구성원들에게 의존한다. 지구는 생명 진화에 필요한 조건들을 제공하고, 인간은 지구의 공기를 호흡하고 지구의 물과 음식물을 먹어야만 생존할 수 있는 지구 의존적 존재인 것이다.

그래서 베리의 '위대한 과업'의 출발점은 지구에 대한 이해를 바탕으로 뒤틀린 지구와 인간의 관계를 상생의 관계로 회복하는 데 있다. 지구와 인간의 관계를 회복하기 위해, 베리는 토착사상에 주목한다. 그는 세계 원주민들은 이미 '모든 존재들의 협의회 Council of All Beings'와 같은 자생적 형태의 지구공동체 인식이 개발되어 있다는 점에 주목하면서 지구 치유를 위한 새로운 세계관의 수립 과정에서 토착사상에 주의할 것을 주장한다. 따라서 지구를 치유하기 위해서는 지구를 착취해야 할 객체가 아닌 사귀어야 할 주체로 인식되어야 한다. 땅과 생물과 인간이라는 지구의 모든 구성원이 하나의 지구공동체, 즉 전체로서의 통일체를 형성하기 위해 서로 연결되어 있다는 인식이 재확립되어야만 가능하다는 것이다. 결국 자연과 우리의 관계를 파괴의 관계에서 서로를 의지하는 상생의 관계로 바꾸는 것이 인류에게 던져진 과제인 것이다.

지구위험을 해결하기 위해 오늘의 인류는 지금과는 전혀 다른 미래에 대한 비전을 가져야만 지구에서 살아남을 수 있다. 베리는 이와 같은 비전을 '생태대 Ecozoic Era'라는 시대로 제안한다. 생태대는 인간이 지구공동체를 초월하는 존재로서가 아니라 지구공동체의 구성원으로서 지구와 상호증진적 mutually-enhancing인, 즉 땅과 생물과 인간이라는 지구의 모든 구성원이 하나의 상생적인 관계를 이루는 지구공동체earth community가 확립된 시대이다. 그의 관점은 그가 제안한 생태대의 조건을 통해 확인할 수 있다. 첫째, 이 우주가 객체들의 집합이 아니라 주체들의 교제의 장이라는 점, 둘째, 이 지구가 오직 총체적으로 기능할 때에만 비로소 존재할 수 있으며 살아남을 수 있다는 점, 특히 이 지구에 대한 신비성을 깨달을 필요가 있다는 점, 셋째, 지구는 단 한 번 주어진 것이라는 점, 넷째, 지구가 일차적이며 인간은 부차적 존재라는 사실, 다섯째, 지구의 전체적인 기능이 신생대에서 생태대로 옮겨가고 있다는 사실, 여섯째, 새로운 윤리적 원칙이 필요한데, 종자 학살biocide과 지구 학살geocide이 절대악이라는 사실을 분명히 하는 윤리적 원칙이 그것이다. 결국 생태대의 실현은 인간은 지구공동체의 일원으로서 우주를 착취의 대상이 아닌 사귀어야 할 주체로 인식할 수 있어야 가능하다는 것이다. 나아가 그는 지구 학살로 인해 초래된 지구위험은 이야기의 부재에 있다고 말한다. 새로운 이야기의 필요성을 주장하면서, 지구 관계를 새로이 확립하고 지구에 대한 경외심을 불러일으키기 위해 생태대 신화로서 과학·종교·역사를 통합한 『우주 이야기The Universe Story』로서 우주와 지구에 대한 통찰을 제안한다.

지구를 공경하는 신앙으로의 전환

지구위험시대에 종교가 나아가야 할 방향은 무엇인가? 베리는 지구위기의 원인을 지구에 대한 종교적 경외심의 상실에서 찾고 있다. 그는 현대인들이 지구의 소리를 듣지 못하는 자폐증으로 인해 심층적 차원에서 지구와 신비적인 친교를 나누지 못한다고 주장한다. 그는 인간이 지구상에 등장한 이래 유전적으로 혹은 문화적으로 종교적 심성이 부호화coding되어 왔다고 말한다. 하지만 그리스와 성서의 인간중심주의, 흑사병, 기술공학과 산업화 중심 경제로 인해 지구의 심오한 영적 측면이 거부되었다. 이로 인해 자연 세계의 경이로움과 신비, 거룩함과 성스러움의 현존을 깊이 인식하고 경외심을 갖기보다는 지구를 포함한 자연을 대하는 인간의 태도가 상업적인 것으로 변화되었다고 말한다. 그래서 그는 새롭게 인간과 지구 관계를 확립하고, 지구에 대한 경외심을 불러일으키기 위해 과학적 우주론과 종교적 우주론을 통합한 새로운 우주론인『우주이야기 The Universe Story』를 제안한 것이다.

그는 생태대의 창조적 국면으로 진입하기 위해서는 근본적인 변화가 필요한데, 이를 위해서는 무엇보다 종교의 전환이 시급하다고 주장한다. 먼저, 생태대에 부합되는 우주의 신성한 차원을 깨닫는 종교적 감수성을 개발해야 하며, 나아가 현재의 종교는 인류사의 신생대 종교일 따름이라고 비판하면서, 이 우주가 주체들의 공동체라고 정의하기 위해서는 새로운 종교의 정의와 역할을 요청한다. 이러한 인식은 자연스레 베리의 기성 종교에 대한 비판으로 이어진다. 그는 언어, 종교, 도덕, 경제, 교육, 과학 역시 인간 중심에서 생명 중심biocentric 혹은 지구 중심geocentric으로 변화해야 한다고 주장한다. 서구의 종교는 구원을 이 세상 밖에서 이루어지는 것으로 이해했다. 이에 따라 인간과 자연세계의 분리가 나타나게 되고 생존자체를 위협하는 전 지구적 재난 상황에서 결국 종교의 존재 이유가 약화되었다고 말한다. 아울러 서구의 종교들은 자연환경과 지구공동체에 대해 관심을 두지 않고, 오직 하느님과의 언약관계에 집중하고 있다는 것이다. 이제는 지구와의 관계에서 종교 자체에 대해 그리고 종교의 역할을 다시 생각해야 한다고 주장한다.

베리는 인간 역사의 각 시대에는 독특한 과업이 존재했다고 주장하였다. 그 과업은 바로 '매개'였다. '첫째 매개'는 신적인 것과 인간적인 것 사이의 매개, '둘째 매개'는 인간 상호 간의 매개, 마지막으로 '셋째 매개'를 현재 가장 요청되는 '인간 공동체와 지구 사이의 매개'라고 주장한다. 이를 '친교'로 해석하면서 우리 존재와 신적 원천과의 친교, 모든 인류 공동체와의 친교, 우주자체와의 친교에 대한 자각의 필요성을 제기한다. 베리가 생각하는 종교의 역할은 '다시 연결 짓기'에 있는 것이다. 여기서 그는 종교religion와 우주universe 용어의 어원을 분석한다. 일반적으로 서구 종교 개념에 대한 논의에서 'religio'의 어원으로 '다시 묶다, 다시 연결하다'를 의미하는 라틴어 '렐리가레religare'에 주목한다. 그래서 종교의 핵심적 특징으로 신 혹은 초월적인 존재와 인간을, 나아가 인간과 인간을 '다시 연결시키는' 측면에 주목해 왔다. 그런데 베리는 종교religion와 우주universe 모두 하나 됨unity의 상태로 되돌아감을 의미한다고 말한다. 즉 종교의 '레리가레

re-ligare'는 '근원으로 돌아감', 우주의 '우니-베르사uni-versa' 역시 '하나로 돌아감'을 의미한다는 것이다. 종합하면, 만물을 관계적으로 해석하면서 우주 안에 있는 모든 존재는 하나의 동일한 원천에서 나온 한 가족이며, 단 하나의 공동체 안에 함께 결속되어 있다는 것을 재확인하고 있다. 해방신학자 레오나르도 보프Leonardo Boff 역시 종교 어원에 주목하면서 인간 존재들과 다른 모든 존재들 사이에 새로운 이어짐re-ligation을 구축하는 새로운 조화를 주장한다. 바로 종교는 인간과 다른 모든 존재들과의 관계들을 '다시 연결 짓기'를 우선해야 한다는 것이다. '근원으로 돌아감'과 '하나로 돌아감'은 동학의 '동귀일체同歸一體'를 연상시킨다.

한국어로 번역된 베리의 『신생대를 넘어 생태대로』의 원제목은 "Befriending the Earth: A Theology of Reconciliation Between Humans and the Earth"로 "지구와 친구맺기: 인간과 지구의 화해 신학"이다. 그의 지구신학은 인간과 지구를 화해시키는 신학인 것이다. 베리는 여기에서 삼라만상의 원천적인 연관성을 강조한다. 우주 안에 있는 만물은 하나의 동일한 원천에서 나온 것으로 문자 그대로 한 가족, 한 식구라는 것이다. 이상의 내용을 종합하면, 베리의 지구신학 나아가 지구 종교학은 지구 이해를 통해 지구와 인간, 비인간 존재들과의 관계를 다시 연결시킬 수 있는 사상적 자원을 발굴하고 재해석하는 연구를 의미한다고 볼 수 있다.

그린피스 창설자인 폴 왓슨Paul Watson은 "우리가 살아남기 위해 새로운 이야기, 새로운 신화, 새로운 종교를 필요로 한다. 우리는 인간 중심주의를 생물중심주의로 대체할 필요가 있다. 우리는 모든 종을 포괄하고, 자연이 성스럽고 존중받을 만하다는 점을 확고히 하는 종교를 건설해야 한다."고 주장한다. 래리 라스무쎈Larry L. Rasmussen은 『지구를 공경하는 신앙: 문명전환을 위한 종교윤리 Earth-Honoring Faith Religious Ethics in a New Key』 2013에서 종교들은 사람들에게 '지구의 죽음'을 방관하도록 만들었다고 비판한다. 지구위험시대에 종교는 변화된 지구에 대한 새로운 책임성을 위한 새로운 능력을 만들어야 한다고 주장하면서 "내게 새로운 시대의 종교를 달라!"고 외쳤다. 그는 토마스 베리를 인용하면서, 우리에게 주어진 '위대한 과업Great Work'은 '지구를 공경하는 신앙Earth-honoring Faith'이라고 말한다. 대부분의 종교가 제시하는 자연 세계에 대한 공통된 가치는 존경reverence, 존중respect, 자제restraint, 재분배redistribution, 책임responsibility으로 요약될 수 있으며, 종교는 그들의 우주적 지향과 윤리적 의무에 대한 이해가 확대되어야 한다고 주장한다. 지구와 지구의 심오한 우주론적 과정들에 대한 존경, 지구의 수많은 생물종들에 대한 존중, 모든 생명 형태들을 포함하는 윤리의 확장 등 이제는 '자연에 대한 존중'이 아니라 해월 최시형 海月 崔時亨, 1827~1898이 '삼경사상'을 주장한 것처럼, '지구에 대한 공경'으로 생태적 태도 전환의 필요성이 제기되고 있다.

종교학자 브론 테일러 Bron Taylor에 따르면, 현재 지구 종교성Earth Religiosity은 급진적인 환경운동에서 중요한 역할을 하고 있다. 인간중심주의와 자연의 탈성화를 비판하면서 오래된 형태의 지구 영성과 종교를 부활시키고, 현대 지구 시스템 과학과 일치하는 의식과 의례적인 관행뿐만 아니라 지구의 종교적인 우주론과 신학을 구축하기 위한 노력이 이루어지고 있는 것이다. 여기서 테일러는 지구적 위기를 극복하기 위해 출현한 자연의 종교화에 내재하고 있는 위험한 측면을 염두하면서 '어두운 녹색 종교dark green religion' 개념을 제안한다. 그는 각각 대지공동체와 지구공동체를 주장한 레오폴드와 베리를 어두운 녹색종교의 가장 영향력 있는 인물로 평가한다. 그가 제안한 어두운 녹색종교는 시민종교적 성격을 지니며, 토마스 베리의 모든 생명체들과의 친족 관계 만들기처럼, 모든 생명이 공통 조상을 공유한다는 진화론적 이해에 뿌리를 두고 있다. 자연은 신성하고 본질적인 가치가 있다는 인식, 모든 것이 상호 연결되고 상호의존적이라는 믿음, 그리고 자연에 소속되어 있다는 깊은 감정을 포함하고 있다. 이처럼 자연에서 성스러움을 박탈한 인간 중심적 서구 종교들이 결과적으로 지구위기를 초래한 중심 엔진이었고, 병든 지구를 치료하기 위해서는 이를 대신하는 지구 종교가 필요하다는 요청에서 출현한 것이다. 여기서 지구 종교는 지구를 공경하는 종교를 의미한다.

폴 에를리히Paul Ehrlich는 지구 종교의 필요성을 제안했고, 정치 이론가 윌리엄 오펄스William Ophuls도 지구 종교가 지속 가능한 사회를 위해 필요하다고 주장했다. 정치학자인 다니엘 듀즈니Daniel Deudney는 이 개념을 지구시민적 지구 종교terrapolitian earth religion로 개념화했다. 듀즈니는 지구위험시대에 지구헌법Earth constitution, 지구 민족주의Earth nationalism 그리고 가이아 지구 종교Gaian Earth religion가 필요하다고 요청하였다. 그가 제안한 가이아 지구 종교는 지구에 대한 애착이며, 다른 형태의 시민종교와는 현저하게 다르고 훨씬 덜 위험하다고 주장하면서 모든 생명을 포괄하는 생물권, 지구, 나아가 우주 전체의 유기체적 성격을 강조한다. 특히 지구 종교는 지속 가능한 사회를 건설하고 지구를 존중하는 행동에 동기를 부여하는 데 도움이 된다는 것이다.

정치철학자 정화열과 피터정은 생태윤리의 기본원칙으로 해월 최시형의 삼경사상을 연상시키는 '생태공경 ecopiety'을 제안한다. 그들이 말하는 생태공경은 지구의 건강이 우리 인간의 전일적 사고와 행동방식에 달려 있기 때문에 인간의 모든 행동을 규제하고 삼가는 윤리와 태도이다. 경천, 경인, 경물의 삼경사상처럼, 정화열이 제안한 생태공경에는 인간 공경과 지구 공경 두 가지 의미가 담겨 있다. 특히 지구 공경은 살아있는 흙과 물, 동물과 식물들을 포함하는 만물로 해석할 수 있다는 점에서 인간과 비인간적 존재들과의 태도를 의미한다. 마지막으로 복잡성 이론 complexity theory 을 전공한 스튜어트 앨런 카우프만 Stuart Alan Kauffman 역시 인간은 존중해야 할 생물권의 창조성을 파괴하고 있다고 비판하면서, 지구를 위해, 모든 생명을 위해, 우리 자신을 위해 지구윤리를 찾아내고 성스러움을 재발명할 것을 주장한다. 성스러움을 재발명해서 우주, 생물권, 인류 역사, 문화의 경이로운 창조성 자체를 성스러운 것으로 인식하게 되면, 모든 생명들과 그것을 지탱하는 지구를 존중하게 될 것이라는 것이다. 나아가 새롭게 출현하는 지구와 생명과 문화의 복잡성 complexity 을 인정하고, 모든 생명들과 지구를 존중하는 지구윤리의 창조를 주장한다. 이렇듯 서양에서도 비로소 진정한 의미에서의 삼경사상이 주창되기 시작한 것이다.

새로운 지구윤리

1992년 의식 있는 과학자 연합 The Union of Concerned Scientists 이 발표한 〈인류에 대한 경고 Warning to Humanity〉에서 그들은 "더 이상 지구가 파괴되도록 방치해서는 안된다고 경고하면서, 인간에게 제공할 수 있는 지구의 제한된 능력을 인정하고, 인간 자신과 지구에 대한 새로운 태도전환을 위한 새로운 윤리가 필요하다"고 외쳤다. 이들이 이렇게 새로운 지구윤리를 제창하는 이유는 현재 진행되고 있는 지구적 위험 문제는 인간중심주의로 가득 찬 종교나 인문주의적 윤리학으로는 해결할 수 없기 때문이다. 새로운 지구윤리의 주장들은 자살, 살인 등과 같은 문제들은 기존 윤리적 전통으로 풀어낼 수 있지만, 지구의 생명 체계가 멸종되는 생명 살해와 지구 살해의 문제는 해결할 수 없다는 인식에서 출발한다. 토마스 베리 역시 인간의 윤리학을 생태학적 의무의 파생물로 보고, 포괄적인 공동체의 복리 안에서 인간의 복리를 실현하는 것을 윤리학의 규범으로 삼을 것을 주장한다. 그리고 지구 행성 전체의 맥락에서의 윤리, 즉 인간과 인간이 아닌 다른 구성원들 사이를 통합적으로 이해하는 새로운 '지구윤리'의 필요성을 강조한다. 근대 한국 개벽종교 역시 지구 시스템에 대한 이해를 통해 지구공동체론을 발전시켜 왔다. 당시 개벽을 주창한 인물들은 인간과 인간, 인간과 지구, 인간과 만물의 어긋난 관계를 회복하는 데 있었다. 가령 해월 최시형의 '천지부모-만물동포', '삼경사상', '이천식천以天食天'은 지구와 그 안의 만물을 하나의 생명공동체, 즉 동포同胞로 인식하고, 생명의 그물망web에 주목한 사상이다. 해월 최시형이 제시한 이천식천은 '모든 생명이 서로 기화적 관계성을 지니며 상호작용을 한다'라는 의미이다. 해월 최시형은 생명이 생명을 먹는 이치 즉 먹이사슬에 보이지 않는 질서인 생명의 그물망을 '이천식천'과 '기화氣化'로 해석한 것이다. 그래서 이천식천과 기화는 서로 '살리는' 공생관계로 본 지구시스템 이해에 근거한 사상인 것이다. 이돈화夜雷 李敦化, 1884-1950 역시 '한울'과 '한울아'를 통해 지구공동체론과 지구적 자아라는 지구적 의식을 발전시켰다. 특히 '한울'은 지구와 인간 그리고 모든 만물의 조화와 협동의 공생 논리 사상으로 지구윤리의 핵심적 의미를 담고 있다.

한편 원불교 창시자 소태산 박중빈少太山 朴重彬, 1891-1943은 천지는 만물의 생명이며, 공물公物임을 설파하면서 인간의 조건을 사은四恩 개념으로 설명했다. 천지·부모·동포·법률을 '없어서는 살 수 없는 관계'의 핵심 범주로 보고 '은혜'를 생명의 근원으로 인식했다. 베리가 모든 존재는 다른 존재들과의 긴밀한 관계 속에서 끊임없이 서로 선물을 교환하는 존재, 즉 서로 나누는 관계로 보고 있듯, 사은 역시 모든 생명은 고립된 존재가 아니며, 상호 연결되어 있다는 근본적인 생명관계를 의미한다. 따라서 사은은 은적 생명의 관계로서 "없어서는 살 수 없는 관계", 은을 인간 공동체를 넘어 지구공동체 윤리로 제창한 것이다.

지금까지 인간은 자연을 정복하고, 무생물을 이용하고, 인간 하위의 존재로 취급하며 인간의 욕구 충족을 위한 도구로 이용했다. 이제 인류는 모든 존재가 상호 연결되어 있고, 지구공동체의 구성원이라는 자각이 필요한 시점이다. 그러기 위해서는 지구, 인간 그리고 만물과의 올바른 관계를 맺을 수 있도록 이끌어 줄 새로운 지구공동체 공경 윤리를 정립해야 한다.

지구위기시대의
삶의 영성화

전희식
마음치유농장 대표

2020년 11월. 남양주 깊은 산 속 어느 수도원에 다녀왔다. 아침 9시부터 저녁 6시까지 꼬박 3일 동안 진행하는 영성 프로그램이었다. 9월에는 전주의 어느 기독교 기관에서 하는 2박 3일 프로그램에 참여했고 10월에는 제주에서 내가 직접 프로그램을 설계하여 진행하기도 했다.

물맛의 깊이를 알면 세상 맛을 아는 것이라는 옛말이 있다. 맹물 맛은 나이 들수록 깊어지는 게 사실이다. 명상 프로그램도 물맛과 비슷해 보인다. 아무리 반복해도 같은 맛이 아니고, 알 수 없는 깊이로 빨려 들어가는 느낌이다. 90년대 초반에 처음 입문한 뒤로 줄곧 그렇다.

요즘은 영성 프로그램이라고 하면 '어떤 영성 프로그램이냐?'는 물음을 듣게 된다. 어느 기관에서 어떤 내용으로 진행하는 것인지를 함께 얘기해야 할 정도로 다양해졌고 사람들에게 영성 수련, 명상 수련이라는 말이 익숙해져 있는 것으로 보인다. '명상 프로그램을 한다'고도 하고, '코스 다녀왔다.'라고도 하고, '마음공부 한다.'라고도 한다. 프로그램들의 명칭에서 알 수 있듯이 영성이라는 말은 다양하게 이해되고 있다. 기관이나 사람마다 이해의 편차를 보이기도 하는데, 비슷한 개념이면서도 용어를 달리하기도 한다.

영성 관련 기관이나 단체도 엄청나게 많은데 최근에는 국제적인 교류들도 많다. 특히 인도에서 출현한 명상 기관들이 한국에 많이 들어와 있다. 내가 직접 참가 해 본 것만 해도 브라마쿠마리스, 아난다 마르가, 위파사나, 마인드풀니스 등이다. 국내에서의 역사가 긴 야마기시나 동사섭, 깨 장/나 장, 방하 등과 단월드, 석문 등 호흡과 선 수련 단체까지 포함하면 셀 수 없이 많다.

이들 프로그램에서 추구하는 방향과 가치는 거의 같다. 새로운 세상 맛보기와 살기이다. 3차원 감각 세상 너머의 세상이 있음을 알아채고 현실 세상에서의 어리석음과 탐욕을 내려놓자는 것이다. 고요의 접경지대를 마음에 품고 진정한 행복의 길로 가기 위해 고통의 뿌리를 제거하자는 것이다.

수행 분야의 갈래를 나누고자 할 때 참고할 자료는 많은 줄로 안다. 사람의 기질과 성향에 따라 수행법이 갈리기도 한다. 내 경험에 의하면, 상황에 따라 적합한 수행법이 있기도 하다. 나는 화두선간화선도 좋았고 동학의 주문 수련 같은 염불선도 좋았고 행선도 좋았다. 감각에 집중하는 위파사나의 묵언 수행도 매우 강렬했다.

이 글에서는 영성 시대의 도래와 삶의 영성화로 '영성의 전환'을 정의하고자 한다. 위기적 지구문명의 출로로서 영성시대 또는 명상의 사회화라고 해도 되겠다. 기존 명상 프로그램들의 대중화, 실제화로 이해할 수도 있겠다.

꿈과 초현실, 그리고 영성

제주에 가면 관덕정이라는 곳이 있다. 기록에 따르면, 제주에 있는 건물 중에서 가장 오래된 것으로 세종대왕 30년인 1448년에 제주 목사인 신숙청이 병사들을 훈련 시키기 위해서 지은 건물이라고 되어 있다. 1947년 3월 1일에는 제주 4·3항쟁의 도화선이 되었던 곳이다. 나는 이곳에서 말로 다할 수 없는 악몽을 꾸었다. 2020년 10월 초순 어느 날이었다. 4·3 순례를 시작하기 전날 밤이었다.

관덕정에서 멀지 않은 숙소에서 자게 되었는데 낮에는 덥기까지한 제주의 날씨에 눕자마자 깊은 잠에 빠졌으나, 이제껏 단 한 번도 꾸어 본 적 없는 악몽을 꾸었다. 악몽에 소스라치게 놀라 깨어서 식은 땀을 닦고 화장실을 다녀와서 다시 누워도 연속극처럼 그 꿈을 이어서 꾸었다.

혼령들이 걸어 잠근 대문 옆 담으로 스며들어 앞마당에 모여들었다. 만화나 애니메이션에서 본 대로 담에서 연기처럼 피어오르다가 사람 모습으로 변했다. 나는 무섭다기보다 그냥 좀 귀찮은 정도였던 것으로 기억된다. 마당으로 모여드는 혼령들을 향해 부채질해서 못들어오게 막았다. 사람으로 변신하기 전에 부채질하면 담으로 스며들던 혼령들이 다시 밖으로 나갔다.

그런데 이번에는 하늘에서 관이 툭툭 마당에 떨어지기 시작했다. 아래채 빈방에도 시체들이 쌓였다. 널브러진 시체들을 한쪽으로 모으려고 시체 겨드랑이에 손을 넣어 들어 올리니 목이 없고 몸통은 비어 있었다. 속이 빈 고목 등걸처럼 생겼다.

대책이 없어서 포기하고 방구석 뒤로 물러나 앉았더니 그곳에는 또 피를 흘리며 죽은 어미 고양이 겨드랑이에 새끼 고양이들이 머리를 박고 울고 있었다. 잠에서 깨어 밖에 나왔다가 다시 들어와 잠이 들었는데 이번에는 내가 고향마을에서 소를 몰고 오다가 무릎에도 차지 않는 얕은 개울을 건너는 중에 갑자기 소가 물속에 머리를 처박고 숨을 헐떡이며 죽어 가는 꿈을 꾸었다.

소의 머리를 물속에서 꺼내 내 무릎 위에 눕히고 숨을 쉬게 해 줬더니 편안한 얼굴로 나를 쳐다보며 "나는 이제 죽는구나. 내가 이렇게 죽는구나."라고 했다. 숨이 멎어가는 소 목 언저리를 두 손으로 주무르며 나는 "어무이, 어무이"하면서 울다가 깼다.

다음 날 나는 북촌 초등학교와 그 주변을 돌며 4·3 학살지와 애기 무덤들을 봤다. 전날 밤 내 꿈은 총 세 번째가 되는 4·3 순례 중 가장 강렬한 순례가 되는 전조였다. 순례 동안 몇 번을 오열했는지 모른다.

순례를 시작하기 전 3일 동안 나는 제주의 아름다운 곳에서 치유 프로그램을 진행했었다. 장애 시설에서 돌봄 교사로 일하는 선생님들 십여 분을 대상으로 한 집단 심리 치유 프로그램이었다. 이것이 꿈과 깊은 연관이 있다고 여겨진다. 심리 저층까지 내려가서 무의식과 접점을 형성하고 있었던 내게 혼령들은 접근하기 좋았으리라.

해원을 하지 못하고 구천을 떠도는 영혼들은 지각의 대상이 아니다. 논리와 이성으로 접근되지 않는다. 오감이 완전히 멈추고 깊은 잠에 빠진 무의식의 상태에서 초월의식의 통로까지 열릴 때 접촉이 가능하다. 사람에게 있는 이런 제3의 눈, 또는 여섯 번째 감각에 대한 얘기는 아주 많다. 6식 다음에도 불가에서 말하는 말라식, 아뢰야식, 아마라식 등이 있다. 영적 체험이 이루어지는 단계다.

최초의 내 영적 체험은 4-5세 때로 여겨진다. 3세 때였을 수도 있다. 성인이 되어 많은 영적 수련을 하고 신비체험과 함께 관련 책들을 읽으면서 그것이 영적 체험이라는 것을 확실하게 알았다.

어머니가 나를 치마폭으로 폭 싼 채 잠을 자고 있었다. 추운 겨울이었고 이 세상에 어머니 품속보다 더 따끈하고 편안한 곳이 있을 수 없는 때였다. 어머니가 세상 전부였던 나이였다. 그때 어머니가 들려주신 이야기를 지금도 기억한다. 사람은 잘 때 콧구멍에서 새까만 쥐 두 마리가 솔솔 기어 나와서 온 세상을 뛰어다니다가 잠이 깰 때 감쪽같이 다시 콧구멍으로 들어가서 낮 동안에는 몸속에서 잠을 잔다는 얘기였다. 그 쥐가 돌아다니면서 구경하는 것이 꿈이라고 하셨다. 꿈을 잘 꿔야 건강해진다고도 했다.

그날은 쥐들이 천국에 갔던 게 분명했다. 몸살로 신열에 들떠 있던 나는 끝을 알 수 없는 하늘 꼭대기에서 지상을 향해 뻗어 있는 거대한 나팔관 속에 있었다. 눈은 부시지 않지만 엄청나게 밝은 빛무리가 꽉 차 있었고 나는 그 나팔관 속으로 빨려 올라갔다 내려오기를 되풀이했다.

형언할 수 없는 아름다운 노랫소리도 들리고 모든 것이 황금빛 광

채가 나는 세상이었다. 투명하기까지 한 황금빛은 따스하고 서늘하고 시원했다. 1초에 수백 번을 오르내려도 어지럽거나 무섭지 않고 재미있었다. 나중에 알게 되었지만, 초월 세계는 황금빛 빛무리와 아름다운 음악이 있었고 행복감이 찰랑찰랑 넘치는 곳이다. 시공의 제약이 없어 마음먹은 대로 다 이뤄지는 것은 기본이다. 그 통로는 모두 다 나팔관이었다. 아니면 나선형 황금 사다리든지. 이렇게 현실 세계를 건너는 상징물이 꼭 있었다. '티벳 사자의 서'나 '타나토 노트'나 성경이나 불경에 다 그렇게 나온다.

잠자는 내가 있고, 꿈속의 내가 있고, 그 꿈과 그 잠자리를 설계한 내가 있을 법하다. 인간은 이렇게 3개의 세상을 동시에 갖고 있다. 정·기·신 또는 천·지·인이라 하는 동양철학의 범주도 여기에서 기인한다. 어느 부위가 더 크게 활성화되느냐는 때에 따라 다르며, 의지의 산물이기도 하고 의지와는 무관하기도 하다. 모두 내 체험들이다.

누구나 어릴 때는 잉태 이전의 기억을 제법 선명하게 갖고 있다. 초월 세계의 기억을 말하는데, 천상의 기억이기도 하다. 그것은 천사의 마음이기도 하다. 어린아이가 엉뚱하면서도 경이로운 말을 할 경우, 이런 관계로 설명한다. 네 살쯤 되었을 때의 우리 아이 기억이 난다. 절에 데리고 갔는데 불상 앞에서 오체투지를 하는 것이었다. 한 번은 손바닥을 펴 보이더니 손가락이 움직인다고 놀라워하기도 했다.

우주 의식의 창조 놀이

정·기·신으로 표현되건 영·혼·백으로 말하건 우리는 존재의 세 가지 차원을 가진다. 물질과 마음과 영혼이다. 영혼은 다양하게 설명되는데 신성, 초월자, 신, 하나님, 부처, 우주의식 등이다. 만유의 근원이자 시작점이라 할 것이다. 동학의 천도교경전이 이를 명쾌하게 정리하고 있는 것으로 보인다. 3자 간의 관계까지도 포함해서 말하고 있다.

천도교경전에서는 만물은 영의 표현이라고 하면서 형상이 있는 것은 적극적 표현이고 형상이 없는 것은 소극적 섭리라고 한다. 형상이 있는 것과 형상이 없는 것, 이 두 세계를 우리는 세계의 전부로 이해한다. 그러나 경전은 이 외에도 존재의 세계, 현존의 세계가 따로 있다고 말하는 것이다. 적극적 표현과 소극적 섭리를 주재하는 세계가 그것이다.

경전에 따르면, 사람이나 물건을 떠나서는 영이 없고 영을 떠나서는 사람도 물건도 없으니 영은 세상을 마련하고 세상은 영을 얻었다고 말한다 천도교경전 '성령(영혼)출세설'. 무슨 말인가? 하나님 아니라 그 할애비라도 사람의 행위, 물건의 존재를 통하지 않고서는 쥐뿔도 아니라는 말이 된다. 같은 이치로 사람과 사물, 사건일. 상황들은 신성을 놓치지 않아야 본래 자신의 면목을 제대로 드러낼 수 있다는 말이다. 성경과 불경에도 같은 이야기들이 무수하다. 이는 현대 양자물리학과 심령주의 현자들의 이야기와 동일하다. 만물 만상이 신이고 세상 모든 현상도 신이라는 것이다.

경전뿐 아니라 양자의 중첩성과 양자 도약도 제주에서의 내 꿈과 어릴 적 영적 체험을 설명하는 것으로 여겨도 될 것이다. 예수와 부처는 물론이고 공맹과 노장, 인디언 추장, 호주의 원주민, 실버 버치, 데이비드 호킨스, 조 디스펜자, 디펙 초프라, 브루스 립턴, 켈리 브로건, 아니타 무르자니, 에크하르트 톨레, 메리앤 윌리엄슨 등등 이 시대 최고의 지혜로운 존재들이 이구동성으로 하는 말이다.

〈인터스텔라〉라는 영화는 2014년 개봉 당시에도 인기가 높았고 요즘도 자주 거론된다. 이 영화를 만든 크리스토퍼 놀란 감독은 영화가 담아내는 간단치 않은 주제들을 다루기 위해 엄청난 공부를 해야 했다고 한다. 천문 우주 지식은 물론이고 지구의 운명에 대한 미래학도 그중 하나이다. 사실은 통상적인 공부라기보다 어떤 영감이 있지 않았을까 싶다. 시각의 영적 전환이 없이는 만들 수 없는 영화로 보인다. 이렇게 인터스텔라 영화 이야기를 꺼내면 사람들은 두 가지로 반응한다. 하나는 시간여행이고 다른 하나는 지구의 종말적 미래 이야기다. 주인공 쿠퍼가 우주여행을 하고 돌아오자 딸 머피가 폭삭 늙은 할머니가 되어 있었다는 부분으로 상대성이론의 핵심을 이루는 공간 수축과 시간 팽창 이야기를 가장 많이들 한다.

천만에다. 내가 하고자 하는 얘기는 전혀 다른 방향이다. 인터스텔라를 거론한 것은 눈속임이다. 내가 지금부터 말하고자 하는 것은 어느 영화건 해당된다. 영화를 볼 때, 스크린에 비친 영상은 영화의 줄거리고 영사실은 영화를 송출하는 스크린 영상의 근원이다. 이를 즐기는 관객은 영화관의 주체다.

자, 우리는 영상을 보는 것이다. 영화가 끝나면 새하얀 스크린만 시
치미 뚝 떼고 남는다. 스크린은 미동도 않고 영상의 빛깔만 반사하여
영화를 즐기게 했다. 하나의 장치다. 영화관이라는 공간도 장치에 불
과하다. 영화는 빛깔의 환상이었다. 명멸하는 빛무리의 놀이판이었
다. 힌두교에서는 이렇게 말한다. 우리의 삶을 포함하여 이 우주 자
체를 하나의 릴라_{산스크리트어. 신의 유희라는 뜻}로 본다. 우주는 신의 모노드
라마, 신이 혼자서 벌이는 게임이란 말이다. 그렇다면 우리는 그 무대
위에서 일정한 기간 역할에 따라 울고 웃는 배우들이 된다.

우리의 삶이 지구라는 장치 위 빛무리들의 명멸이라면 필름과 관
객은 어디이고 누구일까? 우리의 삶이 이런 구조라면 스크린 위에서
명멸하며 입체 영상을 만들고 지우는 환상 그 자체가 우리 우주의 실
상일 수 있다. 오직 의식만 남는다고 하겠다. 자 그러면 영성의 좌표
를 찾아보자.

우주복과 지구복

인간이 우주로 나갈 때는 우주복을 입는다. 우주복의 역할은 아주 명
료하다. 재질과 기능도 분명하다. 우주 공간에서 유영을 하려면 조금
도 빈틈이 있으면 안 된다. 이 부분에서 생각을 뒤집어 볼 필요가 있
다. 존재가 지구에 올 때는 지구복을 입는다고 생각 해 보자. 우리가
입은 지구복은 무엇일까? 지구에서 수행할 역할과 살아가는 데 필요

한 필수 기능, 이런 게 뭘까? 별거 아니다. 오장육부며 오욕칠정이며 희로애락이다. 지구인의 필수 장비다.

그런데 문제다. 우리가 비 올 때 우산 쓰고 해수욕장에서 수영복 입 듯이 상황에 따라 산뜻하게 갈아입으면 되는 희로애락, 오장육부가 말처럼 쉽게 갈아입어지지 않는다. 스마트폰이 인간의 유용한 도구가 아니라 인간이 스마트폰의 포로가 되어 버렸듯이 희로애락과 오욕칠정의 포로가 된 인간들은 빈정이 상하고 몸이 상하고 트라우마가 생기고 하여, 비가 그쳤는데도 비옷을 껴입고 벗지를 못하는 형국으로 사는 경우가 허다하다. 한여름에 유명한 브랜드라고 벗기 싫다며 겨울 파카를 입고 다니는 꼴이다. 지구로 귀환해서도 우주복을 안 벗고 살려고 하는 우주비행사가 있다면 기가 막힐 노릇이 아니겠는가.

정·기·신의 차원들이 자유자재로 신축적으로 융화되지 못하고 비정상적인 분포로 고착되는 경우들이다. 스마트폰 비유를 더 들자면 이제 인간이 공식적으로 항복선언을 한 셈이다. '포노 사피엔스Phono Sapiens'라면서 스마트폰이 만든 신인류가 등장했다는 고백 말이다.

수련과 명상, 영적 삶이 현대사회에 더 갈구되는 이유이다. 지구복 자체를 멀리하거나 특정 지구복에 집착하는 게 아니라 자유자재로 골라 입는 사람. 그런 사람이야말로 영적 삶을 향유하는 사람이다.

손석희 앵커가 뉴스룸에서 자주 하던 말을 빌려 '한 걸음 더' 들어가 보자. 우주복을 입고 달나라를 가도 인간임을 자각하듯이 지구복을 입고 울고 웃고 난리치고 하더라도 지구라는 별에 온 우주인지구도 우주의 일부이라고 생각할 수 있다. 지구복을 철저히 도구로 보는 것이다. 이는 화나 슬픔이나 즐거움이나 돈이나 권력 같은 지구복을 '나'라고 보는 좁은 안목에서 벗어나 수단과 도구에 불과하다는 인식을 분명히 하는 것이다. 지구복에 갇힌 자신을 지구복을 입은 자신으로 복귀시키는 것이다. 영적 수련의 지향점이다.

실천, 습관으로서의 나를 넘어서는 지름길

티브이나 컴퓨터 모니터, 스크린의 동영상은 현란하게 움직인다. 그러나 사실은 움직이는 건 하나도 없다. 수많은 픽셀점들이 정해진 위치에서 켜졌다 꺼졌다 한다. 원자핵 궤도를 도는 전자가 에너지를 얻거나 잃어서 궤도를 바꿀 때 낮은 궤도나 높은 궤도로 이동하는 게 아니라 없어졌다 나타나는 것과 같다.

모든 존재는 명멸할 뿐이다. 형태를 바꿀 뿐 존재 자체는 한결같다. 존재의 무한성, 현존의 영원성. 이 부분에 대한 논란은 끝난 지 오래되었다. 현존은 시간과 공간을 달리하면서 동시에 명멸하여 입체를 이루고 과거와 미래를 구성한다. 시간을 한 줄로 세워서 과거, 현재, 미래로 나누고 공간도 위 아래, 옆과 앞 뒤로 구분한다. 그렇게 이해해야 세상을 식별할 수 있고 우리의 인식 체계에서 이해가 가능하다.

시간도 흐르는 게 아니다. 명멸한다. 동시성이자 도약이다. 과거에 사로잡힌 사람은 속절없이 현재를 탕진한다. 이를 트라우마라고 한다. 인간의 욕망과 감각도 그렇다. 자기 지속성을 가지려 한다. 오죽하면 뉴턴이 관성의 법칙을 제1법칙으로 내세웠겠는가.

이런 것들은 습관 또는 업이라는 것으로 사람 사람마다에 고착된다. 행함실천 외에는 이를 바꿀 방법이 없다. 정·기·신 중에서 신 영역이다. 촛불로 치면 촛대다. 촛대가 없으면 따스한 촛불도, 환한 빛도 없다. 촛대가 기초이며 근원이고 생명 그 자체다.

사람은 느낌과 생각, 말과 글, 그리고 행동으로 자기 존재를 인식하고 그것을 드러낸다. 세 가지 영역으로 자기를 현재화한다. 일반적으로 행동이 가장 강력하다. 에너지도 강력하고 교정력도 강하고 상처도 깊다. 생각과 이론이 뒷받침해 주고 감정과 열정도 따라주면 금상첨화다. 지식인 유형은 생각부터 시작한다. 파워가 약하다. 예술가는 가슴이 먼저다. 감동하고 열정이 타오르나 집착하게 되고 상처를 잘 입는다. 실천가와 리더는 파워도 있고 추진력도 있다. 그러나 충동적이거나 폭력적일 수 있다.

그래서 스승이 필요하다. 스승의 안내를 받으며 실천을 중심으로 생활 수행을 하는 것이 가장 빠르게 습관 된 나입장를 변화시킬 수 있다. 영성 계발의 가장 효과적인 수단이다. 히포크라테스가 말했다. 못 고칠 병은 없지만 못 고칠 습관이 너무 많다고.

영적 프로그램과 영성 책에서 여럿이 같이 함께 연습하기가 많이 등장하는 추세다. '되어보기'이기도 하고 '창조하기'이기도 하다. 지난 11월에 남양주에서 참여했던 프로그램이 그랬다. 깊은 상처에서 고름이 흐르는 어느 분이 연습하기를 통해 과거 속의 자신을 구해 내는 모습을 봤다. 생각과 감정으로는 감당할 수 없었던 트라우마를 자신의 힘으로, 자신의 의지로 극복하고 자신을 구해 내는 모습. 영성의 다시 태어남이다.

물적 환상에서 벗어나 영적 환상에 든 것이다. 모든 게 환상임을 직시하는 순간이다. 약물이나 타인에 의지하는 것은 탄력을 잃은 고무줄이다. 탄력을 잃은 고무줄이 되면 만날 명상 프로그램만 순례하는 명상족이 된다. 우는 아이 사탕만 주는 식의 명상 프로그램도 많다. 일종의 감정유희라 여겨진다.

헌신, 찬탄, 축원

행함 중에서도 가장 좋은 행함은 봉사다. 헌신이다. 아난다마르가에서 특히 강조하는 대목이다. 축원도 좋은 행함이다. 찬탄도 그렇다. 하루에 딱 5분만 주변과 옆 사람을 돌아보며 "…해서 차암… 좋다"를 말하는 게 찬탄이다.

축원은 대상을 설정하여 바라보고, 느끼고, 하나가 되고, 말을 걸어 보고 나서 축원하는 것이다. 하루 딱 5분. 아니면 하루 딱 다섯 가지면 시작으로 괜찮다. 가속력이 붙으려면 일주일 정도 해야 한다. 몇 사람이 같이하면 더 좋다. 제주 프로그램에 모인 전국 각지의 돌봄 선생님들이 축원을 하면서 트라우마를 해소해 가는 모습을 생생하게 봤다. 축원이건 찬탄이건 단계를 가지면 좋다. 1단계는 사물이다. 예민한 이해관계가 없는 사물을 대상으로 하면 쉽다. 2단계는 자신의 중요한 사건, 자신과 긴밀한 관계의 사람을 대상으로 하면 된다. 쉽지 않지만 한 고비를 넘으면 새로운 경지를 만난다. 그다음은 자기 자신이 된다.

요즘은 사회적 소통망이 많이 발달되어 있으니 뜻을 같이 하는 소집단에서 같이 해도 좋다. 그렇게 하면 원력도 커진다.

어둠은 실체가 없다. 고통과 번뇌, 좌절은 헛것이다. 헛것 아닌 게 없지만 특히 그렇다. 빛과 밝음 외에는 실체가 없는 투영물이고 그림자다. 헌신과 봉사, 찬탄과 축원은 무기력하게 좌초된 자기를 일으켜 세우는 데에 최고의 기운을 낸다. 영적 삶으로 가는 첫 단추라 하겠다.

코로나19가 번져 가던 2020년 봄, 대구에서 폭발적으로 확진자가 급증할 때 내 주위의 명상 그룹은 대구 시민들에게 무작위로 고구마 보내기, 떡 해 보내기, 성금 모으기, 재난기본소득 기부하기 운동을 벌였다. 대구 시민들에게 격려가 됐을 것이다. 이 운동에 참여한 사람들 자신이 희망과 사랑과 용기에 듬뿍 젖을 수 있었던 기회도 되었다. 헌신과 봉사는 사랑, 행복, 만족이라는 영적 삶으로 가는 간선도로라 하겠다.

최근 보도를 보면 20대 여성 자살률이 작년보다 25퍼센트나 늘었다고 한다. 한국인 전체 자살률도 내려가지 않고 있다. 이웃과 사회로 향하기도 하지만 자신의 몸과 감정과 정신을 향해 학대와 착취를 계속하다가 끝내 자신을 살해하는 현상이 자살이다. 이는 기억의 노예 현상이다. 과거에 속박된 현상이다. 암울한 미래는 과거 기억으로부터 잉태된 것이라서다. 이런 절망 앞에 선 사람들에게 헌신과 봉사와 찬탄과 축원은 어울릴까?

어울린다. 참으로 필요하다. 그 나락에서 일어서는 묘약이 된다. 그러나 스승이나 안내자가 필요하다. 이런 삶은 그냥 얻어지지 않는다. '습관 된 나'는 보통 끈질기지 않다. 몸 세포에 각인된 습관은 자동기계처럼 특정 행동과 감정과 생각을 불러온다.

내가 하는 생각은 없다. 내가 결정해서 만드는 감정은 없다. 거의 자동화된, 프로그램 된 작동장치에 의한 것들이다. 이를 정확히 인지하고, 바라보며, 관조하는 '나'를 만들어 가는 것이 필요하다. 영화가 끝나고 엔딩타이틀이 올라가면 영화관에 불이 켜진다. 영화의 감동이 여운을 남길 것이다. 그러나 산뜻하게 다음 관객들에게 자리를 넘기고 영화관을 나와야 한다. 영적 삶의 모습이다.

인간은 상처를 받기도 하지만, 그보다는 상처를 만들어 가는 존재다. 상처를 눈덩이처럼 굴려서 키울 수도 있는 존재다. 사고력이라는 것은 만물의 영장 인간에게 주어진 재앙일 수 있다. 물질문명의 풍요가 주는 그림자 현상이다. 600만 년 인류 역사 디엔에이에 새겨진 생존의 흔적이다.

사람들은 아침에 일어나서 잠자리에 들 때까지 앉아서나 서서나 돌아다니면서까지 손에 뭔가를 쥐고 마시고 먹고 씹고 한다. 배가 고파서가 아니다. 정신적 허기를 뭔가를 먹는 걸로 대체하고 있는 것이다. 내가 진행한 어느 프로그램에서 세끼 밥과 생수 외에 아무것도 주지 않았다. 간식은 몸과 영혼을 쉬게 하는 데에 방해가 되어서다. 첫

날은 배고프다고 난리였다. 난리 치는 배를 차분히 다독이게 했다. 이틀, 사흘 지나면서 다들 좋아했다. 맑아지는 정신, 홀가분한 몸을 직접 느끼면서 빨간 볼펜으로 체크하듯이 알아채 가면, 몸속에는 아우성치던 스트레스 호르몬인 코티솔 호르몬이 점차 사라지고 세로토닌과 도파민이 나오기 시작해서다.

행함은 이렇게 감정과 생각까지 바꾸어 간다. 생각이 행함들으로 오는 과정이 있다. 논리, 추론, 이성이 강한 인간은 이 과정도 유용하다. 모든 기준은 헌신, 축원, 감사, 찬탄에 두어라.

습관은 행함으로 고칠 수 있다. 의지를 분명히 세우는 과정을 병행하면 더 좋다. 몸과 감정과 생각을 자동프로그램에 맡겨 두고서는 영적 삶의 비중을 높일 수 없다. 영성의 역할과 공간을 늘이기 위해서라도 육적, 정신적 역할 공간을 의도적으로 줄여 줘야 한다. 지혜롭고 실현 가능한 하루 일정을 짜는 것이 필요하다. 간단한 것, 명료한 것, 결과가 분명한 것으로.

호흡 조절

숨은 생명의 통로이다. 많은 수련에서 숨에 집중하는 이유이다. 경험상 영적 삶을 잃고 배회한다고 여겨질 때 숨을 조절하는 것으로 복귀를 시도하는 것이 가장 효과 있었다. 인간의 생리작용 중에서 숨은 가장 긴요하고 강력해서 더 그렇다.

숨은 인간만 쉬는 게 아니다. 나무와 돌도 숨을 쉬고 지구도 숨을 쉰다. 호흡 조절 이야기를 하는 것을 다른 말로 생태 영성이라고 해도 된다. 생태 영성의 개념은 따로 다루어야 할 정도로 깊다. 신의 창조물인 자연 생태는 곧 신이다. 아이가 부모를 닮는 것과 같다. 이는 생태 영성의 핵심 개념이 된다. 사람도 자연의 일부라고 볼 때 하나님의 자녀라든가 불성이 다 있다는 말과 직결된다. 숨이라는 것은 영적 지구의 삶도 이해하게 하는 수단이다. 인류 문명은 지구 숨의 변화로 연결될 것이다.

코로나19의 전 세계적 감염 사태는 지구의 숨을 인간이 틀어막은 결과로 보면 된다. 숨쉬기 이야기를 할 때는 사람의 숨쉬기만이 아니라 만물 만생의 숨쉬기로 넓혀 볼 필요가 있다. 영성의 시대를 맞이하자는 담론에서 핵심 사고다. 역시 동학의 경전에서는 '어찌 홀로 사람만이 입고 사람만이 먹겠는가. 해도 역시 입고 입고 달도 역시 먹고 먹느니라 何獨人衣人食乎 日亦衣衣月亦食食'라고 했다 이천식천. 해와 달이 입어야 하고 먹어야 한다? 해와 달이 먹는 것과 입는 것이 뭔지 곰곰이 생각해 보면 우리 의식은 무한대로 넓혀질 것이다. 무한대는 영성의 본질이다.

감정이나 기운의 상태에 따라 호흡이 달라진다. 반대로 호흡의 조절에 따라 마음과 기운이 달라지는 법이다. 날숨과 들숨의 길이도 달라진다. 호흡에 대한 많은 이야기가 있다. 조식법이라고 한다. 독맥과 임맥도 등장하고 소주천과 대주천도 등장한다. 우리 몸의 중심 통로인 중맥도 알아두면 좋다. 다 선 수련에 나오는 얘기인데 영성의 다른 말인 하늘정신, 우주의식과 통하는 출입구인 천문을 여는 호흡까지 가면 좋겠다.

마음과 정신까지 다루게 되는 호흡. 숨에 집중하라는 것을 다른 말로 하면 가장 강력한 감각에 집중하라는 것이다. 영적 삶은 섬세한 감각, 즉 지구복과 연결되기 때문이다. 나는 관덕정의 악몽이 거듭될 때 호흡을 가지런히 하고 기도를 시작했다. 중음 세계를 배회하는 영들을 위로하고 같이 아파했다. 그 아픔은 실제 강렬하게 나를 휩쌌다. 호흡은 곧 기도이다.

요즘 감정코칭, 힐러, 에너지힐러 등 새로운 용어들이 많이 등장하고 있다. 호흡을 가다듬을 때라는 말로 이해한다. 호흡을 조절하며 자신에게 먼저 말하면 되리라. "두려워 말라. 내가 너와 함께 한다."라고.

주체의

— 제2부 —

전환

지구적
페미니즘을 위하여

이주연
원광대학교 원불교사상연구원 책임연구원

여성-몸-주체성

소설『82년생 김지영』에는 주인공 지영이 어린 시절을 회상하는 장면이 있다. 버스에서 지영을 위협하는 남학생, 그리고 불안해하는 지영. 지영은 아빠에게 버스정류장으로 자신을 데리러 나와 달라고 문자를 보내지만, 역시나 그 남학생은 지영과 같은 정류장에서 내려 쫓아온다. 두려움에 눈물 흘리는 지영에게 지영의 아빠는 "왜 아무하고나 말 섞고 다니느냐, 왜 치마는 그렇게 짧냐."라는 말을 한다.[*] 많은 이들이 직접 또는 간접적으로 이런 소리를 한 번쯤은 접했을 것이다.

몇 년 전에 한국의 국방부 장관이 "여성들이 행동거지라든가 말하는 것을 조심해야 한다."[**]라고 발언해 많은 이들의 공분을 산 적이 있는데, 외국에서도 이와 비슷한 발언으로 여성운동이 촉발된 적이 있다. 2011년에 캐나다 토론토의 요크 대학에서 열린 안전포럼에서 한 경찰관이 내뱉은 "성폭행 피해를 당하지 않기 위해 여자들은 슬럿처

***

[*] 조남주, 『82년생 김지영』, 민음사, 2017, 68쪽.
[**] 《경향신문》, 2018년 7월 9일, "송영무 국방장관 '여성들 행동거지 조심해야' 발언 논란". http://www.khan.co.kr/

럼 입지 말아야 한다."라는 말은 빗발치는 반발을 불러일으켰다. 이로 인해 토론토에서 시작된 슬럿워크SlutWalk는 여성의 옷차림이 범죄를 유발한다는 사고방식에 이의를 제기하면서, 사고의 전환을 요구하는 하나의 '운동'이 되었다.

같은 해 한국에서도 슬럿워크의 영향에 힘입어 '잡년행진'이라는 시위가 생겨났다. 가해 남학생의 학부모가 피해 여학생에 대해 행실에 문제가 있었다고 말해 논란이 불거졌던 '고려대 의대생 성추행 사건'이 '잡년행진'의 기폭제 중 하나였다. 이 시위에 일부러 야한 옷을 입은 여성, 속옷만 입은 여성 또는 남성이 등장한 것은, 여성의 옷차림이 성추행이나 성폭행의 원인이 될 수 없다는 것을 강조하기 위해서였다. 여성은 자기 신체의 주인이므로 그 권한을 타인이 행사할 수는 없다는 것이다.

그렇다. 여성은 자기 몸의 주인이다. 이는 남성도 마찬가지다. 그러나 여성은 아주 오랫동안 지배당하고 통제되는 존재로 이해되어 왔다. 「창세기」에 따르면 하와는 아담의 갈비뼈로 창조되었다고 한다. 이를 꼬집은 시몬 드 보부아르Simone de Beauvoir는 인간은 남성만을 지칭하고, 남자는 여자를 여자 자체로서가 아니라 자기와의 관계를 통해서 정의한다고 말했다. 즉 남자는 '주체'이고 '절대'이며, 여자는 '타

자他者'가 된다는 것이다.[*]

　보부아르는 에마뉘엘 레비나스Emmanuel Levinas의 타자철학을 비판한 바 있는데, 그 이유는 레비나스의 타자철학은 모든 존재를 절대적 타자, 즉 그 무엇으로도 특정 이름으로 규정될 수 없는 타자라고 보았음에도 불구하고 한편으로는 그 타자를 '여성'으로 은유하기 때문이다. 타자철학에서 여성은 수줍음이자 신비의 대명사였다. 레비나스는 수줍게 자신을 전부 보여주지 않는 타자를 여성에 빗대어 표현했다. 타자의 절대성에 주목하면서도 이 절대성을 다시금 여성으로 은유한 것은, 그만큼 타자는 주체에게 낯선 존재이고 외재적인 자이기 때문이었을 것이다.

　그러나 보부아르는 레비나스의 은유, 즉 "여자는 신비하다."라는 명제는 '여자가 남자에 대하여 신비하다는 의미를 포함'[**]한다고 지적했다. 레비나스가 아무리 남성에 대응되는 존재로서 여성을 말한 것이 아니라고 해도, 여성과 수줍음·신비를 연관시킨 것은 결국 타자를 절대적으로 보기 어려운 일이고, 더군다나 남성적 가부장제에서 나온 사고라는 입장이다. '슬럿워크'나 '잡년행진'이 강조하고자 한 것은 바로 이런 관점이었을 것이다. 주체인 남성의 입장에서 객체인 여성이 주체성을 가져야 하는 것이 아니라, 스스로 주체인 여성이 그저 자

---

[*]　시몬 드 보부아르, 『제2의 성』, 이희영 역, 동서문화사, 2018, 18-19쪽.
[**]　시몬 드 보부아르, 앞의 책, 19쪽.

신을 주체라고 말하자는 것이다. 여성의 옷차림이 성폭력의 원인이 된다고 보아서는 안 되는 이유가 여기에 있다. 여성은 물론 남성도 남성에 의해 주체냐 객체냐의 여부가 정해지는 존재가 아니라, 스스로가 주체로서 주체가 될 것인지 여부를 결정하는 존재다. '슬럿워크'와 '잡년행진'을 통해 옷을 마음대로 입을 권리, 자기 결정권을 외쳐 온 것은 여성 스스로 주체가 되겠노라는 목소리 내기였다고 볼 수 있다.

그럼에도 불구하고 주체로서의 여성이 스스로의 주체성을 상실해야 했던 사건들은 지속적으로 발생했다. 미투 Me Too 사건들은 물론이거니와, 2016년에 발생했던 강남역 살인 사건은 편안해야 하는 화장실도 두려운 장소로 느끼게 했다. 그리고 최근 그 실체를 드러낸 n번방 사건은 성착취물을 활용한 디지털 성범죄 사건이다. 대체 왜 이런 일들이 계속 일어나는 것인가!

영화 〈히든 피겨스 Hidden Figures〉는 인종차별과 여성 차별을 함께 다루었다. 실화를 바탕으로 한 이 영화의 주인공들은 흑인이자 여성으로, 불과 50년 전에 벌어진 수많은 불평등을 극복하고 미국의 우주산업에 공을 세운 수학자들이다. 1960년대 초반의 미국에서 흑인 여성들은 업무의 난이도에 상관없이 백인과는 다른 건물에서 '계산원'으로 일하고 있었다. 버스에 탑승할 때도 인종차별을 겪고, 'Colored 유색인종' 간판의 화장실에만 들어가야 했다. 이들은 심지어 커피포트도 백인과 함께 쓰지 못했다.

〈히든 피겨스〉를 제3자의 시선으로 보았을 때 당시 흑인이 겪은 인종차별은 물론 '부당하다.' 피부색이 다르다는 이유로 누가 누구를 차별할 수 있다는 논리가 합당하지 않다는 걸 우린 잘 알고 있다. 이런 상황에서 흑인 여성 한 명이 백인 남성들만 가득한 나사NASA 핵심 부서의 계산원으로 발령받고, 고군분투한 끝에 자신의 능력에 적합한 위치를 찾아간 것이 어쩌면 마음에 드는 결말, 또는 해피엔딩으로 받아들여지는 것은 인종차별의 부당함을 우리가 이해하고 있다는 걸 의미할 것이다.

메를로 퐁티Maurice Merleau-Ponty가 몸의 중요성을 강조한 것은, 한편으로는 몸과 정신을 이원론적으로 구분하려는 서양의 전통 철학을 비판한 것이었다. 그에게 몸의 감각은 곧 존재를 증명하는 것이다. 몸이 병들어 갈 때 우울감이나 무기력한 기분을 느끼는 것도, 반대로 컨디션이 좋을 때 기발한 생각이 더 떠오르거나 행복감을 느끼는 것도 몸과 정신을 구분할 수 없다는 것을 의미한다.

그러나 몸과 정신을 구분하려 한다면, 나사의 저 흑인 여성이 백인 남성들의 공간을 뚫고 들어가 자신의 위치를 획득해 내는 일은 헛수고가 되고 만다. 몸과 정신에 대한 이원론적 입장은 결과적으로 몸이 아닌 정신에 주체성을 부여하기 때문이다. 퐁티는 이러한 관점에 반대하여 몸도 주체성을 가진다고 보았다. 그가 보기에 인종이나 성별이라는 요소, 즉 몸에 기반을 둔 요소가 어떤 특성을 지닌다고 해서 주체성을 상실했다고 볼 수는 없다. 신체적 특성이 주체성의 여부를 결정짓지는 못한다.

〈히든 피겨스〉의 실존 인물 캐서린 존슨Katherine Johnson은 탁월한 수학 실력으로 미국 우주탐사의 기반을 마련했다. 그는 탁월한 계산 능력과 차별 문화에 대한 집요한 극복 의지를 자양분 삼아 나사의 우주탐사 때마다 핵심 인물로 참여했고, 대통령 자유훈장을 받기도 했으며, 영국 BBC의 '세계에서 가장 영향력 있는 100인'에 등재되었다. 맨 처음에 유색인종 사무실에서 일했던 존슨의 인종차별과 성차별 극복 일화는 '주체성을 가진 몸'으로서의 '비非백인 여성'을 대변한다. 마찬가지로, 여성이라는 이유로 혐오나 범죄 대상이 되어서는 안 된다는 명제는 몸이 지니는 주체성의 측면에서 더욱 생각해 봄직한 부분이다.

연대, 경계를 뛰어넘어

그러나 미투 사건이나 여성 혐오 범죄, 디지털 성범죄 등이 계속 발생하는 이유는 이러한 몸의 주체성에 대해 무디어진 때문이기도 한데, 이 '무디어짐'은 한편으로 가부장제에 대한 익숙함에서 기인한다. 가부장제는 여성에 비해 더 강한 보호력을 지닌 남성이 가정을 책임지며 형성되어 왔는데, 가부장제 사회에서 여성은 소수의 경우를 제외하고는 권력을 가지기 어려웠고, 따라서 여성의 자율성과 권리가 지속적으로 퇴색되었다. 물론 현대사회에 이르러 외부 활동을 하는 여성이 증가함과 더불어 여성의 주체성을 제자리로 돌려놓고자 하는 페미니즘 운동이 다양하게 일어나고 있는 것도 사실이다.

가부장제는 여성과 남성의 역할에 대한 이분법적 사고를 바탕으로 한다. 여성은—흔히 그 위상이 낮다고 오해되는—생산 활동에 종사하고, 반대로 남성은 여성을 지배하는 역할을 한다고 보는 것이다. 코로나 시대로 접어들면서 이 문제는 다시금 수면 위에 떠올랐다. 한국여성노동자회의 설문조사 결과에 따르면, 바이러스 확산으로 인해 어린이집과 유치원, 학교 등 공적 돌봄 체계가 마비되자 여성들은 무급 돌봄노동 부담에 시달려야 했다. 특히 이미 가정에서 돌봄을 전담하고 있는 전업주부 응답자들은 돌봄노동 시간이 "6시간 이상 늘었다"라고 답했다. 게다가 여성이 집중된 숙박·음식점업·교육·서비스업 등에서 일자리가 크게 줄어든 탓에, 기존의 노동시장에서도 여성에게 타격이 집중되었다.[*]

사회주의 페미니즘 관점에 의하면 여성은 하나의 '계급'을 구성하게 되고, 그리하여 그 '계급적 적'은 남성이라는 이론적 귀결을 낳는다. 이는 다시 ①여성은 우선 첫째로 남성이라는 '주요한 적'에 대해 투쟁해야 하며, ②따라서 그것을 위해서는 여성만의 자율적인 여성운동을 형성해야 한다는 실천적·정치적 귀결을 낳는다.[**] 이런 사회주의 페미니즘은 급진적 페미니즘을 받아들였는데, 이들은 자칫 여성

---

[*] 〈'코로나 시대'의 여성들, '무급' 돌봄노동 커지고 일자리 줄어…"'돌봄 뉴딜'은 왜 없나"〉,《경향신문》, 2020.09.17.
[**] 우에노 치즈코, 『가부장제와 자본주의』, 이승희 역, 녹두, 1994, 130쪽.

116 —— 지구적 전환 2021

을 남성보다 더 우월하다고 보거나 남성성을 비난하여 여성과 남성에 대한 이분법적 시각을 강화시킬 위험을 안고 있다.

결국 여성이 겪는 불평등의 문제를 계급 문제에 입각하여 해석하는 것은 궁극적인 해결책이 되기 어려울 것이다. 무엇보다도 세상은 지구화시대로 진입함에 따라 복합적이고 중층적으로 변해 가고 있어 여성이라는 성별에 접근하는 관점도 다양성을 요구하고 있고, 그래서 여성을 하나의 그룹으로 뭉뚱그려 보기에는 무리가 따른다. 코로나 시대의 여성이 더욱 성차별적 노동환경에 종속되어 가는 게 사실이지만, 전 세계의 지구화 현상을 놓고 보았을 때 '계급'으로서의 여성에 집중적으로 초점을 맞추기에는 인종과 국경, 민족 등 다른 요인들의 영향력이 매우 큰 비중으로 존재한다.

이렇듯 성별에 따른 불평등 문제는 많은 요소에 걸쳐 폭넓게 작용하고 있다. 가령 선진국의 여성들이 겪는 불평등과 제3세계 여성들이 겪는 불평등은 같을 수 없다. 선진국 여성들이 가부장적 문화에 대항하는 동안 제3세계 여성들 중에는 같은 문제로 대항에 나설 경우 생명과 건강을 담보해야 하는 상황에 맞닥뜨리는 이들이 존재한다. 게다가 '제3세계 여성'이라는 표현도 복합적인 문제를 안고 있다. '제3세계 여성'이라는 합성어, 즉 아무리 임의로 구성되었다 하더라도 서구의 인본주의 담론으로부터 권한을 부여받는 특징을 담은 이미지인 '제3세계 여성'이라는 말을 만들어 내고, 계속해서 제시하고 있다는

것이다.[*]

대개 여성이 누려야 할 평등에 대해 이야기할 때 나와 연관된 범주 내에서의 여성 평등만 이야기하기 쉽다. 사람은 누구나 내가 속한 곳, 내가 아는 사람들이 익숙하기 때문이다. 그러나 그럴 경우 또 다른 아픔을 겪고 있는 다른 범주의 여성들은 제외되어야 한다. 마찬가지로 나 또는 내가 속한 지역의 여성들은 다른 지역의 여성들이 평등을 찾아갈 때 제외될 수 있는 법이다.

〈미스 비헤이비어 Misbehavior〉는 여성인권 영화다. 〈히든 피겨스〉와 마찬가지로 서구 중심적 여성 인권이 아닌 제3세계 여성의 인권을 얘기하고 있어 좋은 평가를 받는다. 줄 지어 선 젊은 여성들의 엉덩이와 허리, 가슴의 사이즈를 재고 이를 바탕으로 순위를 매겨 미인을 선출하는, 미인 대회 특유의 왜곡된 문화는 여성 평등을 저해하는 요소다. 이에 더하여 유색인종으로서 미인 대회 우승자 자리에 오르는 '제니퍼'가 백인 여성에게 던지는 대사, "나에겐 애초에 당신 같은 선택권이 없었다."는 말은 여성 평등이 인종주의와도 깊은 연관성을 가짐을 뚜렷이 보여준다.

이런 점에서 찬드라 탈파드 모한티 Chandra Talpade Mohanty는 '경계 없는 페미니즘'을 강조했다. 서구 중심적 페미니즘을 비판한 모한티는

---

[*]   로즈마리 퍼트넘 통 · 티나 페르난디스 보츠, 『페미니즘, 교차하는 관점들』, 김동진 역, 학이시습, 2019, 255쪽.

어설픈 자매애, 그리고 환상에 불과할 타자와의 일체화는 사실상 의미 없는 것이라고 보았다. 그 대신에 '연대'가 필요하다는 게 그의 견해인데, 이때 연대는 '경계'를 뛰어넘어 함께 자본주의에 저항하는 것을 말한다.

그가 경계를 뛰어넘을 것을 강조한 이유는 전 세계에 실재하는 국경, 인종, 성 정체성, 종교와 문화 등의 경계들이 각자 단 하나의 색깔을 띠고 존재하는 것이 아니라 다원적이고 복합적으로 작용하기 때문이다. 그러면서 경계라는 것은 그 속성상 차별과 배제를 양산하므로, 우리에게 방법은 경계를 뛰어넘는 것이다. 여기서 그 대표적인 경계는 민족주의, 인종주의, 자본주의 등이다. 〈미스비헤이비어〉가 지적하는 자본주의적 시장 경쟁과 인종차별 문제, 그리고 여성의 성 산업화는 오로지 전 세계의 여성들이 연대함으로써 함께 뛰어넘을 수 있는 복합적인 경계들이다.

여성과 자연의 연관성에 대하여

여성과 자연이 서구의 남성 중심적 가부장제, 남성 중심주의에 의해 지배당하고 착취되어 온 점을 지적하고 나선 에코페미니스트들은 한마디로 '남성적 생태주의'를 극복하고자 한다. 전 세계 여성들의 연대로 경계 뛰어넘기를 할 수 있지만 이 세상은 인간만이 존재하는 곳이 아니다. 바로 하늘과 땅, 그리고 공기를 비롯한 '자연'이 있어 우리는 삶을 영위해 간다. 에코페미니스트들이 주목하는 점이 여기에 있다.

언제까지고 인간 중심적 사고로 자연을 파괴할 수는 없다는 반성, 이곳 지구를 하나의 생명체로 여겨야 한다는 새로운 사유가 그것이다.

데카르트의 "나는 생각한다. 고로 존재한다."라는 명제는 인간과 자연을 이분법적으로 분류하는 것을 정당화한다. 이러한 명제와 더불어 한동안 많은 인류는 사유 가능한 인간의 '존재함'이 비인간적 존재들의 '존재함'과 다르다고 보았다. 그래서 이성과 합리, 인간은 우위에 있는 반면 자연이나 예측 불가능성 같은 것들은 그 아래에 자리매김하게 되었다. 바로 인간은 자연을 지배해도 된다는, 자연은 그저 생성과 소멸을 거듭하며 인간을 위해 존재할 뿐이라는 인간 중심적 사고다.

생태학자들은 이러한 인간 중심적 사고를 비판해 왔다. 토마스 베리Thomas Berry의 경우 "자연 세계에 대한 우리의 새로운 감수성이 가져다준 아주 멋진 일 중 하나는 지구를 하나의 살아 있는 유기체로 재발견한 것"이라고 말했다. 그는 인간 중심주의는 우리 자신을 하나의 생물 종으로 생각하는 데 실패했기 때문에 초래한 결과라고 본다. 우리 자신은 다른 여러 생물 종과 함께 하나의 종이라는 것이다.[*]

베르나르 베르베르Bernard Werber의 소설 『고양이』도 이런 사유를 가득 담고 있다. 제목에서 짐작할 수 있듯, 주인공들은 인간이 아니라

---

[*] 토마스 베리, 『지구의 꿈』, 맹영선 역, 대화문화아카데미, 2013, 45-49쪽.

고양이다. 이들은 전쟁과 전염병으로 참혹해진 지구에서 인간을 비롯한 다른 종들과 더불어 쥐떼 소탕 작전을 벌인다. 베르베르는 『개미』라든가 『고양이』 등의 작품에 인간이 아닌 다른 종을 등장시킴으로써 그들의 눈으로 세상을 바라보려 해 왔는데, 이는 고양이가 단순히 인간의 애완동물이거나 하등한 존재가 아니라 그만의 가치가 있는 존재, 인간과 동등한 하나의 종이라는 점을 말하고자 한 것으로 보인다.

그렇다. 인간은 다른 종의 우위에 서서 그 종들을 도구화하는 존재가 아니라, 지구라는 유기체에서 다른 종들과 더불어 살아갈 뿐이다. 토마스 베리는 '지구공동체'라는 표현을 사용했는데, 이는 지구가 모든 존재들이 함께 살아가는 터전이라고 생각하기 때문이다. 지구공동체는 어느 종이 다른 종의 도구가 되는 세상이 아닌, 서로의 단독성을 존중하면서 같이 함께 살아가는 세상이다. 생명은 기성 제품과는 다르다. 저 강아지와 이 강아지는 다르고, 각각이 독특하며 특이하다. 그래서 생명 존중의 시작은 생명의 유일무이성, 즉 단독성을 승인하는 것에 있다.[*]

에코페미니즘은 지구공동체로의 전환을 꿈꾸는 성찰과 '생태'를 향한 사유가 여성과 자연의 근접성을 바탕으로 해야 한다고 본다. 에

---

[*] 신승철, 『철학, 생태에 눈뜨다』, 새문사, 2015, 39쪽.

코페미니스트들은 그간의 인간 중심적 사고가 사실상 남성 중심적인 것이었다고 말한다. 반다나 시바Vandana Shiva와 마리아 미즈Maria Mies에 따르면, 서구의 남성 중심적 가부장제로 인해서 여성은 타자화되고 생물다양성은 파괴되어 왔다. 생물 다양성은 나무·작물·가축의 공존과 상호 의존을 의미한다. 이 다양성의 상실은 단일 문화, 획일성, 동질성을 향해 무자비하게 몰아붙이는 가부장적 진보 모델이 치른 대가를 의미한다.[*]

생물 다양성의 상실은 유전공학과 재생산 기술, 이른바 '하이테크'에 의해 가속화되어 왔다. 시바와 미즈는 유전공학과 재생산 기술에 의해 여성의 인간적 존엄성이 무시된다고 본다. 이런 과학기술들은 인간의 욕구와 사랑의 욕망에 따라 자유로이 생식을 조절하는 것과 다르다. '재생산'을 위해 바람직한 요소를 선택하고 바람직하지 않은 요소는 제거하기 때문이다.[**] 만약 누군가가 나의 주체성은 고려하지 않은 채, 신체의 어느 부분은 바람직한데 다른 부분은 바람직하지 않다면서 바람직하지 않은 부분을 제거하려 든다면, 누구나 극심한 모욕을 느낄 것이다. 여성은 과학기술의 발달 속에서 이런 방식으로 하나의 도구로 취급되어 왔다는 것이다.

---

[*] 반다나 시바·마리아 미즈, 『에코페미니즘』, 손덕수·이난아 역, 창비, 2020, 284-294쪽.
[**] 반다나 시바·마리아 미즈, 앞의 책, 301쪽.

인간 중심적 사고로 인해 자연만이 배제되어 온 것이 아니라 여성 특히 제3세계, 그리고 비非백인, 노동자는 도구화되고 그 존엄성을 존중받지 못해 왔다. 에코페미니즘은 이 중에서 여성과 자연이 같은 방식에 의해 억압당하고 있음을 지적한다. '대지의 여신', '어머니 지구', '어머니 대자연'과 같은 표현들은 자연과 여성의 관계를 생각하게 하는데, 그렇다고 해서 에코페미니즘이 여성과 자연을 서구의 이원론적 등식에 의해 '동일'하다고 여기는 것은 아니다. 여성과 자연이 똑같이 비과학적이어서 남성이나 문명보다 뒤떨어진다고 본다면, 이는 에코페미니즘이 추구하는 여성과 자연의 관계가 아니다.

1970년대에 인도에서 일어났던 '칩코 운동Chipko movement'은 여성을 중심으로 한 환경보호운동이었다. 나무가 베어져 나가는 것을 막기 위해 고페쉬와르Gopeshwar 마을의 여성들이 나무들을 하나씩 껴안고 시위를 벌였다. 시위는 성공했고, 칩코 운동과 유사한 벌목 대항 시위가 곳곳에서 이어졌다. 그런데 칩코 운동에 여성들이 참여했다고 해서 '자연보호=여성의 할 일'이라는 공식이 성립함을 의미하지는 않는다. 여성의 본능적 여성성이 - 모성을 기반으로 - 당연히 자연을 지켜내려 한다고 여긴다면, 이는 남성을 위해 존재하는 여성, 또는 인간을 위해 존재하는 자연이라는 서구의 남성 중심적 가부장제에 근거한 시각일 뿐이다.

에코페미니즘은 양육하고 살려 내는 특성의 여성성, 즉 본질적인 듯 오해되는 여성성을 지향하지 않는다. 그 대신 칩코 운동과 같이 비폭력적으로 전 지구적 존재들을 배려하고자 하는 여성성을 지향한다. 남성과 여성·인간과 자연·노동자와 고용자 등을 단선적으로 구분하는 이원론을 극복하려는 여성성, 나아가 조화와 화합을 이루어내려는 여성성을 추구한다.

그런데 훼이리 리는 에코페미니즘이 강조하는 여성성이 결국은 또 다른 환원주의로 이어진다고 비판했다. 예를 들어 반다나 시바는 "자연은 그 자체로 아무런 가치가 없고 단지 서구 남성 과학에 의해 통제되고 착취될 뿐이며, 여성과 비서구 민족들 역시 아무런 가치를 갖지도 생산하지도 못한다."[*]라고 했는데, 그렇다고 해서 자본주의 발전이 과연 남성적 특징과 일치한다고 볼 수 있는지 생각해 봐야 할 것이다.

여성과 자연의 관계를 횡문화적cross-cultural으로 볼 수는 없다. 즉 '여성이 본래 고유의 생태적 감수성을 지니고 있는 반면, 남성은 자연 파괴적인 충동을 타고났다는 증거는 없다.'[**] 서구 과학 문명을 그저 남성적이라고 개념화하고 비폭력·조화·화합들은 여성적이라고 개념화할 수 있을까?

---

[*]   반다나 시바, 『살아남기』, 강수영 역, 솔출판사, 1998, 327쪽.
[**] 훼이리 리, 「에코페미니즘에 관한 횡문화적 비평」, 『자연, 여성, 환경』, 이소영 외 역, 한신문화사, 2000, 270-286쪽.

사이보그는 인간성을 부정하는가?

도나 해러웨이Donna Haraway는 에코페미니스트들이 주장하는 자연과 여성의 동일시를 거부하면서, 오히려 기술 과학의 잠재력을 이용하는 현재 세계를 철저히 분석하고 여성의 새로운 역할을 모색해야 한다고 주장했다.[*] '사이보그 페미니즘'을 주창한 그는 현대에 등장한 SF를 통해 사이보그라는 새로운 피조물에 착안했다. 해러웨이는 사이보그가 '여성 경험'으로 간주될 수 있는 것의 기준을 바꾼다고 말한다.[**]

그는 서구 전통에서 특정 이원론들이 유지되어 온 점을 비판했다. 이원론은 남성과 여성, 주체와 타자, 신과 인간, 자연과 문명 등을 끊임없이 나누어 왔으며, 각 요소들 사이의 연속성이나 연결 관계 따위에는 관심을 보이지 않았다. 반면 사이보그라는 새로운 정체성은 이원론이 만들어 낸 경계를 벗어나며, 주체가 되어야 한다는 강박관념으로부터 자유로워질 것을 권유한다.

이원론은 어디까지나 둘 중에서 더 나은 무언가를 설정하기를 원한다. 남성과 여성 중 남성이 더 우월하다고, 자연과 문명 중 문명이 더 유리하다고, 주체와 타자 중 주체가 되어야 권력을 쥘 수 있다고 여기게끔 한다. 그러나 사이보그 페미니즘은 이런 주체 됨이 환상에 불과하다고 말한다. 오히려 "타자 됨은 다양해지는 것, 분명한 경계가 없는

---

[*]   이지언, 『도나 해러웨이』, 커뮤니케이션북스, 2017, 101쪽.
[**] 도나 해러웨이, 『해러웨이 선언문』, 황희선 역, 책세상, 2019, 18쪽.

것, 너덜너덜해지는 것, 실체가 사라지는 것"[*]이다. 즉 이원론적 유토피아는 허구다. 대신 경계가 사라지고, 혼종화되고, 그 모습이 희미해짐을 두려워할 필요가 없다는 게 사이보그 페미니즘의 입장이다.

타자 되기를 주저하지 않는다는 것은 순수함, 완벽함을 향한 동경을 저버림을 의미한다. 사이버 공간과 사이보그가 자연스러워진 지금, 여성은 더 이상 재생산 기능을 담당할 필요가 없어졌다. 사이보그는 "여성이냐 남성이냐?" 하는 방식의 사유를 허락하지 않는다. 지금은 흔히 '포스트 휴먼 시대'라고 불린다. 해러웨이가 강조한 사이보그 페미니즘은 인간과 비인간, 여성과 남성, 자연과 문화에 대한 이원론적 담론과 경계를 벗어난다.

그러나 다른 한편으로, 환경이 급속도로 변화함에 따라 나타난 사이보그 페미니즘은, 첨단 기술이나 유전공학을 이용할 수 있는 부富가 극히 소수에게만 허용된 현 상태에서 사이보그를 찬양하는 것은 안일한 자세라는 비판을 받는다. 또한 사이보그 페미니즘은 생성과 소멸의 과정을 거쳐야 하는 인간의 육체성, 나아가 인간성 자체를 '극복되어야 하는 것'으로 보는데, 인간성에 대한 이러한 부정적인 관점은 결국 다시금 전체주의적일 뿐 아니라 여성을 육체와 동일시하고 혐오하는 가부장적 관점이라는 것이다.[**]

---

[*]   도나 해러웨이, 앞의 책, 77쪽.
[**] 김영숙, 「사이버 페미니즘(다나 해러웨이)과 에코 페미니즘(김선희)의 비교 분석」, 『한

이러한 비판에도 불구하고 사이보그 페미니즘은 많은 기대를 받고 있는데, 그 이유 중에는 사이보그 페미니즘이 에코페미니즘의 보완점을 지녔다는 점도 있다. 해러웨이가 언급했던 유전자 변형 동물 '앙코마우스TM'이나 '여성인간ⓒ'는 남성과 여성으로만 설명되던 젠더의 범주를 확장시킨다. 이들 사이보그는 이전에 여성이 전통적 방식으로 출산하던 존재가 아닌, 기계와 인간, 자연과 문화의 융합으로서 젠더에 대한 우리의 기존의 관념을 허물어뜨린다.

정말 사이보그는 인간성을 부정하는가? 사이보그가 인간과 기계의 혼융체라고 해서 인간성을 부정하는 존재라고 볼 수 있을까? 둘중 하나를 부정하는 방식이 아닌, 사이보그'성'과 인간'성'이 함께 진화하는 길도 있지 않을까? 제인 베넷 Jane Bennett은 『생동하는 물질』에서 '사물-권력'*을 언급했다. '사물-권력'은 활기 없는 사물들의 기이한 능력을 말한다. 베넷이 물질의 생기에 관심을 가진 것은 비인격적인 생명 또는 비유기적인 생명에도 '행위소행위의 원천'가 있으며, 따라서 인간과 다른 물질성들 사이의 관계를 좀 더 수평적으로 경험할 필요가 있다고 여겼기 때문이다.

사실 인간의 권력도 '사물-권력'이다. 비인간의 권력도 '사물-권력'이다. 인간은 "물질들이 특별히 풍부하고 복잡하게 모인 집합체"라는

국콘텐츠학회논문지』18-9, 한국콘텐츠학회, 2018, 73-74쪽.
* 제인 베넷, 『생동하는 물질』, 문성재 역, 현실문화, 2020, 46쪽.

점에서 그렇다. 베넷은 사람과 사물 사이에 존재론적 구별을 지양해야 한다고 주장하며, 인간이 세균보다 특권을 가져야 한다고 보는 관념 자체에 의문을 던졌다. 그리고 생기적 물질성에 인간은 단지 '참여'하고 있다고 본다.

생동하는 물질성에 '참여'하는 인간은 비인간 존재와 함께한다. 무릎 연골이 손상된 환자가 인공 이식물을 신체에 삽입함으로써 사이보그가 되고, 다리가 불완전한 사람은 로봇의족을 착용하여 사이보그가 된다. 이와 같은 사이보그들은 대중적이고 보편적이며, 생기적 물질성에 참여하는 인간이라고 해서 인간성을 부정당하는 것이 아님을 보여준다. 오히려 인간이 인공 이식물이나 로봇의족과 새롭고 긴밀한 연결망을 형성함으로써 "모든 신체가 관계들의 빽빽한 네트워크 속에서 불가분하게 얽혀 있다는 점"[*]을 증명한다. 즉 사이보그의 기계 '성'이 인간성을 부정한다기보다는, 인간과 기계의 불가분한 연결 관계를 통해 각각의 생기적 물질성이 서로 연대한다고 해석할 수 있다.

지구적 페미니즘을 희망한다

에코페미니즘은 기존의 페미니즘들에 비해 그 범주가 지구적이다. 남

---

[*] 제인 베넷, 앞의 책, 59쪽.

성과 여성, 인간과 자연, 고용자와 노동자, 백인과 비백인 등을 이원론적으로 구분하지 않고 모든 존재들이 조화롭게 어우러지길 바라는 에코페미니즘은, 다만 여성성을 강조함으로써 남성과 여성을 또다시 이원론적으로 구분하려 한다는 아쉬움을 낳기도 한다. 그러나 인간과 기계, 그리고 젠더의 규정을 허물어뜨리는 사이보그 페미니즘으로부터 이 아쉬움이 보완될 수 있으리라 기대된다.

여기에도 물론 하나의 전제가 붙는다. 바로 사이보그로부터 창발되는 새로운 형태의 인간상이 다른 정체성을 부정하려는 것이 아니라는 걸 인식하자는 것이다. 사이보그로서의 여성은 더 이상 자연 질서에 묶인 존재가 아니며, 정신과 물질, 유기체와 기계, 자연과 기술 문명의 경계를 넘나들며 가부장제 이데올로기를 전복시키는 정치적 주체를 상징한다.[*] 사이보그 페미니즘은 에코페미니즘에서 만들어진 또 다른 경계들을 해체한다. 무언가를 해체한다는 것은 구속과 억압에서 자유로 전환함을 의미한다. 해체를 통해 그간 묶여 있던 것들이 서로에게 작별을 고하고 자신의 자리로 돌아갈 수 있게 된다.

자크 데리다Jacques Derrida의 해체주의는 순수와 타락을 구분하려는 서구 중심주의적 사고를 해체함으로써 위계와 권위를 지양하고, 이로써 폭력성을 배제하려고 했다. 그가 해체하고자 한 것은 순수하다

---

[*] 김선희, 『과학기술과 인간 정체성』, 아카넷, 2012, 158쪽.

고 여겨지는 것은 우월하고, 순수하지 않다고 여겨지는 것은 우월하지 않다는 관념 같은 것들이다. 이러한 관념에 따른 평가절하는 가치가 부여된 것에 좀 더 '우주적인 안정성 또는 정체성'*을 부여하는데, 데리다는 이런 안정성 자체를 전복시키고자 했다. 제아무리 안정적이어서 좋은 것도, 권위적인 폭력을 낳는 안정성이라면 이는 해악일 뿐일 것이다.

폭력으로 이어지는 안정성, 그리고 여성과 자연, 인간과 기계 사이의 경계들을 해체함으로써 우리는 우월한 것과 열등한 것을 이원론적으로 구분하는 데서 오는 폭력성으로부터 벗어날 수 있게 된다. 그런데 폭력성으로부터 벗어난다고 해서 해체된 각자가 홀로 살아가는 것은 아니다. 우리 모두는 하나의 미래에 공동으로 참여하는 운명을 공유한다.** 누구나 긴밀하게 서로 이어져 있다는 것이다. 그래서 지구에서 공동체를 이루고 살아가는 모든 존재들은 이원론에 의한 폭력성 대신 "우리가 공유하는 행성 차원의 집에서 잘 살아가는 길에 관한 학문으로서 에코소피eco-sophy"***를 기반으로 할 필요가 있다.

에코소피는 전 지구적 존재 가운데 서로가 잘 살아가기 위한 지혜를 뜻한다. 인간과 기계가, 남성과 여성이, 자연과 문명이 서로 잘 어

---

* 페넬로페 도이처, 『How To Read 데리다』, 변성찬 역, 웅진지식하우스, 2007, 54쪽.
** 레오나르도 보프, 『생태 공명』, 황종열 역, 대전가톨릭대학교출판부, 2018, 83쪽.
*** 레오나르도 보프, 앞의 책, 443쪽.

울려 살아가기 위한 에코소피는 가까이 한국의 토착 사상에서 찾아볼 수 있다. 동학의 2대 교주 해월 최시형의 '이천식천以天食天'이 그것이다. "하늘로써 하늘을 먹는다.", 다시 말해 "하늘이 하늘을 먹여 살린다."라는 이 말은 성별이나 인간과 자연, 자연과 문화의 이원론적 구분을 초월해 모두가 하늘임을 의미한다. 하늘이 하늘을 먹이니 서로에게 이로운 관계라는 것이다. 동학의 인내천人乃天 사상이나 경물敬物사상은 우리 모두가 하늘 아님이 없으므로 공경받아야 마땅하다는 뜻을 함축하고 있다.

원불교의 창시자 소태산 박중빈이 제시한 '사은四恩' 교리에서도 모두가 '없어서는 살지 못할 관계'로서 은혜로 만난다고 밝힌 바 있으며, 2대 종법사 정산 송규의 삼동윤리三同倫理 중에서 둘째 강령인 '동기연계同氣連契'는 모든 인종과 생령이 근본은 다 같은 한 기운으로 연계된 동포인 것을 알아서 서로 대동화합하자는 의미이다. 그리고 3대 종법사 대산 김대거는 '동생일원同生一圓'이라 하여 전 인류와 모든 생령이 하나로 엮인 가족임을 강조하였다.

하늘로서 동등한 전 지구적 존재들이 서로를 먹여 살리는 긴밀한 관계는 곧 서로가 서로에게 없어서는 살지 못할 은혜로운 관계이다. 이는 인간과 기계의 혼융체 사이보그도 - 서로 동일하게 생동하는 물질인 - 인간이나 기계를 부정하는 존재가 아닌 은恩적 존재, 서로가 공경하고 공경받아 마땅한 존재로 자리매김할 수 있음을 의미한다. 이 점에서 사이보그가 인간성과 기계성의 '이로운 융합'이 된다면, 에코페미니즘의 관점을 모든 경계를 해체하는 사이보그 페미니즘의 관점으로, 그리고 한 걸음 더 나아가 '공경하고 공경받는 사이보그', '은혜(恩)적인 사이보그'와 같은 패러다임으로 구체화해도 좋을 것이다.

긴 세월, 불평등의 세상을 건너 온 여성의 권리를 되찾기 위해 다양한 페미니즘들이 진화를 거듭해 왔다. 물론 페미니즘이 여성 외의 존재들이 겪는 불평등에 무관심한 것은 아니다. 페미니즘은 불평등의 대표적 대상으로서 여성에 초점을 맞추고 있는 것이며, 민족, 인종, 계급, 자연 등의 문제가 여기에 복합적으로 얽혀 있다는 점을 충분히 인식해 왔다. 그리고 앞으로도 이 문제들을 함께 풀어 가고자 할 것이다.

페미니스트들은 한때는 경계를 뛰어넘어 평등한 세상을 구현하려 했고, 이제는 경계를 허물어서 새로운 세상을 구축하려 한다. 그러기 위해 인간·문명·남성이 자연·여성보다 더 우월하다는 사고방식을 해체하고자 한다. 이제 여기에서 더 나아가, 서열의 설정으로 인해 생성되던 폭력과 억압을 공경과 은혜로 전환할 수 있을 것이다. 그리고 이러한 패러다임의 전환 속에서 여성이 겪는 불평등의 문제들을 풀어 갈 수 있을 것이다.

이곳 지구에서 살아가는 우리는 서로 긴밀하게 연결되어 있고, 상호 관계를 벗어나서는 살아갈 수 없다. 관계 속에 감돌던 답답한 공기를 밝고 맑은 공기로 전환시키는 것, 이 가운데 여성의 권리를 찾아가는 것, 바로 '지구적 페미니즘'이 갈 길이 될 것이다.

청년기에 접어든 인류

김 유리
도서출판 물음표 대표

여느 때처럼 마스크를 단단히 쓰고 목적지를 향해 걸어가던 어느 오후, 주변에 사람이 아무도 없다는 것을 확인하고 슬쩍 마스크를 내려보았다. 마스크가 제1의 필수요소가 되어 버린 것은 비교적 최근의 일이지만 그 규칙은 생각보다 빠르게 나에게 흡수되었다. 그래서인지 사람이라고는 전혀 없는데도 괜스레 눈치가 보이고 불안했다. 불안을 헤치고 얼굴에 부딪혀 오는 온도의 상쾌함도 잠시, 매캐하고 텁텁한 감각이 콧속을 채웠다.

코로나19 창궐 이후로 마스크 없이는 외출할 수 없는 상황을 모두가 통탄하지만, 사실 이미 꽤 오래전부터 우리를 감싸고 있는 공기는 더 이상 건강하고 깨끗한 것이 아니었다. 미세먼지나 자동차 매연이 몸 속에 쌓여 병을 유발하는 과정이 전염병의 전파 속도보다 훨씬 더 디기에, 혹은 일정 수준 이상으로 이런 유해물질의 영향을 받은 사람들을 '확진자'와 같은 명확한 말로 규정하지 않기에, 코로나만큼의 심각한 경각심을 불러일으키지는 못했다. 그리고 공기오염이 실질적인 문제로 나타난 것은 이미 80년대부터이지만 크게 이슈화되고 사람들이 신경 써서 주의하게 된 지는 2년 남짓 전부터라는 모순적인 지점도 존재한다.

이처럼 최근 1~2년 사이에, 특히 코로나19를 비롯하여 우리가 살아온 삶과 세상을 다시금 돌아보게 하는 일들이 유난히 많이 일어났다. 지구온난화는 갑작스레 속도를 높여 폭우와 이례적인 장마의 모습으로 성큼 다가왔다. 여성을 상품화하고 쾌락의 도구로만 소비하던 미디어와 이를 용인하는 사회적 분위기 속에서 자라난 아이들은 자칭 '악마'가 되어 상상도 하기 어려운 일들을 하고 있었다. 또한 화려한 영상 속에만 존재하는 가상의 인물이 아니라 어엿하게 존중받아야 마땅했던 누군가에게 쏟아진 원색적인 비난 혹은 무관심은 그들의 여린 목숨을 앗아갔다.

하지만 이러한 일들은 늘 있어 왔다. 유독 그 빈도와 정도가 심해진 것은 우리가 제대로 대처하고 치유하지 않고 넘어갔기 때문일 것이다. 우리는 단지 최근 일어난 예외적인 상황들을 계기로 눈앞에 바짝 다가온 위기를 제대로 바라보지 않으면 안 되는 처지에 놓였을 뿐이다. 이미 오래전부터 걱정 없이 자유롭게 숨쉴 수 없고, 사람의 마음이 점점 병들며 망가져 가는 세상에서 살고 있던 것이다. 어쩌다가, 왜 이렇게 되어 버린 것일까? 어떻게 해야 상처 입은 지구*를 치유할 수 있을까?

---

* 지구의 땅, 물과 공기를 포함하여 그에 깃들어 사는 인간을 포함한 모든 생명들까지 포함하여 크게 지구라고 표현하고자 한다.

물러설 곳 없는 위기의 도래

현재를 살아가는 대부분의 사람들이 세상에 대해 100년도 채 되지 않게 목도한 것들을 마치 영원 불변할 것인 양 생각했던 것이 이제서야 하나 둘 무너지고 있다. 일상이 흘러가는 모습을 아예 바꿔 버린 전염병부터 전에 없던 이상기후까지, 변화하지 않으면 생존이 어려운 상황이 이어지고 있다. 인류가 그동안 살아왔던 방식이 지구에 입힌 상처가, 더 이상 지구가 견딜 수 없을 만큼 커졌다. 강자로서 선택권을 가졌던 사람들의 무지와 단편적인 사고방식의 대가가 서서히 현실의 수면 위로 드러나고 있다.

코로나19와 이상기후 및 자연 파괴는 인류 자신의 업보일 뿐만 아니라, 우리가 얼마나 서로 연결되어 있는지 체감하게 하는 역할을 하고 있다. 세계대전 이후로, 동양 및 벼농사 문화권의 공동체주의적, 관계중심적 사고방식과 구분되는 개인주의적이고 상호 독립적인 서양 및 밀농사 문화권의 사고방식이 주류적 위치를 점하면서 전 세계로 확산되고 단단히 자리잡았다.* 이는 한 개인의 선택이나 행동은 그저 그 개인의 것이라고 간주하고, 공동체를 위한 조율보다는 자유가 우선시되는 가치를 지향하는 사고방식이다. 또한 산업화와 자본주의의 영향으로 인간과 자연이 부품이나 재료로만 여겨지고, 그들이 창

---

* 이러한 이분법적인 구분이 소외시키고 배제하게 되는 부분들도 있으리라 생각하지만, 이해의 편의를 위해 적용해 보고자 한다.

출해내는 상품으로 그들의 가치가 매겨지게 되었다. 한 사람이나 자연이 그의 전체가 아닌 부분만으로, 혹은 숫자로 치환되어 이해된다는 것은 커다란 폭력의 가능성을 만들어낸다.

이런 배경 위에서 하나의 지역, 하나의 사람은 온전히 독립적인 존재이자 최종적 가치 생산을 위한 부품으로 활용되었고, 각각의 철저한 분업 체계 속에 파편화되어 갔다. 예를 들어, 여러 도시들은 경제 중심지, 주거지, 공장 밀집지역, 발전소 밀집지역, 쓰레기 매립지 등, 한 나라의 살림에 필요한 역할을 맡아 담당하게 되었다. 이 과정에서 대부분의 사람들은 주거지의 역할을 맡은 지역에 살면서 자신들이 소비하는 상품의 생산 과정과 순환 경로를 인식하지 못한 채, 그저 안락하기만을 요구 받은 지역 안에서 좁은 시선으로 살아왔다.

세상을 숫자로 변환하여 이해하고 구분짓는 사고방식이 무조건 틀렸다고 주장하는 것은 아니다. 어느 것이든 각각의 장점과 폐해가 있기 마련이다. 하지만 어느 하나의 가치가 압도적으로 우세한 때는 다양한 주체가 공존함으로써 이루어지는 건강한 경쟁과 균형이 깨어지기 마련이다. 공동체주의적인 집단에서 개인의 희생이 당연시되는 것처럼 말이다. 서양의 제국에 떠밀려 반강제적으로 산업사회와 자본주의로 이행해 온 대부분의 현대 국가들에서는 그에 따른 문제점들이 사회문제로 드러나고 있다.

2020년에 이르러, 이러한 구분과 독립성의 독주는 무너지고 있는 듯하다. 코로나19로, 개개인의 선택이 공동체에 얼마나 큰 영향을 끼치는지 절감하게 되었고, 마스크 착용은 개인의 자유이니 착용하지 않겠다던 사람들이 사는 나라는 연일 많은 확진자 수를 기록하고 있다. 전염병 못지 않은 공포를 우리에게 가져다 준 기록적인 장마, 폭우와 홍수는 뜻밖에도 우리가 한 번도 가 보지 않았을 북극과 시베리아의 이상 고온 현상과 관련이 있다는 전문가들의 분석이 나오고 있다.* 우리가 아무 생각 없이 나눈 대화와 누군가를 상처 입히며 즐기던 쾌락은 몸과 마음을 갉아먹는 병으로 돌아왔고, 어디로 가는지도 모른 채 내다버리고 내뱉은 쓰레기와 연기는 재난으로 돌아왔다. 커다란 순환 체계와 연결을 인식하지 못한 결과이다.

청년으로 성장하고 있는 인류

이제는 앞서 이야기했던 상황들이 직접적으로 우리의 생존을 위협하는 수준에 이르렀다. 변화하지 않으면 살아남을 수 없게 된 것이다. 나는 이렇게 인간과 자연, 인간과 인간의 연결성을 반강제적으로 인식하게 된 지금이 바로 인류가 비로소 청년기에 접어든 시점이라고 이야기하고 싶다. 인류가 이제서야 청년으로 거듭나고 있다는 말이 이해가 안 된다고 생각할 수도 있다. 하지만 우리 인간이 열심히 먹고 몸집을 불려 성인의 겉모습을 갖추는 것과, 철이 들어 어른이 되는 것은

---

* 박종홍, 「42일째 장마 장기화 속 폭우·폭염 양극화…"지구온난화 영향"」, 《뉴스원》, 2020.08.04

별개라는 점을 생각하면 이해할 수 있지 않을까?

나이에 관계 없이 한 사람이 그 이전과는 다른 단계로 성장할 때에는 세상을 인식하는 시선이 더 넓어지고 깊어진다. 우리가 보호자의 그늘 아래에서 생활할 때는 지금 당장 자신이 겪고 있는 문제가 세상에서 가장 힘든 것처럼 느껴진다. 세상이 실제로 얼마나 커다란지와는 관계없이 각자가 바라보는 세상의 넓이만큼이 우리 삶의 공간의 전부라고 생각하며 살기 때문이다.

하지만 이제 비로소 도와주는 사람 없이 삶에 부딪치게 되자, 여태껏 누군가가 대신 열어주었던 길들이 아무 노력이나 희생 없이 거저 얻을 수 있었던 것이 아니라는 사실을 깨닫기 시작한다. 늘 그저 그 자리에 있는 줄만 알았던 모든 것들이 어느 순간 뒤틀리고 비틀어져 나와 세상에 대해 다시금 생각하고 고민하고 길을 닦아야 하는, 그런 청년기가 시작된다. 그러면 전에는 나의 영역이 아니라고 생각했던 사정들이 하나씩 나의 것이 되면서 감도는 씁쓸함을 삼키게 된다. 그렇게 이룬 성장이 한 사람을 어린이에서 젊은이로, 혹은 청소년에서 청년으로 옮겨 놓는다. 그리고 그 길을 밟지 못한 채 늙어 버리면 고여서 썩은 물과 같이 몸의 나이만 먹은 퀴퀴한 사람이 된다.

사실 고인 물과 같은 사람이 된다는 것은 개인의 문제를 넘어 세상과 사회의 문제이다. 왜냐하면 사람들은 서로 완전히 떨어져 살 수 없기에, 그런 사람들이 상처 입히는 사람들과 망가뜨리는 세상의 부분들이 분명 존재하기 때문이다. 이는 한 사람을 효용을 기준으로 평가하고자 하는 것이 아니다. 다만 사람과 세상이 그만큼 눈에 보이는 것과는 달리 긴밀히 연결되어 있다고 말하고 싶은 것이다. 한 사람의 무지와 미성숙이 수많은 이들의 행복을 망칠 수 있기에 그저 많은 생명들이 행복할 수 있는, 충분히 실현 가능한 이상을 그려보는 것이다.

그런 의미에서 지금의 위기 또한, 성장하지 못한 사람들이 이미 성장한 양 으스대면서, 혹은 자신도 의식하지 못한 채 내거른 행동이 모여서 실질적인 피해와 더 큰 차원에서의 존속의 위기로 다가온 것이다. 이 위기를 인식하며 혼란 속에서 몸을 가누는 동안, 인류는 아프고 아름다운 청년기를 맞이하고 있다.

파릇한 존재가 된다는 것

청년이 된다는 것, 청년으로 성장한다는 것은 무슨 의미일까? 글자 그대로 푸른 시절을 살아가는 사람들인 청년으로의 성장을 인류가 눈앞에 두고 있다며 역설하고 있지만, 그 성장이 구체적으로 무엇을 의미하는가?

청년의 힘은 아이에서 어른으로 나아가는 과도기에서 그 둘의 특징을 모두 지니고 있다는 것이다. 어엿한 책임을 기대 받으면서도 아직은 어리기에 다음 기회가 있다. 생각없이 했던 어리석고 어린 행동들을 정면으로 바라보게 되고, 이제는 벗어나려고 하지만 쉽사리 그 모습을 지울 수 없어 긴장 상태가 유지되는 생생한 상태이기도 하다. 하지만 앞서 말했듯 나는 '청년임', 혹은 '청년함'에 있어 사회적으로

통용되는 나이는 전혀 관계가 없다고 생각한다. 그동안 겉모습만 자라고 속은 어린 '자칭' 어른들이나, 몸은 어리지만 생각은 배울 점이 많은 사람들도 누누이 봐 왔기 때문이다. 누구든 가만히 썩지 않기 위해 흐르고 열어가는 도전을 한다면 청년이 될 수 있다고 생각한다.

이러한 청년에 관해 몇 가지 특징을 이끌어내어 이야기해 보려 한다. 이는 온전히 나의 생각이며, 이 글을 읽는 누구든 이 청년 논의에 함께해주었으면 한다. 뜻을 같이하는 사람들이 더불어 존재를 짓고 확장하며 고민하는 과정 자체가 푸르지 않은가?

시원한 감수성

외부 세계의 자극을 받아들이고 느끼는 성질인 감수성은 예민한 감각으로 대상을 관찰하고 이해하여 자신의 행동이나 말을 고르는 기준을 얻게 해준다. 특히 대상의 아픔을 바라보고 함께 느끼며 연대할 수 있는 마음의 그릇은 감수성이 넓혀 준다. 일찍이 맹자는 인간의 마음에 선을 싹 틔우는 네 가지 실마리 중의 하나로 측은지심惻隱之心을 언급했다. 어려움에 처한 사람을 애처롭게 여기는 마음은 그들의 마음에 공감하고 함께 느낄 수 있는 힘이 있기 때문이다. 사람은 감수성을 지녔기에 내 이익을 위해 타인을 기꺼이 상처 입히지 않는다.

하지만 최근 들어 이익과 효율성에 눈이 멀어 감수성이 무뎌지거나, 방어 기제로써 자기 안의 감각을 애써 무시하는 사람들을 최근에 많이 볼 수 있다. 세계 최대의 온라인 쇼핑 기업 아마존은 열악한 창고 노동 환경으로 인해 이슈가 된 적이 있다. 섭씨 40도를 훌쩍 넘는 실내 온도에서 에어컨을 가동하지 않은 채 매우 엄격하게 성과 관리를 하는 노동 환경으로 많은 비난을 받았다. 아마존은 지나친 더위로 쓰러지는 사람들이 발생하자 에어컨을 설치하는 대신 앰뷸런스가 상시 대기하도록 하고 언제든 인력을 보충할 수 있도록 준비해 놓았다고 한다. 에어컨을 가동하는 비용보다 이런 방법이 더 저렴하기 때문이었다는 설이 돌았다.* 듣는 순간 헛웃음이 터져 나오는 사례이지만 이런 일들은 다양한 모습으로 세계 곳곳에서 자행되고 있다.

현대사회는 사람들로 하여금 감수성을 죽이고 점점 무뎌지기를 강요한다. 어려서부터 경쟁을 가르치고 협력하기보단 누구보다 뛰어날 것을 요구한다. 사회에 나가서는 아직도 군대 식으로 운영되는 회사들 안에서 밥벌이를 지키기 위해, 혹은 더 승진하기 위해 수많은 아픔과 문제들을 외면한 채 억지 웃음을 지어야 한다. 그래서 사람들은 더 이상 세계를 예민하게 느끼기를 포기한다.

하지만 감수성이 없는 사회에서 사람들은 절대 행복할 수 없다. 이런 세상에서 이득을 얻는 것은 사람들을 기계로 만드는 데 성공하여 이익을 최대로 창출하게 된 대기업들뿐이리라. 우리는 감수성을 지니고 따뜻한 삶을 살아갈 권리가 있다. 누군가 감수성을 앗아갔다면

---

* Spencer Soper, 「Inside Amazon's Warehouse」, 《The Morning Call》, 2015.08.17

그 빈자리를 다시 채워 넣어야 한다.

감수성은 가끔 냉철한 판단을 흐리게 하는 원인으로 지적되기도 하지만 청년의 감수성은 그저 따스하게 젖어드는 감상에 그치지 않는다. 마음을 움직이는 무언가를 위해 청년들은 언제든 변화하거나 변화를 일으킬 준비가 되어있다. 온화한 감수성에 산뜻한 생기가 도는 시원한 감수성이 청년들을 움직인다. 이렇듯 청년들의 감수성은 시원하게 돌파구를 찾는 원동력이 된다는 점에서 특별하다. 여기에 빼놓을 수 없는 점은 적절히 선을 지킨다는 것이다. 소위 오지랖이라고 표현되는 타인의 영역 침범은 청년들에게 용납되지 않는다. 따뜻한 볕에 서늘한 바람이 불어오는 봄과 같은 싱그러운 감수성이다.

잊혀졌거나 몰랐던 감수성으로 많은 생명이 폭력에 희생당하고 있다. 어느 한 대상에 대한 폭력은 곧바로 다른 대상으로도 이어지기에,* 우리는 이 시원한 감수성으로 세상을 돌봐야 한다. 나의 편안함을 위해 누군가가 쉬는 시간조차도 포기하고 밤낮없이 일한다면 기꺼이 사소한 불편을 겪을 용기를 내야 한다. 이렇게 다양한 고통과 어려움들을 제대로 알게 된 지금, 그 고통이 결국 자신에게 또다른 고통

---

* 스티븐 핑커, 『우리 본성의 선한 천사』, 사이언스북스, 2014, 중 "70년대 동물권 논의가 확산한 이후 동물 학대 건수가 급감하고, 이 궤적과 함께 성차별, 아동 학대, 인종 혐오 범죄가 함께 줄어들고 있음을 방대한 자료와 함께 보여준다. 우리 사회는 다른 생명체의 고통을 알고도 방치하는 사회가 아니다. 이런 사회라면 성차별, 인종 혐오, 아동 폭력을 놔둘 리 없다는 인식이 국민들 사이에 공유되는 것이다. 폭력과 야만이 어느 한 분야에서만 개선되는 게 아니다."

으로 돌아온다는 연결성의 인식으로, 혹은 폭력을 대하는 우리의 단호함을 공고히 하기 위해 변화해야 한다. 다시금 감수성을 통해 상처 입은 지구를 치유해야 한다.

겸손한 대범함

'청년'이란 자신이 미완의 상태이자 부족하다는 사실을 받아들이는 데에서 시작된다. 동시에 청년은 부족한 내가 소중하다는 사실을 알고 나를 표현하기를 주저하지 않으며 나의 크기를 스스로 결정한다. 그렇게 의기양양하고 가끔은 귀여운 오만함으로 이어지기도 하지만, 금세 풀이 죽어 훗날을 기약하기도 한다.

자신의 부족함을 알고도 세상에 자신을 외칠 수 있는 용기는, 완성된 누군가가 되고 싶고 세상에 나의 자리를 명확히 확보하고 싶은 마음에서 비롯된다. 완성되기 이전 단계인 청년은 어느 하나에 정적으로 머물지 않고 항상 운동하는 생명력 넘치는 상태이다. 고인 물이 아니라 흐르는 물이다. 강에서 바다로, 바다에서 구름으로, 구름에서 비로, 그리고 다시 강으로 여행한다. 깊고 잔잔한 호수도 필요하지만 세상을 훑으며 생명을 주고 씻어내는 것은 바로 청년들이다.

겁없이 도전하고 변화를 두려워하지 않는 용기는 청년들에게 아직 사회에서 약자의 위치가 주어지기 때문일 것이다. 권력을 쥐고 있는 사람들은 어느 것 하나 선택할 기회조차 쉬이 주지 않으며, 그렇기에 청년들은 선택에 따르는 책임 없이 자유롭다. 어른들이 짜놓은 구조

안에 성실하고 착하게 임해야 훗날의 평안이 보장되는 불안이 있지만 어떻게든 살 길은 열리기 마련이다. 아직 어리기에 다음 기회는 언제든 있고 잠깐의 방황도 세상이 보듬어줄 것이라고 생각한다.

그렇게 나라는 사람을 인정받고 싶고 끊임없이 나에 대해 탐구하며 나를 발견하고 채워나가면서도 세상의 쓴소리에 굴복하지 않고 자신만의 길을 갈 수 있다. 나의 존재를 분명히 인식하고 세상에서 나의 비중을 견고히 하고 싶은 욕망이 있으면서 그걸 위해 노력하고 질문을 던지는 존재가 청년이다. 이는 어른을 향한 아이의 마음, 그 상반된 두 위치를 함께 지니며 그 사이를 오가는 일에서 나오는 힘이다.

장자의 우화에 나오는 '지리소'는 누가 봐도 추한 용모를 가지고 있는 심한 꼽추이다. 하지만 지리소는 늘 행복했다. 등이 휘어서 바느질이나 빨래를 하기 좋았고, 군대에 끌려갈 걱정도 없었기 때문이다. 약자의 위치에 있기에 나라에서 내려주는 물품들을 꼬박꼬박 받을 수도 있었다. 이 이야기에는 약자이기에 자유로울 수 있다는 지혜가 담겨 있다. 즉 양손 가득 무언가를 쥐고 있으면 그 사람은 시종일관 한 톨이라도 놓칠까 노심초사하게 되지만, 아무것도 쥐지 않은 사람들은 자유로이 손을 가누며 살 수 있다.

결국 겸손한 대범함을 지닌다는 것은 약자이기에 누릴 수 있는 자유를 만끽한다는 것이다. 아직 완성형이 아니기에 이리저리 자신의 모습을 반죽하고 꿈꿀 수 있다. 그리고 나라는 사람이 소중하고 존중받이 마땅하다고 생각하며 철학과 취향을 쌓아올린다. 하지만 이것이 이기심으로 이어지지는 않는다. 앞서 이야기한 감수성이 발휘되어 내가 소중한 만큼 남도 소중하다는 것을 알기에 쉬이 남을 무시하지 않기 때문이다. 다른 생각을 배척하지 않고 다양한 세상의 한 부분으로 받아들이고 존중한다.

오만한 대범함은 지구와 자연의 꼭대기에 인간이 있다고 믿게 했고 생명들을 상처 입혔다. 그러나 인간이 지구와 우주에 대해 아는 것은 티끌만큼도 안 된다. 이제 겨우 전보다 많은 것을 알게 되었지만 갈 길이 멀고 그마저도 우리의 생애 안에 모두 알고 갈 가능성도 희박하다. 물고기 박사로 불리는 황선도 박사는 지구 생물 중에서 80퍼센트가 바다에 살고 있고, 우리가 아는 건 고작 1퍼센트뿐이라고 하였다. 우리는 정말 아는 것이 없다. 아는 것이 없을 때는 아는 것의 선 안에서 조심하면서도 자유롭게 뛰어놀아야 한다. 우리 자신의 무지를 알아야 한다.

무거운 가벼움

힘든 현실에 매몰되지 않고 신나게, 무거운 문제도 가벼움의 세상으로 끌고 와서 신나게 해결할 수 있다는 것이 또 청년의 능력이다. 청년들은 아직 진지한 허례허식에 익숙지 않다. 흔히 그들 말로 '오글거린다'라고 표현한다. 꼭 필요하지 않은 절차들은 '가성비'가 떨어진다고 생각한다. 무거운 일을 대하며 꼭 무거운 태도로 임할 필요는 없다고 여긴다. 심각한 일을 오히려 웃으며 가볍게 대하는 태도가 사실 깨달은 자의 경지이며, 청년이 해낼 수 있는 일이다.

인간들이 불을 밝히려 세운 전봇대는 새들에게는 그저 쉼터이다. 물건을 담는 종이상자가 고양이들에게는 소중한 은신처가 된다. 본래 정한 용도를 그들은 신경도 쓰지 않는다. 아직 날 것의 무언가를 담고 있는 청년들은 세상과 사회가 원래 어떤 문법으로 돌아가든 상관하지 않은 채 지르밟고 지나갈 수 있다. 그들이 세운 것이 아니기에 납득이 되지 않거나 옳지 않다고 생각되면 망설임 없이 지나칠 수 있다. 조금은 주저되더라도 패기로 허물기를 시도한다.

사실 무거운 일에 가벼운 마음으로 부딪치는 것은 한국인의 오랜 생존 전략이며, 이것이 해학으로 표현되기도 한다. 예로부터 흥도 많고 부침도 많았던 한반도의 사람들은 유독 심각한 일을 익살스럽게 풀어내는 재주가 있다. 전염병 상황에서 집안에서 할 수 있는 놀이를 유행시키고, 집에서만 생활하며 활동량이 적어져 체중이 늘어난 자신을 '확찐자'라며 웃으며 일컫기도 한다. 심각한 문제들에 유머가 가미되면 제대로 부딪칠 용기가 생기기 때문이다. 이는 꼭 회피적인 태도인 것만은 아니다. 오히려 제대로 마음을 가다듬고 미래를 준비하는 강인한 행동이다.

해학은 몸과 마음을 유연하게 해준다. 중요한 일을 앞두고 뻣뻣이 굳어 있다면 제대로 해낼 수 없다. 고인 물이 되어버린 사람들은 무거워야 이기는 법이고 진정한 어른이 된 것이라고 생각한다. 하지만 무거운 목표를 가지고 가벼운 마음으로 눈을 가늘게 뜨고 입가에 미소를 짓는 것이 훨씬 성숙한 태도이다. 딱딱하고 엄격한 사람은 왠지 겁 먹은 고집불통 어린아이같이 보인다.

최근 우리는 문화의 힘을 절감하고 있다. 정치와 교육이 수년 동안 해내지 못한 것을 문화가 해내고 있다. 자본주의 사회의 계급에 대해 아무리 외쳐도 소용 없던 것이 하나의 잘 만든 이야기로 가까이 다가 오니 확실한 효과를 불러일으켰다. 이제 우리는 양극화를 생각하면 〈기생충〉의 반지하 냄새를 떠올린다. 또한 쉽게 자신을 잃어버리고 비 관하기 쉬운 세상에서 사람들의 손을 잡아준 것은 선생님도 보호자 도 아닌 음악이었다. 너는 너 자체로 빛난다며 용기를 주는 한국 청년 들의 노랫말은 한국뿐만 아니라 전 세계의 사람들의 마음에 닿았다. 이것이 바로 부드럽고 즐거운 문화의 힘이다.

꼭 진지한 표정으로 누군가를 가르쳐야만 하는 것이 아니다. 그럴 수록 신나게, 즐겁게 춤 추듯이 다가가야 한다. 그저 노는 것이 좋았 던 아이의 시절을 기억하는 청년들과 같이, 벌처럼 목적지를 쏘아 나 비처럼 아름답게 날아가 보자.

이 땅의 젊은이들에 대해

한국에 살고 한국을 사랑하는 사람으로서 우리 청년에 대해 이야기를 하며 마쳐보려 한다. 지구적 차원에서 최대한 지역적으로 제한되지 않는 이야기를 해 보려 했으나, 종자가 같아도 심은 땅에 따라 채소의 향취가 달라지듯 한국인으로서만 할 수 있는 이야기가 있을 것 같아

덧붙여 보려 한다.

미래의 주역으로 떠오를 지금의 90년대생들은 이들에 대한 책이 나올 정도로 이해하기 힘들고 독특한 세대로 받아들여지고 있다. 혹자는 이기적이고 예의 없으며 함께 일하기 어려운 존재들이라고 비난한다. 기성세대의 눈에 그렇게 비춰질지 몰라도, 나는 한국에 드디어 청년다운 청년들이 다시 등장하기 시작했다고 말하고 싶다.

일제강점기 이후로 대한민국은 꽤나 어두운 시절을 지나왔다. 많은 것을 빼앗기고 훼손 당하는 수모를 겪었지만 안타깝게도 그 상처를 충분히 돌보고 치유하는 길보다, 상처를 그대로 안고 일단 달리기에 동참하는 길을 걸었다. 그렇기에 그 시대를 지난 사람들은 저마다의 트라우마와 방어 기제를 지니고 살아남았다. 그리고 그들이 상처의 치유와 맞바꾼 경제발전과 민주화라는 땅 위에 우리 90년대생들의 씨앗이 뿌려졌다.

우리 민족은 조선시대 이전까지 조화와 포용이 특징으로 꼽히는 민족이었다. 다양한 종교와 무속신앙이 서로 공존하며 저마다의 역할을 맡고 있었다. 이는 굉장히 독특한 경우인데, 역사적으로 여러 종교가 공존하는 경우 대규모 종교 전쟁이나 권력 다툼이 일어나는 것이 보통이기 때문이다. 하지만 한반도 역사에서는 소소한 갈등이 있긴 했지만 많지 않았고, 특이할 정도로 서로 조화를 이루며 공존해 왔다.

신라 시대의 유학자 강수는 불교와 유교에 대해 각각 세외교世外敎와 세내교世內敎라고 하였다. 어느 하나의 가르침이 옳은 것이 아니라 각각의 강점과 역할이 있다는 것이다. 또한 고운 최치원은 토착신앙을 바탕으로 유, 불, 도를 회통하고 융화하는 풍류 사상을 정립했다. 한반도의 정체성은 여러 가지를 아울러 조화를 이룰 때 나오는 큰 힘에 있었던 것이다.

그러나 일제강점기를 지나며 우수한 문화의 가치를 비하하고 한국인의 자존감을 말살하는 식민 정책 하에서 풍류의 주체인 '나'를 잃어버렸다. 그리고 자신의 믿음이 곧 자신의 목숨을 좌우하는 민족 사이의 이념 전쟁으로 조화는 불가능한 것이 되었고, 하나를 선택하고 나머지를 배척해야 생존할 수 있게 되었다.

90년대생 이전의 세대들은 이런 어두운 시대의 생채기를 직간접적으로 지니고 있다. 상처 입고 그 상처를 제대로 치유받지 못한 사람은 날카로워진다. 남의 고통에 무뎌지고, 누군가의 힘듦을 마주했을 때 위로를 건네기보다 자신의 고통과 상대의 고통을 견주며 상대가 자신만큼 힘드냐며 따지기도 한다. 남에게 마음을 여는 것이 손해처럼 여겨지던 세태 탓에, 너그러움에는 늘 망설임이 따라붙는다. 그러한 역사를 알고는 있지만 직접적으로 경험하지는 않은 지금의 청년들은 그 고통에 공감하면서도 얽매이지 않는다. 얽매이지 않기에 앞으로 나아갈 수 있는 경향을 지닌다.

더욱이 2015년 강남역 어느 화장실에서 일면식도 없는 사람이 단지 여성이라는 이유로 살해당한 사건을 촉발제로 우리 사회의 여성 인권과 더불어 다양한 감수성 논의들이 퍼지고 새롭게 확산되어 갔다. 폭력이 하나의 대상에만 국한된 문제가 아닌 것처럼 존중에 대한 감수성도 마찬가지이기 때문일 것이다. 이제 90년대생들에게 누군가를 깎아내리는 유머는 전혀 웃기지 않는 권리 침해 행위일 뿐이다. '뒷담화'와 외모 평가가 으레 사람들 사이에 주전부리처럼 오갔다면, 이제는 그런 이야기를 꺼내는 사람의 수준을 가늠하는 기준이 되었다. 청년들은 더 이상 욕과 비하를 일종의 유희와 스포츠로 여기던 역사를 이어나갈 의향이 없다.

이렇듯 도덕 감수성이 발달하고 세상을 바꿀 준비가 된 사람들이 지금의 청년들이다. 일부 어른들의 눈에는 그들이 분위기 파악 못하고 이기적인 사람들로 비춰지겠지만, 관습이기에 유지되었던 폐해들을 똑바로 바라보고 과감히 거부할 용기가 있는 사람들인 것이다. 그렇기에 쉽사리 타자에 충성하지 않는다. 다른 누구보다 자기 자신에게 충성한다.

그리고 과거에 추앙받던 가치는 퇴색되고 이제는 각자의 기준으로 세운 가치관을 따라 삶을 사는 것이 멋지다고 생각하기에 노력의 모습도 각자 다르다. 내가 나 그 자체로 존중받고 소중할 수 있는 세상을 열어 가고자 한다. 학교는 아이들의 눈을 가리고 마치 길이 하나밖에 없는 것처럼 가르쳐 왔지만, 현실은 그렇지 않다는 것을 깨달은 청년들의 생존 방식이다. 한 곳에 가치를 몰아놓고 모두 그것을 쫓느라 패배자가 많이 생기는 구조의 폐해는 뒤로 한 채, 누군가 요즘 청년들이 더 '노오력'하지 않는다며 혀를 찬다면 청년들은 그를 '꼰대'라 명명할 것이다.

당신은 어떠한가?

이 책을 집어든 이가 누구든 행복을 추구하고 더 나은 내가 되고 싶어하는 마음이 늘 있을 것이라고 생각한다. 앞서 이야기한 모든 내용들에 전혀 동의하지 않을 수도 있겠고 하고 싶은 말이 있을지도 모르겠다. 하지만 분명한 사실은 우리는 변화해야 한다는 것이다. 당신은 당신의 발자국의 의미를 제대로 알고 있는가? 매일매일 내뱉는 말과 먹는 음식, 걸어온 길의 의미를 제대로 알고 반성하고 있는가?

우리는 다시 흘러야 한다. 안주하는 것은 편안하지만 그것은 시한부와 다름이 없다. 청년기를 눈앞에 둔 인류 공동의 운명을 거스른다면 당신 주변의 사람들과 세계는 떠나가고 남는 것이 없을 것이다. 당신이 몇 살이든, 어디에 살든 내일부터는 청년으로 거듭나 보자. 우리함께 오만을 떨치고 마음을 다잡아 보자. 이런 사소한 마음가짐의 변화가 쌓이면 지구가 분명 좀 더 푸르고 찬란한 청년기를 맞이할 수 있을 것이다.

고령자의 삶의 방식과 존재 의의

오하시 겐지(大橋健二)

스즈카의료과학대학교 강사

들어가며

인간 수명의 비약적인 신장으로 21세기는 '초고령 사회'라는 인류 역사상 미증유의 시대를 맞이하였다. 2007년에 어느 나라보다도 먼저 초고령 사회가 된 현대 일본에서는 '장수'는 바람직한 것, 의심할 여지 없이 좋은 것이라고 찬양된다. '불로不老' 바람望이 사회를 뒤덮고 있는 상황인데, 과연 장수나 불로는 무조건 긍정되고 기뻐해야 할 것인가?

이와 관련해서 300년 전, 영국 작가 스위프트가 쓴 풍자·스토리의 걸작 『걸리버 여행기』1726년가 참고할 만하다. 걸리버가 일본으로 향하는 도중에 들른 곳은 커다란 섬나라 럭나그Luggnagg였다. 거기에는 '스트럴드브럭Struldbrugg'이라고 불리는 불사不死의 인간이 있었다. 우연히 이따금 출생하기 때문에, 그 수는 남녀 1,500명 정도로 극히 적다. 죽음의 공포가 없고, 죽지 않기 때문에 학문도 깊어질 수 있고, 재산도 늘릴 수 있고, 인격이나 식견은 무한히 향상된다. 이 얼마나 행복한 인간인가! 걸리버는 큰 기쁨을 느끼며 이들을 부러워했다.

그런데 웬일인지 그들은 국민 모두로부터 경멸받고 증오의 대상이 되어 있었다. 그들은 모두 노인 상태에서 불사不死의 인간이 된 것이다. 거기에 있는 것은 영원한 젊음·건강·활력不死이 아니라, 노년의 추한 육체의 영생이었다. 나이를 먹음에 따라 그들은 우울해지고 의기소침해지기 시작했다. 80세쯤 되면 "노인에게 따라다니는 온갖 어리석음이나 연약함을 드러낸다." 완고하고 까다롭고 탐욕스럽고 언짢아하고 불만이 많고 말이 많고 질투가 심하고 야비한 욕망 덩어리로 변한다. 대인 관계도 뒤틀리고 "인간 본래의 따뜻한 애정도 알지 못한다." 90세가 되면 사회적으로는 사자死者로 여겨지고, 모든 일로부터 제외되며, 사회적 신용도 제로가 된다. 이빨과 머리도 빠지고 미각도 기억력도 소멸된다. 실로 현대의 노인성 치매와 비슷한 증상을 보인다. 마지막으로 그들은 모두에게 혐오받는 처량하고 추악한 존재가 된다.

『걸리버 여행기』에 나오는 이 이야기는 '인생 100년 시대'를 맞이하는 초고령 사회를 사는 오늘날의 일본, 그것을 맹렬하게 추격하는 한국과 대만, 그리고 21세기의 전 세계가 직면한 노인 사회의 비극적인 일면, 최악의 현실을 미리 예견하고 있는 듯한 느낌이 든다. 그러나 행복한 종언을 맞이해야 할 노인들이 스트럴드브럭처럼 기나긴 노후를 주체할 수 없어서 젊은이들의 경멸이나 혐오의 시선 속에서 살아가는 비참한 존재여서 좋을 리 없다. 누구나 노년을 맞이한다는 사실, 노인의 바람직한 삶의 방식이나 존재 의의를 생각하는 것이야말로 세계 최첨단을 달리는 '노인 선진국' 일본과 한국이 세계 어느 나라보다 제일 먼저 수행해야 할 과제이다. 이 문제를 '철학'의 배움과 노인들의 '약함'이라는 두 가지 시점에서 고찰하고자 한다.

노인 대국·장수 사회 일본의 오늘

1) 인생 100년 시대와 고령자의 현실

일본은 지금, 2018년의 총인구 128,080,000명을 절정으로 전례 없는 인구 급감이 진행되고 있다. 소산다사화少産多死化와 생애미혼률 - 2020년 현재 남성 26%·여성 17% - 이 지금 추세대로라면, 100년 뒤의 총인구는 지금의 3분의 1 정도로 격감한다. 한편 일본은 세계 최첨단을 달리는 초고령 사회 65세 이상이 21퍼센트를 넘는 사회, 즉 '노인 대국'이기도 하다. 평균수명도 세계적으로 톱클래스로, 2019년 통계로 남자 81.41세, 여자 87.45세이다. 2020년 9월 시점에서, 65세 이상의 고령자가 36,170,000명으로 총인구의 28.7%가 되었다. 100세 이상의 장수자도 80,450명 이 중 여성이 88퍼센트으로 급증했다. 통계가 시작된 1963년의 153명과 비교하면 526배로, 바로 얼마 전에 도달했던 '인생 80년 시대'를 지나 '인생 100년 시대'가 도래하였다.

현대 일본의 고령자 대부분은 표면적으로는 사회적·금전적으로 비교적 혜택받은 노후를 보내고 있다. 하지만 이들은 인구 감소나 소자고령화少子高齢化, 소자=저출산, 불평등에 의한 분단·격차사회라는 희미한 불안이 맴도는 세계 속에서, 치매 노인이 되는 것을 두려워하면서 인생 100년 시대를 살게 된다. 2010년 1월에 방영된 NHK 다큐멘터리 〈무연사회無緣事會: '무연사無緣死' 32,000명의 충격〉은 인간관계가 줄어들고 가족이나 공동체로부터 고립되어 사는 인간이 증가하고 있는 현대 일본을 '무연사회無緣事會'라는 신조어로 표현하였다. "지연地緣, 사연事緣, 혈연이 붕괴되고 독신이 급증하는 일본. 무연사無緣死는 더 이상 남의 일이 아니다. 그것은 젊은 층에도 확대되고 있다." 다큐멘터리는 커다란 반향을 일으키고, '무연사회'는 그해의 유행어 대상에 선정되었다. 전통적인 지연과 혈연이 붕괴되고 격차사회의 진행에 따른 빈곤층의 확대 등을 배경으로, '무연사회'에서의 '무연사無緣死' 즉 '고독사'의 중심에 있는 것은 다름 아닌 고령자들이라는 현실이 충격적이었다. 이대로 가면 21세기의 일본에서 고령자의 고독사 예비군이 천만 명 규모가 될 것이라는 예측도 있다.

고령자가 두려워하는 것은 고독사·고립사라고 하는 '홀로 죽음'뿐이 아니다. NHK에서는 2014년 9월에 "연금만으로는 살아갈 수 없다" "연금 생활은 사소한 계기로 붕괴된다."고 하는 〈노후파산 老後破産 : 장수라는 악몽〉을 방영하였는데, 이것도 커다란 반향을 불러일으켰다. 건강을 잃은 고령자가 자택에 있을 수 없게 되고, 집에서 쫓겨나서 병원이나 노인 시설을 전전하다가 '죽을 곳'을 찾아서 표류하는 〈노인표류사회〉 NHK 2016년 4월 방영 가 현실의 일본의 모습이라는 것이다. 과거에는 축복되고 선망되었던 장수가 이제 완전히 양상을 달리하고 있다.

2) 현대 일본의 답답함, 살기 어려움

일본 정부는 2018년 6월,「인생 100년 시대 구상회의」의장 아베신조 수상 에서, 장수 사회·소자고령화 少子高齡化 사회를 대전제로 '사람 만들기 혁명' 기본구상을 결정했다. 고령자에 관해서는 '인생 100년 시대'를 충실하게 하기 위해서 재고용의 촉진을 비롯하여 '평생 현역'으로 일할 수 있는 마당 확보 등을 들었다. 일하는 노인을 칭찬하는 '평생현역'이나 정부가 제창하는 '일억 총활약 사회'라는 표어에서도 알 수 있듯이, 일본인의 마음속에는 노후에도 건강하게 활동하고 돈 벌고 일하는 것을 당연하게 여기는 전후戰後 일본 특유의 비즈니스 문명적 세계관, '사회' 중심적 가치관이 뿌리 뽑기 어려울 정도로 깊숙하게 침투해 있다.

과거의 '회사 인간', '기업 전사', '맹렬 사원' 혹은 회사의 가축을 의미하는 '사축社畜'을 거쳐 최근에는 과중 노동에 따른 '과로사', '과로자살'에 더해서 전인격全人格이 노동에 얽매인 '전인격 노동'도 문제시되고 있다. 전후戰後 일본 국민은 그리스도교 전도자 바울이 말한 "일하지 않는 자는 먹지도 말라."『신약성경』「데살로니가후서」를 충실히 실천했다. 인생의 일부이자 수단에 지나지 않는 노동을 최고의 가치로 자리매김하고, 그 결과 생활을 풍부하게 해야 할 노동이 심신을 회복 불가능할 정도로 피폐시켜 인격을 파괴하는 전도顚倒와 부조리가 현현顯現했다.

현대 세계를 지배하는 신자유주의neo-liberalism와 경제 원리 주도 정책의 추진에 의해, 고용이 불안정한 대량의 비정규 고용계약 사원, 파견 사원, 프리터=전문 아르바이트을 낳고, 현대 세계의 경쟁주의·경제 만능화에 적응하지 못하는 니트NEET=독신 젊은 무업자無業者나 히키코모리social withdrawal도 급증했다. 한편 노후에 일본을 버리고 필리핀이나 동남아시아와 같은 비선진국·빈곤국에 이주하는 '탈출 노인'도 적지 않다고 한다. 늙어서까지 '삶의 보람'이나 '평생 현역', '일억 총활약'과 같이 끊임없이 '움직이고 일하고 돈버는' 일을 강요하는 전후戰後 일본의 비즈니스 사회의 답답함, 숨막힘으로부터의 탈출이다. 노인들은 현지의 젊은 아가씨에게 속아 전 재산을 날리고 돈 한 푼 없는 빈곤 생활에 내몰려도, 아무 할 일 없이 집에 틀어박혀서 TV만 보는 일본보다는 "있을 곳이 있다.", "있기 편하다."면서 계속 살고 있다고 한다.

독거노인에게 많은 '고립사', '무연사'나 생활 보호기준 수준으로 사는 고령자와 그럴 위험이 있는 고령자를 가리키는 '하류노인下流老人'의 급증 등, 노인에게 현대 일본은 정말로 '살기 좋은 사회'라고 할 수 있는지 의문의 여지가 있다. 동경대학 교수 등을 역임한 저명한 독일 문학자 이케우치 오사무池内紀, 1940-2019는 한 강연에서 "이렇게 풍요로운데 이렇게 행복하지 못한 나라는 드물다."라고 끝맺었다고 한다 2020년 10월 5일, 《朝日新聞》 석간. 이케우치의 말은 풍요로운 생활이 반드시 행복한 것만은 아니라는 현대 일본의 노인의 현황을 말해 주고 있다.

3) 끝난 사람

노동생활비 획득이나 양육성인화 지원으로부터 해방된 현대 일본의 고령자의 대부분, 그리고 회사 이외의 인간관계가 없는 샐러리맨의 거의 전부가 정년 후에 얘기할 상대와 있을 곳이 없는 사회적 사자死者인 "끝난 사람" 가본가 우치다테 마키코内館牧子가 2015년에 출판하여 베스트셀러가 된 소설 제목 - 이 되어 버린다는 냉엄하고도 슬픈 현실에 직면한다. 일본인의 대다수는 회사에서 '유능'하고 '유용'하다고 인정받는 데 적지 않은 에너지를 쏟아붓는다. 그러나 회사를 그만두고 나서야 비로소 사회에도 가정에도 어디에도 있을 자리가 없다는 사실에 경악한다.

이런 인간을 폴란드 출신의 사회학자 지그문트 바우만은 '불필요한 인간·폐기된 사람 wasted humans'이라고 형용하였다. 『Wasted Lives: Modernity and its Outcasts』, 2004. 한글 번역은 『쓰레기가 되는 삶들』, 2008 경제활동에 도움이 되지 않는 비생산 인간은 무가치한 존재라고 사회로부터 배제되어, 갈 곳이나 있을 곳을 상실한다는 것이다.

슬프게도 정년 후의 고령자의 대부분은 매일의 시간과 기나긴 노후를 주체하지 못한 채, "오늘 할 일이 없다.", "오늘 갈 곳이 없다.", "있을 곳이 없다."라고 한탄하게 된다. 과거 유한계급有閑階級. 자본가·부유층의 특권이었던 '한가함'이 현대 일본의 고령자에게는 고통의 씨앗이 되고 있는 것이다. 일본 사회에는 종적 사회인 '회사 사회'는 있어도 평평한 횡적 사회, 즉 '시민사회'가 충분히 형성되지 않았다. 결국 정년 후의 샐러리맨은 자택이나 자기에 갇힐 수밖에 없다. "인생에서 가장 견디기 어려운 것은 악천후의 연속이 아니다. 오히려 구름 한 점 없는 맑은 날의 연속이다."칼 힐티 Carl Hilty, 『행복론』, 1891-1899년라는 말은 정년 후에 시간이 남아도는 일본의 노인들에게 해당된다. 매일 특별히 할 일도 없고 자극도 없다. 심장이 뛰는 사건도 해야 할 과제도 없다.

강제와 다름없는 공백상태의 무위의 나날의 연속이다. 매일이 '허탈한 일요일' 상태가 된다.

정책적·사회형성적으로도 장수화 사회와 인생 100년 시대 혹은 서구적인 '성숙사회화'에 적합한 사회시스템을 구축해 나가는 것은 당연하지만, 개개의 고령자의 사적 영역에서는 노년기에 걸맞은 삶의 방식이나 철학이 요구된다. 특히 나이 든 인간이 일 이외에 순수하게 사는 것 자체를 즐기고, '끝난 사람'이나 단지 '죽음으로 향하는 존재'로서가 아니라 남은 인생을 충실하게 하는 삶의 방식이란 어떤 것이어야 하는지를 물어야 한다.

하늘을 우러러 철학하라!

1) 인생의 일요일

인간은 일상생활에서 매일의 노동, 직업 생활, 기타 잡일에 얽매어 휘둘린다. 세간의 유용성이나 가치의 유용성 신화에 구속되어 그 속에 매몰된다. 이것을 해방시켜 나가는 것이 '인생의 일요일Sonntag des Lebens'로서의 철학이라고 헤겔은 말했다. 그는 48세가 되던 1818년에, 염원하던 베를린대학 철학 교수로 초빙되었을 때 이렇게 말했다. "철학과의 교제는 인생의 일요일로 간주되어야 한다. 인간이 보통의 시민생활을 하는 가운데, 유한한 현실에 몰두하고 있는 외면적 생활의 일상사 및 필요에 쫓긴 관심사들과, 이런 일을 잠시 멈추고 눈을 지상에서 하늘로 향하여 그 본질의 영원성과 신성을 의식하는 일요일, 이 양자로 시간이 양분되어 있는 것은 가장 멋진 제도 중의 하나이다. 인간은 한주 동안 일요일을 위해 일하는 것이지, 평일의 노동을 위해 일요일이 있는 것은 아니다."「베를린대학 철학 교원 취임고사告辭」

헤겔은 이렇게 덧붙였다. 인간의 이성은 자신의 존재를 위해서 "가장 넓고 가장 다양한 현실을 필요로 한다." 그러나 이보다 더 중요한 것은 "정신이 현실의 유한성 속에 매몰된 상태로 있지 않는 것"이다. 현실의 유한성에 사로잡혀 살기만 해서는 안 된다. 하늘을 보라. "눈을 지상에서 하늘로 향하고, 그 본질의 영원성과 신성을 의식하라!" 헤겔이 학생들을 향해 말한 것은 "유한한 현실에 몰두"하고 있는 존재에서 "눈을 천상으로 돌리는" 존재자로의 전환 요청이다.

이 말이 어울리는 사람은 매일을 '허탈한 일요일'로 보내는 일본의 고령자들일 것이다. 그들에게 필요한 것은 지상에 대한 관심을 최대한 반으로 묶어놓고, 나머지 반은 시선을 하늘로 향하여 영원한 우주를 지배하는 진리를 생각하는 것, 즉 지상적 가치를 넘어선 것에 대한 사색이다. 하이데거의 제자인 카를 뢰비트Karl Löwith, 1897~1973는 인간 최고의 활동으로서의 철학의 중요성을 다음과 같이 지적한다. "존재하는 것 전체에 관한 최고의 지식으로서의 철학은 그 시선을 밤하늘의 천계天界—철학의 임무는 이 눈에 보이는 세계에 숨겨진 진리를 탐구하는 것이지만—로 돌림으로써 지상과 지상적인 일체의 것과 인간에게 가장 밀접한 환경 세계를 초월하는 것이다." "Welt und

2) 하늘의 관점 theōria

헤겔이나 뢰비트가 말하는 "하늘을 보라."라는 요청은 2,500년 전에 고대 그리스 철학자들이 말한 '하늘의 관점 theōria'의 전통을 잇고 있다. 아리스토텔레스는 다음과 같이 말했다. "이 지상의 생물 가운데 가장 고귀한 것은 인간이다. 자연이나 신이 우리를 세상에 내놓은 목적은 무엇인가? 고대 그리스의 피타고라스는 "하늘을 관조하는 theōria 것"이라고 답하고, 자신이 이 세상에 태어난 것은 실로 이를 위해서라고 항상 단언하였다. 아낙사고라스도 "사람은 대체 무엇을 위해 태어나서 무엇을 위해 사는가?"라는 질문을 받았을 때 "하늘과 우주 전체의 질서를 관조하기 위해서이다. 그 외의 일은 아무런 가치도 없다."라고 말했다고 한다. 그들에 따르면 사람은 모두 인식하고 관조하기 위해서 신에 의해 만들어진 것이다. 관조하는 행동은 그 어떤 일보다도 기쁨에 충만한 것이지 않으면 안 된다."『철학에의 권유』,『에우데모스 윤리학』

그들이 말하는 '하늘'은 예로부터 영원성이나 초월성, 고귀성, 무한 불변의 절대적 실재와 같은 신성神性·성성聖性을 띠는 곳으로 신앙의 대상이 되었다. 그러나 루마니아의 종교학자 미르체아 엘리아데에 의하면, 하늘에 대한 신앙은 현실 생활에 쫓기는 가운데 평소 생활과 밀접하게 결부된 "일상적인 필요를 지배하고 있는 힘"으로 눈을 돌리게 된다. "생활의 각박함은 어쩔 수 없이 하늘보다 지상으로 눈을 돌리게 한다. 그리고 하늘의 중요성을 찾는 것은 죽음이 하늘로부터 인간을 위협하고 있을 때부터이다." 『Traité d'histoire des religions』, 1949. 국내 번역은 『종교사 개론』, 까치, 1993.

하늘을 보는 것을 잊고 눈을 오로지 지상에만 돌려 '회사교會社教'의 신자가 되고, '직업신'만을 신앙해 온 전후의 일본인은 "죽음이 하늘에서 인간을 위협할 때가 되어서"도, 즉 종언을 눈앞에 둔 노인이 되어서도, 눈을 천상적인 것으로 돌리지 못한다. 하늘을 향해 시선 돌리는 일의 망각, 바로 여기에 현대 일본인의, 그중에서도 특히 당사자인 노인의 커다란 불행이 있다. 현대 일본인의 인생과 생활에는 헤겔이 말한 '일요일'도 없을뿐더러 고대 그리스인의 '관조'도 없다.

노인 세계의 특징은 노동 생산·경제활동 이나 육아 보호 교육 의무 로부터의 해방이다. 동시에 그것은 어디까지나 지상적인, 수평 차원의 인과율 성공/실패, 행운/불행 의 속박과 질곡으로부터의 해방이다. 늙어서 '철학한다'는 것은 현전의 세계나 과거와 미래라고 하는 국한된 일방향적인 수평적 인과 축에 구속된 눈을 하늘로 돌려서, 우주와 만물의 영원불변한 질서와 진리—동양적으로 말하면 만물 조화의 신리神理·천칙天則, 스피노자류로 말하면 자연법칙의 필연성—를 자각하고 자득自得하는 데 있다.

3) 공자의 망아忘我 '종심縱心'

시간과 여유가 남아도는 노인들에게 고대 로마의 정치가이자 철학자인 키케로는 이렇게 충고했다. "연구하여 학문이라는 양식糧食이 조금이라도 있으면 한가한 노년만큼 기쁜 것은 없다." 노년기에 걸맞은 연구와 학문이 있으면 그것은 "모든 덕을 체득하여 실천하는 것이다."『대카토·노년에 대하여Cato major de senecutute』기원전 44년 이런 덕德의 획득을 동아시아 유학에서는 '수기修己', '수신修身'이라고 하였다.

72세에 세상을 떠난 유학의 창시자 공자는 '수기'로 도달한 70세의 경지를 "70이 되자 마음을 풀어놓아도 욕망이 법도를 넘지 않았다." 七十而縱心, 欲不踰矩라고 하였다. 여기에서 '종심從心'이란 "마음을 풀어놓는 것"을 의미한다.* 그것은 하늘을 향해 풀어놓은 명랑한 망아忘我의 심경을 의미한다. 노년이 되어 우주와 대자연을 관통하는 질서·진리를 탐구하고, "인간은 어떻게 존재해야 하는가?"에 대해 항상 '철학함'으로써, 노인은 정처없이 우아하게 하늘을 향하는 명랑한 망아忘我의 상태에서 타자와 천지와 함께 유유히 영원한 것으로서 자기를 전개하는 존재자로의 향상向上을 이루어 낸다.

나이 든 인간이 해야 할 일은 '철학하는' 것이다. 그것은 우주와 대자연을 관통하는 고금 불변의 질서·진리의 탐구이자 "인간은 어떻게 살아야 하는가?"에 대한 고찰이다. 인간은 이 세계에서 생生을 받아

---

* 중국에 현존하는 가장 오래되고 완전한 형태로 남아 있는 유교 경전의 석각(石刻)인 『개성석경(開成石經)』(837년)에는 "七十而縱心欲不踰矩"로 되어 있는데, 당(唐)의 시인 유종원(柳宗元)은 『여양회지서(與楊晦之書)』에서 "七十而縱心"에서 끊고 "欲不踰矩"라고 읽고 있나.

서 철들 무렵부터 어쩔 수 없이 현실 세계에 편입되어 그것과 마주하기를 요구받는다. 거기에는 끊임없는 도전의 활동이 있고, 성공에 기뻐하고 실패에 낙담하고, 환희하고 고뇌하거나 무위無爲의 공허한 나날들이 이어진다. 그러나 여기에서는 항상 시선이 수평 방향으로 향해 있다. 어디까지나 지상적인 것에 대한 관심으로, 고개를 들어 하늘이나 진리 혹은 덕德을 올려다보는 일은 없다.

생각할 수 있는 시간과 여유가 충분히 주어져 있는 노년 시기에 할 일은 분주한 청장년 시대에는 인연이 없었던 '철학함'을 통해 자신을 끊임없이 향상시키는 것이다. 이것을 통해 수평 차원의 인과율에 고착된 현실 사회의 '작은 세계', '작은 이야기'를 초극하고, 좀 더 열린 '큰 세계', '큰 이야기'를 자식이나 손주, 장래 세대의 젊은이에게 전해주고 계시啓示했을 때, 설령 그것이 사소하고 보잘것없는 것이라 해도 그 사람의 인생은 가치 있는 것이다.

4) 철학하라, 그리고 죽어라

고령 사회의 전개에서 최근에 주목되고 있는 것이 1989년에 스웨덴의 사회학자 라스 톤스탐 Lars Tornstam 이 제창한 '노년적 초월 gerotranscendence'이라는 노인론이다. 노년이 되면 인간은 자기중심적인 합리적 세계관物質主義·個人主義·役割期待·社會的 評價·世間的 配慮 等에서 벗어나서, 물질이나 사회적인 것에 집착하지 않는 '집착 초월'이나 자기 중심성이 감소하는 '자아 초월'을 거쳐, 최후에는 이원론적 세계를 초탈한

'우주적 초월'로 이행하고, 거기에서 깊은 행복감을 맛본다고 한다.

이와 같은 '노년적 초월'은 동양에서는 별로 새로운 것이 아니다. 지상적인 것을 넘어서 방외方外. 초세속에서 노니는 은자隱者를 존중하는 고대 중국의 노장사상이나 도교에서 보이는 생사일여관生死一如觀이나 천인일체관天人一體觀, 송명 유학주자학·양명학에도 '만물일체의 인仁'설이 있다. 공자의 종심縱心과 같이, 우주적 차원의 초의식에서 휴식하고, 집착 초월·자아 초월에 의한 천상적·지상적인 자타 일체감에서 쉬는 것과 같다.

프랑스의 사상가 루소는 "인생의 각 시기에는 그것을 움직이는 각각의 원동력이 있다."라고 말했다. "10세에는 과자에, 20세에는 연인에, 30세에는 쾌락에, 40세에는 야심에, 50세에는 이욕利欲에 이끌려서 미혹된다. 언제쯤 되면 인간은 지혜만을 추구하게 되는 걸까?"『에밀』, 1762 더 잘 살기 위한 '지혜'의 획득 - 이것은 60세 이하의 노년기를 맞이하여 한가함과 여유를 얻은 인간, 그 모든 것에 부과된 최후의 일이다.

나치의 강제수용소에서 가족을 살해당하고 기적적으로 생환한 유대인 정신분석학자 빅터 프랭클Viktor Emil Frankl, 1905~1997은 다음과 같이 말했다. "나치 수용소에서는 '먼저 살아라, 그리고 삶에 대해 사색하라!' primum vivere, deinde philosophari라는 라틴어 교훈은 도움이 되지 않는다. 수용소에서 유효한 것은 오히려 그 반대다. 그것은 '먼저 철학하라, 그리고 죽어라!' primum philosophari, deinde mori라는 교훈이다. 이 이외에 유효한 것은 아무것도 없다. 궁극적인 의미의 물음을 자기 스스로 밝히는 것, 이렇게 해야 비로소 얼굴을 들고 허리를 펴고 앞을 향해서 걸어갈 수 있다. 신이 요구하는 순교자의 죽음을 멋지게 이룰 수 있다."「죽음의 수용소에서」,「강제수용소에서의 집단심리요법의 체험」, 1951

언제 죽을지 모르는, 죽음을 눈앞에 둔 노인에게 생활의 보장이나 생명의 존속 이상으로 중요한 것은 보다 잘 살기 위한 지혜로서의 철학을 배우기, 즉 '철학하는' 데에 있다.

'강함'의 문명

1) 서양 근대의 빛과 그림자

현대 문명을 특징지우는 것은 미국이 주도하는 '범지구주의'globalism 라는 이름에 의해 수행되는 신자유주의·시장원리주의사익 추구·경쟁주의· 우승열패·약육강식의 전 세계적인 만연과 횡행이다. 이 배후에 있는 사상적 원동력은 "신이 인간에게, '생산하고 증식하고 땅을 채우고 땅을 정복하라. 바다의 고기와 공중의 새와 지상의 생물을 지배하라.'고 명령하셨다."『구약성서』「창세기」는 신의 말씀일 것이다. 여기에서 보이는 남성적이고 왕성한 정복 정신은 천상과 지상에서 자아의 무한 확대를 추구해 마지않는 서양 특유의 '파우스트적 정신'과 합치되고, 이른바 '서양 근대'의 기층을 형성하였다. 이러한 서양 근대의 필연적인 산물이 미국발 글로벌리즘이다.

근대 세계에서 중국·일본·한국의 동아시아 삼국은 모두 전 세계에서 가장 열심히 서양 근대를 신봉하고 수용·추종해 온 지역이다. 그 중에서도 가장 열심히 서양 근대를 순진하고도 무조건적으로 수용한 나라는 메이지 시대 이후의 일본이었다. 또한 과잉이라고도 할 만한 수용·추종은 '동아시아 서양 근대 수용 공동체'로서의 삼국을 이른바 서양 근대의 실험대로 만드는 사태를 초래하였다. 서양 근대의 실험대가 된 삼국은 근대화와 경제 발전, 풍요로운 생활의 이면에 매년 확대되고 가속화되는 격차사회, 빈곤층의 고정화, 지방 붕괴, 인간적 유대의 소멸, 인구 급감·소자고령화少子高齡化·노후파산老後破産·경쟁사회·청년 자살·세대 간 증오 등, 간과할 수 없는 심각한 사회문제가 분출되고 있다.

서양 근대는 전진과 확대, 합리화와 효율화를 향해서 사회와 개인을 '다그친다'는 점에서 어디까지나 남성적이고 청장년적靑壯年的이다. 그것은 '강함'을 지향하는 문명이다. 서서히 쇠약해 가는 고령자의 '약함'과는 대극적對極的이다. 바로 여기에 현대 일본의 노인들이 느끼는 답답함과 괴로움의 근원이 있다. 서양 근대 특유의 강함의 문명에 나타난 근대적 자아는 자립자조, 자율을 특징으로 하고 철두철미하게 자기에게 의존하는 '강한 개인'이다. 그래서 인간 본래의 '상호의존적 자기interdependent self'는 전前시대적인 것으로 간주된다. 그 끝에 현대 일본의 고령자 대다수가 직면하고 체험하는 '고독'이 있다. 사회문제화되고 있는 젊은 층의 부등교不登校, 최근에는 중고년층에도 파급되고 있는 히키코모리도 - 2019년 3월의 내각부 발표로는 전국적으로 61만 명이지만 실제로는 100만 명을 넘는다는 지적도 있다 - 이런 강함의 문명 속에서 모습을 드러냈다. 경쟁사회의 강함에 적응하지 못하는 온순한 인간들이 강함의 자장으로부터 도피하고 튕겨져 나가는 것이다. 그들은 사회관계에서 소외된 '벌거벗은 개인' 혹은 '원자적 자기'원자화된 개인로서 내적 자기, 즉 고독과 고립 속에 갇혀 지낼 수밖에 없다. 강함의 문명 반대편에 있는 존재라는 점에서 그들 또한 현대 일본의 노인과 겹쳐진다.

2) 의존적인 이성적 동물

의료 분야의 대학에서 내가 매년 담당하는 수업 〈철학과 생사관〉수강생은 300명 정도의 2019년도 시험에서 "어떤 노후를 이상적으로 생각하는가?"라는 논술 문제를 냈다. 그러자 거의 전원이 자신의 건강 중시와 함께, 가족과 주위에 "폐를 끼치지 않는" 노후가 이상적이라고 답했다. 학생들이 입을 맞춘 듯이 말한 "폐를 끼치지 않는" 이상적인 노인상은 현대 일본에서 붐인 고령자의 '종활終活', 즉 "인생 종말에 대한 준비 활동"과 마찬가지로 현대 문명의 기층에 있는 강함 지향과 평행 관계에 있다.

현대 문명은 전례 없는 규모와 깊이에서 개개인에 대해서 자립하고 자기 결정하는 강한 개인을 요구하고, 강함의 논리가 사회 전반뿐만 아니라 개인의 내면까지 지배한다. 인간 본래의 '상호 의존적 자기

interdependent self'는 구시대적인 것으로 사회의 배후로 물러나고, 따로 따로 분단된 '원자적 자기atomistic self'가 주류로 활보한다.

성장 신화에 채색된 경제 지상주의에 입각한 강함의 문명은 모든 약함으로부터는 눈을 돌리고, 필요 이상으로 자립자조·자기책임이라는 비의존성independence을 강조한다. 전후 일본의 교육계는 '개인의 존중'이라는 이름하에 아이들에게 "타인에게 폐를 끼치지 않는 인간이 되라."라고 과도하게 자조노력self-help을 장려하고 '강한 개인' 육성에 주력해 왔다. 현대의 청장년층이 신자유주의·시장원리주의에 그다지 위화감을 느끼지 않고, 오히려 친화적인 이유가 여기에 있다. 최근에는 고독이나 자립자조 예찬서·긍정서가 속속 출판되어, 늙어서도 비의존적인 자립이나 '의존으로부터의 초월'이라는 삶의 방식이 과도하게 찬양되고 있다.

현대 일본인의 대부분은 인간이 상처받기 쉽고vulnerability 깨지기 쉬운fragility 성질을 생득적으로 지니는 약한 존재라는 사실을 인정하거나 보려 하지 않는다. 하지만 우리 호모사피엔스는 지성이 있기 때문에 정신적으로 상처받기 쉽고vulnerable, 사람과 사람 사이에서 살고 있는 '상호 의존적 자기'라는 사실이 운명 지워진 "의존적인 이성적 동물"이다. Alasdair MacIntyre, "Dependent Rational Animals," 1999 우리 인간은 타자의 존재나 협력이 있어야 비로소 살아갈 수 있는 약한 생물이다. 강한 개인을 소리 높여 주장할 것이 아니라, 필연적으로 가족이나 타자에게 폐를 끼치는 약한 개인이라는 사실을 오늘날과 같은 글로벌

리즘 세계에서는 새삼 확인할 필요가 있다.

최근의 인류학 연구에 의하면 초기 인류는700만 년~20수만 년 전 다른 동물을 포식하는 수렵자Man the Hunter가 아니었다. 오히려 수많은 대형 육식동물호랑이, 사자, 표범, 퓨마, 늑대, 하이에나, 곰, 악어 등에게 포식되었던 대단히 연약한 피식종被食種, 즉 피수렵자Man the Hunted였다. 그 신체적 약함 때문에 뇌를 크게 하고 집단생활을 선택하고, 언어·커뮤니케이션 능력을 향상시키고, 타자와 협력하고 타자를 생각하는 상호부조의 사회성을 발달시켰다. Donna L. Hart, Robert W. Sussman, 『Man the Hunted: Primates, Predators, and Human Evolution』, 2005 인류는 어금니도 없고 발톱도 없고 뿔도 없고 발도 느려서 포식자에게 목숨이 빼앗길까 봐 매일매일 두려워하고 밤에 벌벌 떠는 심신의 허약함 속에서 오랜 역사를 살아왔다. 약함이야말로 인간 고유의 본질이자 인류 진화의 원동력이었다.

3) 약함이라는 대항축

미국의 의료윤리학자 다니엘 캘러핸Daniel Callahan은 현대의 자립 지향 편중, 즉 '의존으로부터의 초월'이라는 삶의 방식의 폐해를 지적하였다. 『The Troubled Dream of Life』, 2000 자립independence을 일방적으로 강조하는 사회에서는 오히려 '죽음의 공포'와 '자기 자신을 컨트롤할 수 없는 공포'가 만연한다. 이것을 피하기 위해서는 지금과는 다른 삶의 방식이 요구된다. 인간이란 부서지기 쉬움fragility을 특징으로 하는 존재이다. 그럼에도 불구하고 현대사회에는 '의존dependence'을 두려워하는 풍조가 침투하고 있다. 게다가 개개인을 자립으로 몰고 가는 목표 설정이 타인의 원조나 부담을 거부하는 풍조를 강요하고 있다. 사람이 살아가면서 혼자서 할 수 없는 일에 대해서는 타인에게 의존하는 것이 결코 오점이 아니다. 이런 사상을 갖는 것이 중요하다. "타인에게 의존하는 재능 중에는 가치 있는, 그리고 필요한 미덕이 있다. 그것은 타인의 배려에 마음을 열고 있는 것, 기꺼이 강함과 동정에 몸을 맡기는 것이다." 캘러핸에 의하면 스스로 약함=부서지기 쉬움을 있는 그대로 받아들일 때에 '새로운 자기'를 발견할 수 있다. 강한 자기만이 인간의 본질도 아니고 진실도 아니기 때문이다.

경제 분야에 특화된 현대의 신자유주의가 우승열패·약육강식의 강함을 휘두르고, 그것에 편승하듯이 자조 자립이나 자기 결정을 강조하고 자기 책임론이 판을 치는 초고령 사회의 일본에서는, 이런 약함이야말로 가장 중요한 요소 중의 하나이다. 그것은 강함의 문명에 대한 대항 원리가 된다. 생산성이나 신속함 또는 효율화에 대한 요구로부터 면제되는 노인은 동시에 심신의 약함을 불가피하게 한다는 점에서 현대 강함의 문명의 주변인marginal man - 아이들, 여성, 장애인, 중증환자, 각종 차별을 받는 사회적 약자, 혹은 히키코모리 - 으로 자리매김된다. 약한 그들은 오늘날 강함의 문명에서는 무력하고 무료한 사람으로 여겨지는 경우가 많지만, 그들의 약함이야말로 다양한 무순과 불의를 안은 채 질주하는 현대의 강함의 문명에 대한 유일한 대립축, 반성을 촉구할 수 있는 강력한 힘의 일부가 될 수 있다.

현대 문명이 강한 개인을 전제로 성립한 데 반해 노인은 타자에 의존하지 않을 수 없는 약한 개인으로 존재한다. 강함과 보조를 맞추는 현대 세계가 다양한 모순과 뒤틀림을 드러내고 있는 오늘, 이것을 구제할 수 있는 것은 노인에게는 필연적인 약한 개체로서의 논리, 약함의 철학이다. 현대를 사는 노인들이 체현하는 강함이 아니라 약함을 철학 차원으로까지 세련화하기 위해서는 어떻게 하면 좋은가?

문명의 대전환

1) '양陽' '기氣'의 일극 지배

동아시아 세계에 관통하는 것으로 '기氣' 사상이 있다. 자연이나 인간 혹은 만물을 구성하는 근원적인 물질이자 에너지인 '기'는 "한 번 음하고 한 번 양하는 것을 도라고 한다." —陰—陽之謂道, 『주역』 「계사전上」, "음양은 가장 큰 기이다." 陰陽者, 氣之大者也. 『장자』 「칙양則陽」 라고 말하듯이, 음陰과 양陽의 두 기로 이루어진다. 음양 이기二氣의 상호작용으로 천지만물이 생성되고 변화된다. 음양 이기 가운데 양기陽氣는 "하늘·빛·밝음·강함·불·여름·낮·삶生·아버지·겉表·동물·팽창·상승·전진하는 것으로, 능동·공격·활발·흥분·이익의 형태를 취한다. 반면에 음기는 땅·그늘·어둠·부드러움·물·겨울·밤·죽음·어머니·속裏·식물·수축·하강·후퇴하는 것으로, 수동·방어·침체·억제·손실의 성질을 띤다. 전자가 남성적인 강함의 기라고 한다면, 후자는 여성적인 약함의 기이다. 음과 양은 항상 짝pair을 이룬다. 어느 한쪽이 없으면 다른 한쪽은 존재할 수 없다.

만물 생성의 에너지인 '기'는 음과 양의 이기二氣가 서로 교감·순환·유통·교체함으로써 생멸·굴신·변화의 원리가 된다. 주자朱子, 1130~1200는 말했다. "천지는 일기一氣에 지나지 않는다. 그것이 스스로 음양으로 나뉘고, 음양 이기가 서로 감응으로써 변화하여 만물을 생성한다. 그래서 만물은 항상 상대적 관계에 있다. 하늘과 땅, 삶과 죽음, 말과 침묵, 동動과 정靜, 이것들이 모두 짝을 이루는 것도 여기에서 기인한다."『주자어류』53권 라틴어에서 "Contraria sunt Complementa."대립하는 양자는 서로를 보완한다라고 말하듯이,* 상반되는 음양 이기는 상호 의존·상호 제약·상호 전화相互轉化·상반상성相反相成이라는 상관相關·상보相補·상대相待의 관계에 있다. 한국의 국기인 태극기太極旗는 이것을 상징한다. 천지만물이 제대로 생성 변화하고 세계가 지속적으로 운행하기 위해서는 음과 양의 상반되는 이기二氣의 존재가 필수불가결한 조건이 된다. 한쪽의 기가 결여되면 반드시 치

---

* 노벨 물리학상을 수상한 양자역학의 시조 닐스 보어가 즐겨 사용한 말로, 고국 덴마크의 최고훈장인 '엘리펀트 훈장(Order of the Elephant)'을 수여받게 되어 훈장을 만들 때에, 중앙에 위치한 「음양태극도(陰陽太極圖)」의 상부를 덮는 형태로 "CONTRARIA SUNT COMPLEMENTA"(서로 대립하는 것은 상보적이다)라는 말을 새긴 일화는 너무나도 유명하다.

우친 알력과 거대한 부조화가 생긴다.

유대·그리스도교적인 인간중심주의Anthropocentrism, 자타의 분리와 대립을 옳다고 보고 끊임없이 전진과 확대를 지향하는 데카르트적인 이원론·파우스트적인 자아라는 일종의 오만함을 내재한 서양 근대는 남성적인 양기가 배타적으로 일극 지배하는 강함의 문명이다. 메이지 이래로 남성적인 양陽=강함의 문명을 열렬하게 추구한 일본의 서양 근대화의 끝에 생긴 것이 미국의 사회학자 로버트 머튼Robert King Merton이 말하는 "잠재적 역기능latent dysfunction" - 참여자·행위자가 의도도 예상도 하지 못한 부정적인 유해한 효과·결과·작용 - 으로서의, 세계사에서도 유례를 찾아 볼 수 없는 인구의 급감과 인류역사상 최초의 초고령 사회였다. 양기의 압도적 일극 지배의 밝음과 풍요의 이면에 지금까지 인류가 경험한 적이 없는 이상한 사태·사회가 출현하고 있다. 노인 대국의 최첨단을 달리는 일본을 한국이 맹렬한 기세로 추격하고 있고, 얼마 안 있어 추월할 것이다. 앞으로 세계는 하나같이 글로벌한 규모로 초고령 사회를 향한다.

2) 변혁자·구제자로서

오늘날의 강함의 문명은, 이것을 상대화하고 브레이크를 거는 타자의 부재 속에 현전現前하고 있다. 자조노력·자기책임이라는 근대적 강함과 연동된 자본주의의 '비인칭성·무차별성·익명성의 폭력'에서 생기는 것은 글로벌하고 무자비하게 타자를 침식시키는 자아의 이기주의

다. 사리사욕을 노골적으로 드러낸 현대 자본주의가 무제한의 글로벌화와 신자유주의의 길로 돌진해 나간 것은 이것을 상대화하고 제어할 수 있는 타자의 부재로 귀착된다. 자본주의에 대해서 외부적으로 대항할 수 있는 타자, 즉 절대타자의 소실이야말로 이와 같은 비인간적인 자본주의 세계가 존립하는 궁극적인 원인이다. 20세기에 세계를 풍미한 공산주의·사회주의 혹은 시민운동은 하나같이 자본주의적 전체성의 '내부' 발생적인 것이었다. 이것들은 결코 강력한 자본주의를 상대화할 수 있는 절대타자는 되지 못한다. 오늘날의 비인간적인 자본주의 세계를 변혁할 수 있는 것은 이데올로기도 시민이나 시민운동도 아니다. 그것은 자본주의적 전체성의 내부로 환원되지 않는 절대타자, 즉 외부의 타자를 전제로 함으로써만 가능하다.青木孝平,『『他者』の倫理学:レヴィナス、親鸞、そして宇野弘蔵を読む』, 2016

현대 세계를 변혁시킬 수 있는 '절대타자' 혹은 '외부의 타자'를 공산 사회·사회주의와 같은 이데올로기 혹은 민주주의나 인권 사상 등에서 찾을 수 없다면, 오늘날의 강욕強欲 자본주의적 세계를 변혁시킬 수 있는 타자를 어디에서 찾을 수 있을까? 자본주의 세계=글로벌리즘의 내부에서 그 자격을 지니는 것은 노인을 필두로 한 약한 개인일 것이다. 약한 존재인 노인은 양陽과 상즉불리相卽不離의 관계에 있는 음기陰氣에 해당한다. 글로벌리즘의 필연적 결과인 강함의 문명의 일극 지배 - 이것을 상대화하는 것으로서 약함의 문명을 생각할 수 있다면, 노인이야말로 음기, 즉 약함에 있어서 갖가지 뒤틀림을 드러내고 있는 오늘날의 강함의 문명의 대항 축이 되지 않으면 안 된다.

현대 문명, 즉 강함의 문명을 상대화시킬 수 있는 것은 강함의 대극에 있는 약함이다. 육체적으로도 사회적으로도 필연적으로 타자에 의존할 수밖에 없는 연약한 노인은 비의존적인 강함을 핵으로 하는 현대 문명의 내부로 환원되지 않는 '절대타자'의 자격을 지닌다. 언젠가는 전 세계가 노인들로 넘칠 터인데, 현대의 강함의 문명의 반대편에 위치하는 약함의 체현자로서의 노인은 오늘날의 강함의 문명을 상대화하거나 전환시킬 수 있는 변혁자·구제자가 된다.

맺으며

"늙음은 우리 문명 전체의 좌절을 노출시킨다." 사르트르의 반려자로 알려져 있는 프랑스의 작가 보부아르는 1970년에 쓴 노인론의 명저 『노년 La Vieillesse』홍상희 역, 책세상, 2002에서 이렇게 지적했다.

"인간이 최후의 15년에서 20년 동안 하나의 폐품에 지나지 않는다는 사실은 우리 문명의 좌절을 분명히 보여주고 있다. 문제는 노년기에 인간이 하나의 인간이기 위해서는 사회는 어떻게 해야 하는가 하는 것이다."

노후의 고독이나 연금·주택 등을 배려한 노년 대책은 아무런 근본적인 해결책이 되지 않는다. 그보다 더 중요한 것은 '인생은 변한다는 것'이다. 보부아르는 노인에게 자기 변혁을 요구함과 동시에 종활終活과 같이 자기 일에만 전념할 것이 아니라 강한 열정을 타인에게 쏟아서, 타인을 위해 헌신함으로써 노인이 인생의 가치를 지닐 수 있다고 하였다.

이 노인론이 간행된 1970년 당시만 해도 고령화는 심각한 사회문제로 대두되지 않았다. 그러나 반세기도 되기 전에 보부아르의 혜안대로 고령화 사회의 도래로 '문명의 좌절'을 맛보고 있다. 우리는 "인간 전체를 다시 만들지 않으면 안 된다. 인간 상호의 모든 관계를 근본적으로 개조하지 않으면 안 된다." 이 말은 오늘날 노인 문제의 급소와 본질을 찌르고 있다. 현대의 노인이 해야 할 일은 원기 왕성이나 자조 자립·비의존의 강함을 자랑하고 건강과 수명에 전념하는 것이 아니다. 약함 속에서 새로운 자기를 발견하고, 약함을 공유하는 타자와 폭넓게 연대하며, 경제와 과학 만능에 매진해 온 강함의 문명에 대한 반성을 촉구하고, 그것의 궤도를 수정하는 데 힘을 보태는 것이다.

금세기에 세계 전체는 초고령 사회가 되고 있다. 2019년에는 일본·이탈리아·포르투갈·필리핀을 비롯한 7개국이, 2060년이 되면 100개국이 초고령 사회로 직행할 예정이다. 지금 전 세계가 해야 할 일은 현대의 강함의 문명과는 별개의, 혹은 그것을 초월하는 새로운 철학, 경제의 성장과 번역을 넘어서는 가치관을 수립하는 것이다. 세대 간의 증오와 대립이라는 악몽을 끊는 '노약호존사회 老若互尊社会'를 형성하고, 새로운 문명으로의 여정을 제시하는 것에 있다. 이러한 인류의 거대한 과제가 우리들 앞에 놓여 있다. 현대를 사는 고령자는 '철학함'으로써 약한 개인인 자신을 재발견하고, 약한 다른 개인과 서로 연대·협력하여, 장래 세대를 위해 좀 더 좋은 사회의 건설을 향해 가능한 범위에서 힘을 다하고, 죽음을 두려워하지 않고 끊임없이 앞을 향해 걸어가야 한다. 이것이야말로 인생의 최후를 장식하는 꽃길이다.

"누구나 장수하기를 바라지 늙기를 바라지는 않는다." Every man desires to live long; but no man would be old. 『Thoughts on Various Subjects』, Moral and Diverting, 1706 이렇게 말한 조너선 스위프트는 노쇠를 극도로 두려워하고 노년을 최대의 인생악으로 생각하여, 노경老境에 들어서도 산보와 승마로 평소의 신체 단련을 게을리하지 않았다. 죽지 않는 스트럴드브러의 추함과 비참함을 혐오한 스위프트는 그럼에도 불구하고 70세 전후부터 육체가 급격히 쇠약해지고, 결국에는 완전한 치매에 걸려 심신이 모두 붕괴되었다. 끔찍하고 비참한 최후였다고 한다. 대체 그의 인생은 어디에서 무엇이 잘못되었을까? 어쨌든 나이를 먹으면 장밋빛 노후만 꿈꿀 것이 아니라 이러한 비극을 각오·상정하면서, 신중하면서도 방심하지 않는 최후를 맞이해야 할 것이다.

번역 : 조성환

동물권을
이야기하는 시대

신승철
생태적지혜연구소협동조합 이사장

들어가며: 2020년은 동물권 운동 개벽의 해

2020년은 코로나19를 계기로 사람들의 삶의 양식에 커다란 변화를 겪은 한 해이다. 특히 가정 내 살림이 경제를 떠받치는 현상, 즉 경제 이후에 살림이 오는 상황이 아니라, 살림의 강건함이 경제활동의 근간이 되었던 시기이기도 하다. 또한 살림의 시각에서 가족이 모여서 이야기를 나누고 반려동물과 함께하는 시간이 많아졌으며, 반려동물 산책 시간이 외부와 접촉하는 기회가 되는 의미 있는 시간으로 자리매김 되기도 했다. 그런 점에서 '반려동물 1000만 시대'라는 슬로건이 그저 양적 측면에서만 음미되는 것이 아니라 질적 측면에서 수용되고 도약이 이루어졌던 한 해라고 할 수 있다. 동시에 살림에 대한 관심은 먹거리, 육식, 둘레환경, 길냥이 등에 대한 관심이 폭발적으로 늘게 되는 결과를 낳았다. 이에 따라 몇 집 걸러 한 집씩 캣맘 역할을 한다거나, 채식인에 대한 배려가 생활화하기 시작한다거나, 반려동물의 삶과 죽음에 관련된 산업이 폭발적으로 늘었던 한 해이기도 하다.

이에 따라 동물권에 대한 인식도 상당한 변화를 겪게 된다. 근대 시기 동안은 동물을 쓸모나 용도로만 파악하는 행태가 일반적이었다. 프랑크푸르트학파가 나치의 발호가 바로 생명의 도구화에서 기인한다는 점을 밝힌 이후에도 생명의 도구화 자체에 근본적으로 질문을 던지는 생명권 운동은 발전과 전개가 더디기만 했다. 그러나 2020년 에는 필必환경이나 생명권, 채식 운동이 미래 세대에게 하나의 트렌 드와 삶의 양식으로 자리 잡는 과정이 전개되었으며, 이에 따라 동물 에 대한 인식과 시각에서 큰 변화가 생기기 시작했다. 지난 2003년 지 율스님의 도롱뇽 소송이 있고 나서, 20년이 가까워 오면서 이제 주변 에 있는 이에게서도 생명 감수성에 미묘한 변화가 감지된다. 미래 세 대인 아이들은 동물과의 교감을 하나의 인생의 숙제와도 같은 심급 으로 본다. 오죽했으면 반려동물이 없는 아이들이 랜선집사로서의 역할을 하며, 반려동물과의 교감을 부러워하겠는가. 더욱 특이한 점 은 아이들의 마음속에 깊이 자리 잡은 생명 감수성이 기후 위기나 플 라스틱 문제와 더불어 친환경을 넘어선 필환경의 문화로 자리 잡은 것이다.

특히 2020년 서울시 교육청 등에서 제도화된 채식급식 선택제와 같은 새로운 제도 도입의 양상은, 채식인의 권리를 보호한다는 점을 넘어서 육식의 폐해와 대안에 대한 미래 세대의 모색과 긴밀히 결합 되어 있다. 미래 세대에게 채식은 생명존중문화의 실현이자, 더 나아 가 가까이에 있는 생명들에 대한 약속이라는 의미가 있다. 그래서 자 신부터 먼저 채식을 하여 동물보호에 나서자는 움직임이 미래 세대 의 기본적인 소양이 되었다. 또한 청년들에게도 채식이 하나의 문화 트렌드와 같은 것으로 인식되면서, 한번쯤 경험해 볼 삶의 양식이라는 인식이 확산되고 있다. 생명을 파괴하고 생명에게 열악한 상황을 강제하는 공장식 축산업의 현실에 대한 이해는 이미 전제되어 있는 상식과도 같은 것이 되었다. 그래서 대화 중에 채식에 대한 이야기가 나오면 과거에는 채식인을 괴짜 취급하면서 결국 육식 예찬으로 귀결되곤 했지만, 최근에는 오히려 자신이 채식을 아직 시작하지 못한 이유를 변명하는 역전된 상황이 연출되고 있는 것이 현실이다.

이 글에서는 2020년의 상황을 전후로 하여 어떤 변화의 징후가 있는지에 대한 동물권 전반에 대한 검토를 할 것이다. 이를 통해 우리가 동물권에서 어떤 전략적인 선택을 함으로써 다가올 개벽에 대해서 어떤 태도를 취하고 실천을 할 것인가에 대한 아이디어와 힌트, 단서와 같은 징후들을 독해하는데 주력하려 한다.

동물보호운동에서의 징후

2020년 동물권 운동의 일대 도약이 감지된다. 동물권에 대한 인식의 깊이와 잠재성은 더욱 심도 깊은 논의로 나아가고 있다. 예전 동물권 운동이 보여주었던 동물이 심각하고 절박한 상황에 놓여 있다는 고발성 이벤트와 사진 전시 정도가 아니라, 개를 먹지 말고 안아주자는 반려동물인들의 복날 캠페인처럼, 자신과 함께하는 동물과의 아름다운 기억에 기반한 연민과 연대가 거대한 파도를 이루고 있다. 이처럼 제각기 가진 이야기 구조에 기반한 운동으로의 성숙은 결국 동물권에 대한 의미와 가치 중심의 운동을 벗어나 다양성을 촉매하는 역할을 한다. 동물보호운동 단체 역시도 다변화되어 동물권에 관심이 있는 대중들에게 다양한 선택지를 제공할 수도 있게 되었다. 그런데 놀랄 만한 부분은 자신의 주변에서 사람들을 규합하여 새로운 작은 동물보호운동 그룹들을 속속들이 만들어내고 있다는 사실이다. 골목마다 캣맘 조직이 등장하고, 동물보호소를 중심으로 여러 자원봉사자 그룹이 결성되고 있다. 그저 수용자로서의 대중이 아니라, 창조하고 생산하는 대중의 면모가 여기서 드러난다. 물론 기부와 자원봉사, 순수증여 등에 기반한 동물보호운동의 특성상 저변의 확대는 중요한 부분이지만, 기존 동물보호운동의 의미와 가치를 수용하는 데 그치는 것이 아니라, 스스로 동물보호운동 그룹을 규합하고 결성하고 운영하는 창의적인 마인드를 기반으로 한 실천 양식이 등장하고 있다는 점은 특기할 만하다.

다시 말해 동물보호운동에서 농장동물, 실험동물, 유기동물, 반려동물, 멸종동물 등 자신이 관심이 있는 동물의 종류에 따라 각각 실천의 주안점이 달라지지만, 그것은 하나의 종류에 집중하는 의미라기보다는 절박한 동물복지, 자유, 권리 개선의 일관된 방향성을 중시한다는 의미가 더 크다. 즉 농장동물의 상황을 극복하고, 유기동물의 상황을 개선하기 위한 한 발 나아감으로서의 의미가 크다.

동물보호운동 단체는 세대교체 중이다. 미래 세대와 젊은 층을 중심으로 새로운 동물보호운동 그룹 결성의 움직임은 뜨겁다. 그도 그럴 것이 가까이에 있는 캣맘들이 조직이나, 동물보호소를 운영하는 사람을 중심으로 한 그룹, 채식과 동물보호운동을 결합하려는 그룹, 기존 동물보호운동 단체로부터 자연스럽게 분리된 그룹 등이 꿈틀거리며 움직이기 때문이다. 그런 점에서 기존처럼 카리스마 있는 개인에 의해서 좌우되는 동물보호운동 단체가 아니라, 민주적으로 운영되고 젊은 세대의 감수성에 맞는 조직문화를 갖춘 동물보호운동 단체가 새롭게 생겨나는 것도 전망해 볼 수 있겠다.

반려동물 문화에서의 징후

반려伴侶동물은 '애완愛玩동물'이라는 단어가 의미하는바 동물을 장난감으로 보는 것이 아니라, 평생의 단짝으로 책임과 돌봄의 상호관계를 맺는 존재로 대우한다는 의미를 내포한다. 반려동물 문화가 상당히 정착된 것은 저녁 시간 강아지를 산책시키는 사람들이 예전보다 많이 눈에 띈다는 점에도 드러난다. 이러한 생활양식의 정착까지는 미디어에서의 교육과 문화적 자극도 큰 역할을 했지만, 반려인들이 문화적으로 성숙할 수 있었던 계기는 이미 저변의 변화에서도 감지된다. 이를테면 유기동물을 입양하는 사례는 반려인들에게 하나의 문화로 정착되어 있으며, '사지 않고 입양한다'는 입장의 반려인이 1/3을 넘어선 것도 획기적인 변화 중 하나다. 특히 반려동물의 죽음까지도 책임지겠다는 반려인들의 심상에 따라 반려동물 장례문화가 정착된 것도 큰 변화 중 하나다.

　반려동물은 애완의 도구가 아니라, 이제 또 하나의 가족이 되었고 반려동물과 저녁 시간을 함께 보내며 가족문화를 풍부하게 만드는 것이 시민의 일상으로 정착되고 있는 중이다. 특히 2020년을 전후로 개 반려인과 마찬가지로 고양이 반려인들의 변화 역시도 주목된다. 고양이를 사는 것이 아니라, 아픈 길냥이를 데려와 키우는 문화가 정착된 것이다. 이를 통해 고양이 반려인들이 사실상 길냥이들에 대한 캣맘의 역할까지도 하면서, 서로 연대하고 협동하고 결속되는 상황도 긍정적인 징후 중 하나다. 특히 반려동물과 함께 사는 사람들의 문화적 성숙은 반려동물의 이름으로 기부를 하거나, 반려동물과 함께하는 시간을 문화적인 소재로 만들어 출판, 미디어, SNS, 블로그, 유튜브 등에서 공유하거나 하는 등의 적극적인 활동을 함으로써 반려동물에 대한 관심을 뜨겁게 만드는 원천이 되었다. 또한 반려인들이 스스로 채식문화와 동물보호운동 단체에 가입하는 등의 적극적인 동물보호 실천에 나서는 것도 하나의 트렌드가 되고 있다.

채식 운동에서의 징후

2020년은 채식인들의 해라고 할 정도로 채식과 관련된 활동과 실천은 뜨거웠다. 일단 기존에 채식주의자라고 불리던 '~주의자'로서의 완성형이 아니라, 채식인이라는 문화적인 트렌드로 어필하고 채식을 위해 노력하는 과정형이자 진행형으로 자신을 낮춘 것은 굉장히 주효했다. 사람들은 채식에 대해서 어느 때보다 관심이 깊었고, 채식버거를 사기 위해서 줄을 길게 서는 등의 이색적인 상황조차도 만들어졌다. 특히 채식인들 사이에 세대교체가 일어나고 젊은 층이 대거 유입된 것은 변화의 징후로 읽기에 충분하다. 사실상 영성적인 의미까지 담고 있었던 채식인 1세대, 즉 채식주의자로 불렸던 세대는 후방의 배경 역할에 머무르게 되었다. 대신 환경운동, 생명운동의 일환으로 발랄하게 접근한 젊은 층들의 대거 유입은 채식을 음식문화의 일부로 만드는 데 큰 힘이 되었다.

특히 서울시교육청과 각 지자체들의 채식급식 선택제 도입은 2020년에 새로운 활로를 개척한 시작점이라고 할 수 있다. 또한 육식의 폐해가 기후 위기와 긴밀한 관련을 갖는다는 대중적인 인식의 변화가 채식에 대한 관심을 더욱 불러왔다. 채식인들은 비건 중심의 근본적인 채식에서 출발하지만, 다양한 선택지를 갖는다. 특히 플랙시테리아Flexiterian 채식처럼 사회생활을 위해서 남들이 고기를 먹을 때는 함께 먹기는 하지만 자신이 직접 사 먹고 요리해 먹지 않는 채식이 대중적인 인기를 얻는 것도 사실이다. 특히 문화 트렌드로서 자리 잡은 채식이 각종 채식 식당을 통해서 젊은 층에 호응을 얻고 있는 것도 뚜렷한 현상이다.

동물복지정책의 제도화와 개벽의 징후

동물복지 축산의 미묘한 변화는 이미 생활협동조합 등에서 조합원들의 돼지고기 냉동육에 대한 뜨거운 관심으로부터 폭발했다. 넓이와 환경을 중시하는 친환경 축산, 유기물 순환을 통해서 유기농법 농사에 기여하는 유기축산, 수치화되고 정량화된 동물복지 축산, 항생제 대신 약초와 한약제를 달여주는 무항생제 축산 등이 속속 제도화되고 브랜드화되면서 생명을 생명답게 기르는 축산에 대한 뜨거운 관심이 촉발되었다. 물론 채식을 하는 것이 낫겠지만, 먹겠다고 한다면 생명에도 건강에도 환경에도 좋은 동물복지 축산을 선택하겠다는 것이 소비자들의 입장이었다. 2020년 들어 동물복지 축산의 빅이슈는 사실은 마니커, 동우, 하림 등 대기업의 하청업체로 전락하는 수직계열화로부터 벗어난 동물복지 축산의 지속 가능성 여부였다. 수명도 길고, 면적도 넓고 관리에 힘이 들며 수익도 쉽게 보장되지 않는 길이지만, 동물복지 축산에 종사하는 사람들은 꿋꿋이 그 길을 걸어갔고, 이제야 소비자들에게 어필할 수 있는 다양한 통로들이 개척되고 있는 상황이다.

동물복지는 제도주의, 점진주의, 현실주의를 기반으로 하여 사실상 국가정책이나 지자체 정책 등 제도의 영역으로 들어와 있다. 그러나 아무리 제도화된다 하더라도 소비자에게 어필할 수 없는 제도는 쓸모가 없다. 그런데 동물복지 축산에 대한 소비자들의 선택은 아주 현실적이고 적절한 형태로 이루어지고 있는 상황이다. 최소한 동물복지를 지키면서도 최대한 채식이나 동물권을 목표로 하는 과정적이고 진행형적인 입장이 그것이다. 그러한 현실주의적인 시각은 소비자들의 선택권을 늘리면서 동물권 운동의 저변 확대에도 크게 도움이 되는 태도 중 하나라고 할 수 있다. 즉, 생명 감수성을 배제한 육식이 아니라 생명 감수성에 기반한 "되도록 적게, 가끔, 제값 주고, 제대로 알고"하는 육식이 그것이다. 물론 이러한 현실주의 입장은 근본주의와 충돌하는 것 같지만 사실은 동물권 운동을 인정하는 지지 기반의 확대로 나타나고 있다. 그런 점에서 근본주의와 현실주의 사이의 중간좌표 속에서 다양한 선택의 여지를 만드는 것이 동물보호 운동의 다양화와 저변 확대의 전략적인 장점이 되고 있는 것이다.

동물원 반대운동에서의 징후

2020년 봄 제주도 선흘리 동물테마파크사업에 대해 주민들은 동물학대적인 시설이 들어오는 것을 강력히 비판하고 반대 행동에 나섰다. 동물이 아이들 교육에 도움이 되고 주변 상권을 풍요롭게 만들 것이라는 기존 통념에 대해서 아무도 동의하는 주민이 없는 상황이었다. 이렇듯 동물원을 혐오시설로 보는 주민들의 움직임이 일반화되었다. 동물이 가두어진 좁은 공간에서 정형행동이라는, 정신세계가 파괴된 상태에서 똑같은 행동을 반복하는 사례를 낳는 시설이 교육상 좋다는 것을 아무도 인정하지 않는 것이 되었다. 특히 2013년 서울시 동물원에서 돌고래쇼를 했던 제돌이에 대한 제주도 앞바다에서의 방류 이래로 주민들과 시민들의 인식의 전환은 돌이킬 수 없는 변화를 초래했다. 동물원의 빛깔 좋은 선전문구에 속아 넘어가서 자신의 지역에 시설을 유치하려는 주민들은 아무도 없게 된 것이다.

사실상 동물원의 기원이 '인종원'에 있었던 것처럼, 동물원에는 제국의 그림자가 드리워 있고, 인간의 오만과 탐욕의 산물이라는 점에 대한 사회적 합의에 이미 도달해 있는 것이다. 이에 따라 아이들의 교육에는 아무런 도움이 안 되고, 애꿎은 동물들만 갇혀서 학대를 받으며 생활한다는 인식이 확대되어 동물원을 유치하려는 지자체와 주민들 간의 갈등과 대립의 원천이 되고 있다. 이처럼, 동물원은 사라져야 할 이 시대의 대표적인 혐오시설이 된 것이다. 동물들이 등장하여 구경꾼들에게 다가가서 간식을 얻어먹고 힘없이 축 처진 모습을 보이는 것이 동물의 야생성을 보여주는 것도 아니고, 동물에게도 좋지 않고 아이들의 동물보호교육 상에도 상당히 트라우마가 될 것이라는 부모들의 판단도 한몫을 차지한다. 이에 따라 동물원에 가서 동물을 구경함으로써 동물에 대한 교육을 받는 것이 아니라, 반려동물과 단짝이 되어 직접 살림과 생활의 현장에서 부대끼는 것이 교육상 도움이 된다는 인식이 확산되고 있다. 대중들이 동물원을 외면할수록 동물원 동물의 상황은 더욱 열악해지고 동물쇼와 같은 서커스 행각이 벌어지는 것도 사실이다. 그러나 동물원에 대한 인식의 전환은 개벽의 징후로서 분명 현실의 거스를 수 없는 맥락이 되고 있다.

동물실험에서의 개벽의 징후

2020년은 대한민국에서 실험 용도로 희생된 동물 수가 1만 마리 이상 줄어든 해이기도 하다. 특히 불필요한 동물실험을 없애고자 했던 동물실험윤리위원회 등의 설치가 주효했다. 실험동물윤리로서의 3R은 감소 Reduction , 정제 Refinement , 대체 Replacement로 이루어진다. 감소는 실험의 유의미한 결과를 낳을 수 있는 최소수 산정을 의미하고, 정제는 고통을 절감하기 위한 조치이며, 대체는 동물실험을 대체할 방법을 찾는 데 있다. 2013년경 유럽연합의회의 화장품 동물실험 금지법 통과 이래로 관행적으로 이루어져 왔던 동물실험에 대한 시민들의 개입과 감소와 대체의 요구는 뜨거웠다. 특히 생협에서 출발했던, 토끼 귀를 마크Leaping Bunny Label를 단, 동물실험을 하지 않은 화장품이 유행세를 타고 화장품 회사의 기본 윤리가 되었고, 시민들에게도 아름다움이 그저 외양상의 것이 아니라 보이지 않는 영역에서도 미학적이어야 한다는 의식이 자리를 잡았다. 동물실험의 규모와 숫자의 감소는 이제 하나의 돌이킬 수 없는 물결이 되고 있다. 사실상 대체법 중 하나인 컴퓨터 시뮬레이션이나 인공신체 등이 가격경쟁력조차도 갖게 되면서, 한국에서는 동물실험 대체법에 대한 논의가 활발히 이루어지고 있는 중이다.

이는 황우석 사태와 같이 동물실험과 첨단과학에 대해서 환상이나 이상으로 접근했던 행태에서 이제 동물실험 자체가 사실상 동물학대적인 요소로 인해 줄어들어야 한다는 시민의식 성숙의 결과물이다. 그런 점에서 시민들은 아주 필수적인 동물실험을 제외하고는 동물실험의 규모와 양을 급격히 줄여나가는 데 대부분 동의하는 인식이 확산되고 있다. 특히 동물실험의 과정이 대부분 동물학대적이라는 점에 대해서 기본적으로 인식을 같이 하면서, 되도록 동물실험이 사라지고 생명존중문화가 형성되어야 한다는 방향으로 저울의 추는 이미 기운 상황이다. 그런 점에서 동물실험이 과학기술 발전상 어쩔 수 없는 과정이라고 보면서 묵인하고 은폐하고 침묵했던 대중들이 사실상 하나의 전환을 맞이하여 되도록 동물실험을 줄이자는 사회적 합의에 도달했다고 할 수 있다.

마치며: 생명 감수성의 변화와 이미 도래한 개벽

생명은 유한하며 유일무이하다. 그런 점에서 반려동물 장례식장에 모인 사람들은 늘 경건하고 슬퍼하고 애도한다. 가족이 죽었다는 점에 대한 공감대가 있기 때문이다. 이러한 생명 감수성의 변화는 2020년에 이루어진 획기적인 변화 중 하나이다. 또한 저녁 시간에 강아지를 데리고 산책하는 시민들의 모습은 늘 경쾌하고 발랄했다. 사실상 2020년 한 해 동안 개벽의 징후로서 감지되었던 동물권에 대한 인식과 문화의 변화 양상은 생명 감수성의 확산과 전환으로 특징지을 수 있다. 이제 동물을 도구나 장난감, 구경거리, 먹거리로 생각하지 않고 생명이라는 시선으로 바라보는 데에는 이견이 없다. 육식에 대해서 부끄럼을 느끼는 사람들의 모습을 보면서, 생명살림의 한 해 2020년이 동물권 운동에서 새로운 전기와 도약의 시점이었음을 느낀다. 그리고 그 이후의 전환의 과정은 더욱 가속화될 것이다. 이는 개벽의 징후가 아니라, 이미 도래한 개벽이 아닐까?

사회의

— 제3부 —

전환

노멀화되어 가는
뉴노멀

일상과 평행해진 가상세계에서의 삶

이현진
연세대학교 커뮤니케이션대학원 교수

가상에 대한 새로운 발견

뉴노멀new normal.[*] '새로운 일상.' 2020년이 시작되고 얼마 지나지 않은 지난 2월 말부터 본격화된 팬데믹 상황 때문에 자주 듣게 된 말이다. 신조어처럼 출현한 이 단어의 정확한 의미를 이해하려 했던 시기를 지나, 한 해가 다 가도록 코로나가 쉽사리 종식될 수 있을지 알 수 없는 상황이 지속됨에 따라, 이제 코로나는 진짜로 '뉴노멀'이라는 단어와 같이 우리의 일상 속에 함께 가는 존재, 또 다른 일상으로 받아들여지게 되었다. 우리 삶 속에서 팬데믹으로 인해 변한 뉴노멀은 한두 가지가 아니지만, 그중 매체와 관련한 뉴노멀은 무엇일까? 필자는 그것이 가상에 대한 새로운 발견 또는 일상과 평행해진 가상세계와 더 친숙해진 상황이 아닐까 생각한다.

---

* 노멀(normal)은 보통, 평범한, 정상적이란 의미의 형용사 또는 명사로 쓰이는 단어다. 여기에 '새로운, 경험해 보지 못한' 등의 뜻을 가진 '뉴(new)'가 붙어서 '뉴노멀'이란 합성어가 생겨났다. 이는 '새로운 정상', '경험해 보지 못한 일상' 쯤으로 다소 어색하게 해석되지만, '사회적, 경제적 큰 변화로 인해 기존의 질서가 무너지면서 새로운 표준이나 기준이 생겨나는 현상'을 뜻한다. 코로나19 사태처럼 원하든 원치 않든 변화된 국면을 '정상적인 일상' 혹은 '새로운 질서'로 받아들여야만 하는 상황 아래 이러한 단어가 널리 쓰이게 되었다.

실제로 우리 일상은 많은 것이 변했다. 지난 9-10월 수도권 방역 2.5단계까지 올라갔던 코로나 상황은 1단계로 내려오며 생활방역 수준으로 낮춰졌다가 최근 다시 하루 신규 확진자 수가 300명 이상이 되며 또다시 기승을 부리기 시작했다. 아이들은 아직도 학교를 드문드문 갈 뿐이다. 올해 입학한 초등학교 1학년생들 대부분은 학교를 매일 당연히 가야 하는 곳으로 받아들이지 않을는지도 모른다. 초1뿐만이 아니다. 중학생인 첫째 아이는 얼마 전부터 다시 등교를 시작했지만 여전히 격주로 학교에 간다. 아침에 등교했어도 교내 확진자가 한 명이라도 나오면 곧바로 하교 조치되어 집에 돌아와 나머지 수업을 온라인으로 마무리한다.

초등생인 둘째 아이는 일주일에 두 번 학교에 가는데, 여전히 학교에서 친구들끼리 모여 수다 떨고 뛰어노는 것은 전면 금지된 모양이다. 그래서 올해는 새로운 친구를 한 명도 못 사귀었다고 울상이다. 등교일에도 딱히 학교 가는 즐거움을 크게 못 느낀다. 등교일은 오히려 아침에 일찍 일어나야 하고 준비하기 힘든 날일 뿐이다. 가을 운동회나 소풍도 올해는 당연하게 포기하고 있었는데, 며칠 전에는 현충원에 체험학습을 간단다. 줌 Zoom 으로 말이다. 줌으로 가는 체험학습이라니, 신기하지만 이도 곧 익숙해져야 할 수도 있겠다 싶은 생각이 들었다.

대학에 있는 필자도 아직 모든 수업은 물론 학생 면담과 학위논문 심사 모두 비대면 실시간 화상회의로 진행하고 있다. 학교 강의실 크기와 좌석 수 대비 수강생 수가 많아서 학교 방역 지침상 온라인 수업을 이어 가야 한다. 회사도 마찬가지인 듯하다. 직원 중 확진자가 나오면 회사는 바로 폐쇄되고 재택근무 명령이 떨어진다. 이렇듯 학생들의 학교 수업, 회사원들의 직장 업무 등 과거 그들 생활에서 가장 중심이 되는 업무를 온라인상에서 진행하거나 이어 가는 것이 이제 너무도 당연한 풍경처럼 되었다.

이런 온라인 비대면 생활 속에서 많은 업무는 디지털 기기를 통해 가상공간상에서 이루어진다. 학교 수업이 온라인으로 진행됨에 따라 초등학생까지도 노트북이나 태블릿 피시를 가져야 정상적으로 학교 수업을 따라갈 수 있는 상황이니 그야말로 일인 일 컴퓨터 시대를 맞이하게 된 듯하다. 실제 디지털 기기를 각자 소유하지는 않더라도, 적어도 이제 일반 초등생을 포함한 가족 구성원 모두에게 컴퓨터와 태블릿 피시 조작법은 많이 학습되어 익숙해졌다. 그뿐인가. 가족들은 삼시세끼를 챙기기 위한 장보기, 식사 주문을 스마트폰 앱이나 인터넷 쇼핑몰 등을 통해 처리하는데 이 역시 과거보다 놀랍도록 당연시되고 있다. 자연스레 디지털 기기를 통해 드라마 감상이나 뮤직비디오 등 동영상을 감상하며 혼자만의 취미 생활을 즐기는 것도 이제 하나의 일상이다.

4차 산업혁명과 문화기술학

2016년 다보스포럼*에서 전 지구적 사회가 '4차 혁명'이란 시기로 접어들고 있다고 소개된 후, 우리나라 언론과 학계에서도 4차 혁명이 크게 회자되었다. 하지만 정작 대다수의 사람들은 도대체 4차 혁명과 우리 삶이 무슨 연관이 있는지 피부로 느끼지 못했던 것도 사실이다. 가상현실Virtual Reality, VR이라든지 증강현실Augmented Reality, AR, 인공지능Artificial Intelligence, AI 등의 단어와 개념들은 여전히 낯설며, 이들은 구글의 알파고AlphaGo, 애플사의 시리Siri, 아마존사의 알렉사Amazon Alexa 등의 제품, 혹은 Xbox나 Play Station과 같은 글로벌 게임 회사들의 가상현실게임과 그를 위한 헤드셋HMD 등 유명 IT 기업들의 광고에서 보는 새로 출시되는, 신기한 상품 정도로 받아들일 뿐이었다.

그러나 코로나 이후 이러한 기술 매체에서의 뉴노멀 역시 급격하게 우리 삶 안으로 침투해 들어오기 시작했다. 최소한 온라인 가상환경 속의 삶이 우리의 현실과 일상 속에 그야말로 깊숙이 침투하여 평행하게 자리 잡게 되었기 때문이다. 우리 현실과 가상 위의 삶은 코로나로 인해 한껏 서로 가까이 이동했다. 그리고 우리가 이를 크게 인지하든 그렇지 못하든 간에 우리 삶은 이제 코로나 이전의 삶으로 돌아갈 수 없게 되어 버렸다.

---

* 세4차 산업혁명은 세계경제포럼(World Economic Forum, WEF)에서 2016년 클라우스 슈밥(Klaus Schwab)이 주창한 용어이다.

이와 같이 기술적 조건에 주목해 우리 사회의 문화를 이해하는 방식을 '문화기술학'이라 한다. 우리는 팬데믹 상황에서의 문화기술학, 특히 '미디어문화기술학'에 대해서 생각해 봐야 한다. 포스트 코로나 시대의 우리 인류는 이 시대의 기술 매체적 조건에서 어떤 문화적 변화를 만들어 갈 것이며 이는 또한 포스트 코로나 시대의 인류의 인식과 사유의 방식, 사상 등에 어떤 변화를 가져오고 있는지 말이다.

교육 환경의 가상화

앞서 말했듯 오늘날 대부분의 한국 가정에서의 모습은 오전부터 온 가족이 각자의 공간에서 컴퓨터를 마주하며 시작된다. 학생들은 줌 수업이나 인터넷 강의를 듣고, 엄마나 아빠들은 역시 온라인으로 업무를 본다. 아직도 기밀 유지가 필요한 심사나 회의는 대면이 요구되지만, 그 외 대부분의 면접, 자문회의, 심사 등은 줌 Zoom, 웨비나 Webinar, 구글밋 Google Meet 등을 이용한 비대면으로 전환되었다. 사실 팬데믹 전에도 교육에는 코세라 Coursera나 에덱스 edX, 무크 MOOC, Massive Open Online Course 등 전 세계의 좋은 강의들을 실시간 온라인 강의로 들어 볼 수 있는 환경이 넓게 마련되고 있었다. 교육 환경의 가상화는 단지 팬데믹의 상황 때문이라고만 할 수 없는 시대적 흐름이었다. 이러한 온라인 강의는 각각의 이용자가 서로 다른 커리큘럼을 소비할 수 있는 구조라는 점에서 그들의 큰 장점을 강조하며 확장되고 있었다.

그러나 팬데믹 이후 이런 온라인 강의는 너무나 급격하게 전국의 수많은 초중고와 대학교에서 실시하는 일반화된 형식이 되었다. 학교교육뿐만 아니라, 전국 곳곳, 세계 곳곳에서 진행되는 수많은 강연과 세미나 등이 줌이나 웨비나 형식으로 전환되면서 크게 공유되기 시작했다. 여러 기관들이 수많은 장소에서 진행하는 다양한 행사들, 특히 컨퍼런스와 심포지엄, 강연 등은 하루가 멀다 하고 앞다퉈 소개되고 있다. 또한 행사 후 이런 강의들의 다수가 편집되어 유튜브 등 온라인 동영상 플랫폼에서 공유된다. 많은 기관에서 오래 준비하고 재원을 들여 준비한 행사들을 더 많은 사람에게 시공간적 제약을 넘어 공유하고자 하기 때문이다.

최근에는 행사와 업무를 온오프라인으로 함께 진행하는 것이 디폴트default가 되어 가고 있는 듯하다. 이러한 행사는 온라인 생중계나 최소한 녹화 중계의 형식으로, 오프라인과 더불어 제공된다. 온라인 참여가 오프라인과 함께 수평적으로 이뤄질 수 있게 준비되는 것인데, 이런 다양한 온라인 행사의 장점은, 특히 과거 MOOC의 강의들에서처럼 코스 검색 및 로그인 등록, 코스 등록 등의 과정을 거치지 않은 채, 단지 이메일이나 카톡으로 날아오는 링크만 행사 시간에 맞춰 클릭하면 참석할 수 있다는 것이다. 주제와 강연자가 맘에 들고 호기심이 생기는 내용이고, 내 스케줄과 맞기만 하다면, 언제나 참여할 수 있는 기회가 제공되는 것이다.

이러한 상황의 변화는 정말 교육 기회를 더욱 가상화시켜 줌으로

써 기회 자체를 폭발적으로 다양하게 증가시키는 계기가 되고 있다. 필자도 지난 몇 개월간 외국에서 다양한 대학과 공공예술기관에서 제공한 실시간 강의나 녹화본을 보고 들을 수 있는 혜택을 누리고 있다. 오늘 오전에는 잠시 비는 시간에 광주에서 열리는 심포지엄 오전 세션에 잠시 들어가 몇몇 연사들의 강연을 들었고, 내일모레는 하버드대 강연도 시간 맞춰 청취해 볼 예정이다. 오늘도 하루 종일 학교 경영학과에서 마련했다는 강연, 지자체 기관에서 마련한 포럼, 예술기관에서 마련한 강연 등의 안내 메일이 쏟아지고 있다. 기회는 이제 널려 있으며, 마음만 먹으면 링크 한 번으로 접속하여 그러한 기회들을 탐색하고 참여할 수 있다.

공연과 전시의 가상화, 정동 affect의 공유

교실 수업과 컨퍼런스, 심포지엄 행사만이 온라인으로 변하는 것이 아니다. 전시와 공연도 팬데믹으로 인해 온라인으로의 전환이 절실히 요청되는 상황을 맞이하게 되었다. 코로나 초기였던 지난 2020년 3월 경, 전 세계인이 코로나로 인해 갑자기 격리되는 상황에 놓이며, 베를린 필하모닉 등 세계 수준의 오케스트라 공연이나 '태양의 써커스' 등의 공연 영상이 온라인으로 공유되었다. 세계적으로 권위 있는, 좀처럼 공짜로 보기 힘든 공연이 코로나로 지친 사람들의 마음을 달래 주려고 대중에 무료로 공유된 것이다. 물론 스마트폰을 통해 영상으로 보는 이러한 공연이 현장 공연 감상과 비할 바는 안 되지만, 이 역시 시공간을 뛰어넘어 유명한 공연을 무료로 볼 수 있는 선물 같은 기회로 여겨졌다.

그러나 일정한 지원금을 바탕으로 진행되거나, 무료로 공개되고 유포될 때 더 큰 의미를 가질 수 있는 강연이나 학술행사와 달리, 공연 예술의 온라인 전환은 생각만큼 간단한 문제가 아니다. 먼저 수많은 예술가들과 공연 관계자들에게 대면 공연과 전시는 그들의 생계와 직접적으로 연결되어 있다. 또 문화 예술의 향유 기회를 넓히는 것보다 중요한 게 현장 공연과 감상의 경험을 어떻게 온전히 가상화시킬 수 있느냐의 문제이다.

사실 관객이 없는 공연 예술이나 미술 작품의 갤러리나 뮤지엄 전시는 애초부터 상상하기 어렵다. 전통 연극의 3요소는 배우, 희곡, 관객이었다. 현대 예술 공연에서는 이들 세 가지 요소를 하나씩 실험적으로 비트는 급진적인 시도들이 진행되었다. 그리하여 이에 따라 장르도 세분화되고 포스트드라마틱 연극*과 같이 더 이상 희곡을 바탕으로 진행되지 않는 공연, 혹은 라이브니스 공연liveness performance과 같이 현장에 있는 관객과 더불어 네트워크로 연결된 다른 장소에 있는 관객을 대상으로 하는 새로운 형태의 공연들이 개발되고 있긴 했다.

---

* '포스트드라마 연극' 혹은 '포스트드라마틱 씨어터(Post-Dramatic Theater)' 개념은 독일의 한스-티스 레만(Hans-Thies Lehmann)이 제창하였다. 이는 1970년대부터 1990년대에 이르는 시기에 연극에서 발생한 변화와 특징을 설명하는 것으로 '희곡 이후의 연극'을 가리키는 시기적 구분을 넘어, 인식론적으로 '탈희곡적인 연극'을 말한다.

그러나 현대 공연이라 할지라도 관객이 없는 공연은 상상하기 쉽지 않다. 특히 팬데믹 상황에서 가상으로 옮겨지는 연극과 공연은 공연 자체의 시공간성을 어떻게 담아 내며, 그 현장감과 공연자와 관객 사이의 호흡과 정동을 어떻게 교환 전달할지 쉽게 답을 찾기 어렵다. 이는 예술의 경험이야말로 한 가지 감각으로 전달하기 어려운 다양한 공감각적 경험을 바탕으로 하며 우리의 감성을 추동시키고 발전시키는 고유한 경험이기 때문이다. 철학자 들뢰즈가 예술을 지각과 정동affect의 복합체로서 중시했듯이, 우리 사회에서 여전히 예술만이 지니는 고유한 영역이 있다면, 가상의 경험을 통해 그것에 어떻게 접근해야 할지 고민이 필요하다.

나아가 온라인상의 전시와 공연예술에서는 전통적 전시와 공연이 가지고 있던 '지금 여기here and now'의 체험 중 '여기here'가 사라지게 하기에 그 감상에서도 큰 차이를 가져올 것이다. 철학자 그레이엄 하먼Graham Harman이 그의 저서 『Art+Object』 2019에서 예술 작품의 체험은 예술 작품이라는 객체와 관객audience이라는 객체가 서로 만나 또 다른 새로운 객체, '뉴 오브젝트new object'를 생성하는 것이라고 했다. 가상으로 전달되는 전시 감상 경험, 공연 감상 경험에서 새로운 객체를 그것도 가상에서 어떻게 고안해 볼 수 있는지가 문제다.

하먼이 말한 예술 작품은 적어도 서로 접촉하고 대면하는 경험에 기초한다고 할 때, 언택트untact 시대의 예술, 팬데믹 시대의 예술은 어떠한 모습으로 발전할까? 관객과 예술 대상 간의 직접 경험이 만드는 새로운 아우라aura와 하먼식 '매혹allure'은 가상적 대면을 통해 어떻게 창출되고 전달되고 소비될 수 있을까? 과연 이러한 예술적 경험이 온라인상에서 어떻게 새로이 고안될 수 있을지 고민은 깊어진다. 따라서 현재 각종 공연과 전시가 가상공간으로 이동하는 부분은 무엇보다 수많은 관점과 사례들이 모아지고 탐색되어야 하는 문제이다.

한편, 여기서 이러한 가상공간을 매개로 한 정동의 공유의 측면에서 한 가지 염두에 두어야 할 점은 오늘날의 관객은 과거의 관객과는 동일하지 않다는 사실이다. 최재붕 교수의 말처럼 오늘날의 관객은 '포노사피엔스'[*]로 변해 가고 있다. 오늘날 스마트폰 문화에서 많은 사람들은 여행을 가서도 눈앞에 펼쳐진 장대한 자연 풍경을 두고 이를 눈으로 담아 내고 감상하려 하기보다는 핸드폰으로 담아 내는 데 바쁘다. 미술사학자 데이비드 조슬릿도 오늘날 관객들이 갤러리나 뮤지엄에서 명화나 실제 그림을 앞에 두고 핸드폰 스크린을 통해 그림을 보는 점을 짚으며 현대 회화적 경험의 변이를 지적하고 있다.[**] 실제를 눈앞에 두고, 더욱이 그 실제와의 대면을 위하여 금전적 시간적 투자를 하고선, 드디어 마주한 실제를 또다시 핸드폰의 스크린을 통해 담아 내려는 오늘날 현대인의 심리를 보자면 알쏭달쏭하다.

---

[*] 최재붕, 『포노사피엔스: 스마트폰이 낳은 신인류』, 쌤앤파커스, 2019.

[**] David Joselit, "Making, Scoring Storing, and Speculating (on Time)", in *Painting beyond Itself: The Medium in the Post-medium Condition*, eds. Isabelle Graw and Ewa Lajer-Burcharth, Sternberg Press. 2016. pp.11-20.

회화 감상뿐만 아니다. 지난 세기 동안 블랙박스 영화관이라는 공간에서 다중의 감상자들과 함께 감상하는 영화 관람의 문화는 영화라는 매체성을 형성하는 데 중요한 요인이었다. 그러나 오늘날 가상공간상의 동영상 플랫폼인 넷플릭스Netflix나 유튜브YouTube, 왓챠Watcha 등에서는 이러한 영화의 매체성이 점차 변화되어 가고 있다는 것을 실감할 수 있다. 침대나 소파에 드러누워 스마트폰의 작은 화면을 통해 홀로 감상하는 영화는 더 이상 어두운 공간에서 함께 보는 문화 체험 형식과는 거리가 멀다. 무엇이 영화이고 영화가 아닌지는 이제 변화하는 영화 관객의 영화에 대한 관념의 변화를 통해 달라질 것이다. 핸드폰을 통해 보는 영화, 스크린을 통해 보는 회화와 공연 등은 단지 그 사진이 인스타그램Instagram용이라고 간주하기보다는 어쩌면 발터 벤야민의 아우라적 속성 앞에 한없이 '여기와 현재here and now'를 거머쥐고 구속하려는 소유의 욕구가 앞서기 때문이 아닐까 싶지만, 어쨌건 핸드폰으로 감상하는 예술과 자연은 단지 코로나가 아니어도 스마트폰 기술 문화로 인해 이미 변화하기 시작한, 예술과 접하는 새로운 태도일 수 있겠다. 공연 예술이나 전시도 이처럼 팬데믹이 가져온 또 다른 가상으로의 이동에 언젠가 너무나 자연스럽게 잘 적응하는 날이 올 수도 있겠다.

포노사피엔스, 글로벌 빌리지

위에서 핸드폰 영화 감상에 대해 말했지만, 사람들은 이제 여가 시간에도 밖에 나가 사람 만나는 것을 자제한다. 스마트폰이나 컴퓨터로 가상세계에 접속하여 각종 온라인 콘텐츠를 소비하는 것을 오히려 맘 편히 여긴다. 스마트폰 사용자가 급격하게 증가함에 따라 수많은 동영상 시청 플랫폼이 나오고 서비스가 제공되기 시작하였고, 이러한 여가 풍경의 변화는 팬데믹으로 인해 더욱 깊숙이 자리 잡게 되었다. 이는 전 세계적으로 기술 사회의 변화에 친숙할수록 유사하게 전개되는 모습인데, 이제 유튜브YouTube 등 몇몇 큰 플랫폼들에서 주목받는 콘텐츠는 전 세계의 인구가 동시에 접속하여 시청하는 콘텐츠가 되었다. 온라인 미디어 플랫폼인 넷플릭스Netflix는 새로운 콘텐츠를 세계 각국에 동시에 올리며, 어떤 지역에서 어떤 콘텐츠가 인기가 있는지 분석해주기도 한다.

이렇게 가상세계에서의 콘텐츠 시장을 중심으로 벌어지는 변화들을 지켜보노라면, 과거 1960-1970년대 마샬 맥루한Marshall McLuhan이 인공위성 TV 매체의 등장을 보며, '지구촌Global Village'이라고 말한 것이 더욱 심화되어 다가오는 것이 아닌가 싶다. 그리고 지구촌이 더 이상 지역적으로 분리된 것이 아니라 온라인 가상을 통해 하나로 연결된, 시공간을 초월한 하나의 문화권 안에 들어오게 되었다고 느껴진다. 그야말로 전 지구적 문화 콘텐츠에 대한 동일 문화권이 형성되고 있기 때문이다. 우리나라에서 제작된 드라마나 다큐멘터리 등의 영상 콘텐츠를 다른 나라 친구들이 먼저 보고 역으로 우리에게 추천해 주는 정도에 이르렀다.

이러한 전 지구적 문화권을 느끼고 발견케 되는 또 다른 측면은 글로벌 팬덤 문화이다. 팬데믹 상황에서 수많은 사람들이 핸드폰과 컴퓨터 등을 통해 각 가정에서 개인적으로 온라인 영상 문화 콘텐츠를 접속하고 감상하는 형태로 바뀌며, 유튜브 조회 수는 전례 없이 새로운 신기록들로 갈아치워지고 있다. 대표적인 예로 방탄소년단BTS, 블랙핑크 등 아이돌 그룹의 싱글이나 앨범은 유튜브에 공개되자마자 몇 시간 만에 몇억 뷰가 달성되었다. 이는 전 세계적인 한류 열풍이 원인이기도 하지만, 팬데믹이라는 상황이 적지 않은 영향을 미쳤음도 부인할 수는 없다. 또한 파생 콘텐츠로서 이러한 가수 그룹들이 올리는 새로운 영상 콘텐츠에 대한 수많은 리액션 비디오reaction video도 만들어지며, 덩달아 높은 조회 수를 기록하고 있다. 실제 오늘날 가수나 가수 그룹의 팬덤이 조회 수에 막대한 영향을 주며, 이러한 영향력이 과거보다 비즈니스적 측면에서 크게 중시되는 상황에서 많은 뮤지션과 가수 그룹의 디지털 싱글 앨범 발매 시점이 과거와 달라졌다는 말도 들린다. 아시아의 경우, 북미 유럽 등의 세계와 동떨어진 시간대가 아니라, 금요일 오후 2시 등으로 발매 시간을 바꿔, 앨범 발매와 공개를 전 세계인이 함께 기다리고 지켜보도록 바꿨다는 것이다. 이처럼 오늘날 소셜 미디어로 인해 지구적 시공간은 과거에 비해 더욱 촘촘해지고 있다. 이러한 전 지구적 문화권의 경험은 가상공간 안에서 공동의 경험을 재구성한다는 점에서 의미가 있다. 글로벌 유대감이 문화를 통해 형성되고 있기 때문이다.

공통의 붕괴

미국의 디지털 미디어 학자인 제이 볼터 Jay Bolter 는 *The Digital Plenitude* 2019 에서 디지털 미디어의 확산으로 예술 창작과 경험의 기회가 균등해지고 평평해지고 있는 현상을 긍정적으로 보았다. 과거 모더니즘 시대의 예술이 엘리트 취향을 지닌 사람들만 소비할 수 있는 고급문화였다면, 디지털 뉴미디어 시대는 예술 개념과 취향이 대중적으로 변했음에 주목한 것이다. 이는 누구나 창작하고 소비할 수 있는 편안하고 소박하고 다양한 형태의 문화 예술 취향과 유연해진 사고에 주목한 것인데, 이러한 측면에서 그는 예술이 대중화되었고 민주화되었다고 본다.

그러나 한편, 볼터는 예술에서의 이러한 변화는 긍정하지만, 이러한 대중화가 정치적인 면에서 발현될 때 포퓰리즘의 형태로 나타나는 것에 대해서는 심각히 경계한다. 볼터는 특히 2016년 미국 대통령 선거에서 트럼프가 트위터 Twitter 를 통해 펼친 '트위터 정치'가 가져온 변화를 단절과 파편화의 관점에서 논한다. 또한 이러한 파편화된 정치적 뉴스와 이에 대한 대중의 의견이 결국 정제되지 않고 지극히 감정적이며, 진위를 파악하지 않고 내뱉는 가짜 뉴스와 정보들을 만들어 내고 있음을 지적한다. 그 결과 분절된 내러티브, 그리고 극도로 자극적인 국민 정서를 만들어 내는 데 일조한다는 것이다.[*] 이는 위에서 말한 문화를 통한 정서적 취향적 연대와 전 지구적 문화권의 공동 경험과는 사뭇 상반되는 모습이다.

사실 근래에 우리는 소셜 미디어 등과 같은 디지털 가상세계 속에서 비슷한 생각을 가진 사람들끼리만 모이게 되는 현상에 대한 우려를 매우 빈번하게 마주하게 된다. 미국만이 아니라, 우리 사회에서도 이러한 모습을 찾는 것은 그리 어렵지 않다. 소셜 미디어가 사용자의 생각과 취향을 읽고 이에 유사한 뉴스 기사와 상품 등의 정보를 추천하는 알고리즘을 사용하기 때문인데, 이를 '필터 버블filter bubble'이라고 한다. 소셜 미디어는 이러한 버블 효과를 통해 사람들에게 원래 가지고 있던 자신의 생각과 신념을 확인하려는 성향을 만들어 준다. 이는 '확증편향confirmation bias 혹은 myside bias'이라 일컬어지는데, 사람은 본능적으로 보고 싶은 것을 보게 되며, 어떤 가설이나 명제가 주어지면 스스로 그것이 옳음을 증명하는 증거를 찾기 마련이라는 것이다. 그리고 그 결과는 다양한 정치 사회적 분열의 형태로 드러난다.

남녀 간, 세대 간, 인종 간, 정치적으로 좌우 간의 갈등의 골은 오늘날 유례없이 점점 더 깊어지고 있다. 지난 수개월 미국 사회에서 인종주의racism로 인해 생기는 여러 사회문제와 갈등의 양상들은 이를 잘

---

[*] Jay David Bolter, *The Digital Plenitude: The Decline of Elite Culture and the Rise of New Media*, MIT press, 2019.

대변해 준다. 서로가 다름을 인정하지 못하고, 자신의 옳음만을 주장할 뿐, 다양성의 공존을 억압하고 통제하려는 방향으로 사회화가 진행되는 것은 오늘날 가상세계 속 끼리끼리의 믿음 공유를 통해 심화되는 현상이다. 오늘날의 가상공간은 그 안에 다양한 커뮤니티를 만들어 내고 있지만, 이들은 서로 비슷한 종류의 사람들끼리 만나는 공간이 되면서 점점 더 함께 모여 유사한 생각을 키우는 세상으로 치닫게 만들 수도 있다. 사람들에게 서로 다름을 찾을 수 있는 기회를 박탈시켜 버리며, 인간을 점점 더 소외시켜 가고 있기도 하다.

심리학자 셰리 터클은 『*Alone Together*』 2010라는 책에서 디지털 미디어, 혹은 가상공간에서 커뮤니케이션의 기회를 제공하는 미디어가 가져올 수 있는 폐해를 소개했다. 터클은 오늘날 사람들은 소셜 미디어 등 가상공간 속 삶의 연결을 얻는 대신, 실제 세계에서의 진정한 대화를 잃고 있으며, 대화하는 스킬마저도 잃고 있다고 우려했다. 그는 페이스북 Facebook과 트위터 Twitter 등은 마치 가상의 존재 혹은 기계가 나의 생각을 충실히 들어주는 듯 착각하게 만드는 자동 청취자일 뿐이라 말한다. 소셜 미디어, 소셜 네트워크는 내가 사회와 친구들에 긴밀히 연결되어 있다고 느끼게 만들지만, 이는 환상일 뿐이다. 인간은 매우 연약한 존재이며 쉽게 외로움을 느끼는 존재이기 마련인데, 오늘날의 현대인들은 점점 대화를 잃어 가고 상대와의 깊은 친밀함은 두려워하며, 오직 적당한 거리를 둘 수 있는 기계를 통해 가짜

공감을 구걸하게 되었다고 한다.[*]

팬데믹 상황은 많은 이의 삶 속에 이러한 다면화된 가상공간을 옮겨 놓고 있다. 따라서 우리는 이러한 상황에서 우리 스스로를 잘 지켜 내고 반성적으로 성찰해 봐야 한다. 건축가 유현준은 가상세계의 커뮤니티에서 보내는 시간이 많은 오늘날과 같은 비대면 사회에서는 공원 산책 등 서로 다른 사람을 강제적으로 만날 수 있는 구조가 더욱 중요해진다고 주장했다. 이러한 공간과 대면 방식으로라도 다른 사람들의 생각과 삶을 들여다볼 수 있는 기회를 마련하라는 것이다. 이렇듯 우리는 가상화된 삶 가운데 현실 삶 속에서도 다시 균형 잡힌 삶을 이루고자 노력해야 할 필요가 있다.

노멀로 복귀될 수 없을 법한 뉴노멀

앞서 말했듯이, 팬데믹 초기에 뉴노멀의 상황이 임시적이고 불가피한 것이라는 인식에서 이제 점차 뉴노멀이 노멀화되는 상황으로 변화되고 있다. 팬데믹 상황이 길어지면서 이제는 앞으로 이 상황이 정리되고 극복될 때 과거로 돌아가야 할 부분, 그리고 새로운 노멀이 가져온 긍정적 측면이 있다면 여기서 유지시켜 가야 할 부분은 무엇인지를 생각해 봐야 한다.

---

[*] Sherry Turkle, *Alone Together: Why We Expect More from Technology and Less from Each Other*, Basic Books, 2012.

물론 아직 우리는 장기간의 코로나 피로에서 벗어나 대면 미팅, 현장 수업, 공연 관람과 현장 세미나 참석 등 직접적 접촉을 갈망하는 마음을 갖고 있는 것도 사실이다. 지난 몇 주간의 5인 이상 집합금지 명령은 이러한 향수와 열망을 한없이 증폭시켰다. 대다수의 사람들은 코로나 종식의 순간과 함께 집 밖으로 달려 나가 친구들과 반갑게 만나 어울리고자 한다. 그러나 앞서도 말했듯이, 실제 오늘날 초등학교, 중학교 학생들에게 학교는 당연히 가야 하는 곳이 아니게 점차 바뀌어 가고 있다. 많은 학생들과 동료 교수들의 경우, 다음 학기에 코로나가 종식된다면 대면과 비대면 수업 중 어떤 것을 선택할까 라는 질문에, 분명 지난 몇 개월 전처럼 더 이상 쉽게 답하지 못하고 있다. 실제 코로나 이후에도 대면을 강력히, 간절히 요구하는 사람들 수가 전과 비교해 현저히 줄어들고 있다.

아마도 이러한 이유는 과거의 매일 등교하고 출근하던 삶을 이제는 우리 몸이 다시 기억하고 적응하기 어려울 정도가 되어 버린 것 같다는 느낌 때문이기도 할 것이다. 아이들을 보더라도, 줌이나 온라인 수업을 듣는 날에 비해 다음 날 오프라인 수업이 예정되면 긴장감은 배가 되며, 실제 오프라인으로 학교를 다녀온 날은 심신이 지치고 피로함을 크게 느낀다. 또한 지난 2월 코로나 상황 이후 왕복 두세 시간을 통학, 출퇴근을 위해 거리에서 소비하던 시간이 온전히 또 다른 생산적인 일이나 여가 활동으로 돌릴 수 있는 기회로 인식되고 있기 때문이기도 하다. 실제 나는 이전의 다른 글에서 팬데믹 상황이 각 개인의 생산성을 엄청 늘릴 수 있을 것이라 예측하였는데, 이러한 현상이 실제 가시적으로 드러나고 있기도 하다. 이처럼 현재는 이미 이러한 시간적 활용이 일상화되어 버린 나머지, 과거에 대면 활동을 위해 소비한 시간 대신 비대면으로 확보한 시간들 속에 이미 다른 일거리들이 빼곡빼곡 채워져 과거로의 복귀를 상상하기 어렵게 되었다.

또한 이제 비대면 생활에 익숙해져서 더 이상 그 이전으로 돌아가는 삶이 두려운 부분도 있다. 또 그간 많은 이들이 사회생활을 하며 외모나 차림에 대해 신경 썼던 스트레스가 코로나 상황에서 마스크 착용이나 비대면 상황으로 인해 많이 사라졌다는 이야기도 있는데, 마스크 뒤의 민낯의 편안함은 어쩌면 마스크를 벗고 다니는 사회가 두렵게 느껴지게도 만드는 모양이다. 우스갯소리로 의류 판매에서 바지 소비가 줄어든다든지, 팬데믹으로 재택근무가 늘며 양모 양복 수요가 사라진다는 이야기, 그리고 옷 소비가 줄어들고 미용실 이용도 예전과 같지 않다는 이야기들은 시간적 효율성 외에도 여러 가지 편의성과 습관화되어 버린 새로운 일상으로 인해 이제 과거의 노멀과 뉴노멀 중 무조건 과거로의 복귀가 우선시되지 않게 된 것들을 생각해 보게 한다. 과거에 디폴트default였던 일상이 이제 더 이상 디폴트가 아닌 것이다.

한편, 코로나가 일 년 가까이 지속되고, 이제 사계절이 한 바퀴 돌며 또다시 추운 입시철을 맞이한 요즘, 코로나 상황이 지속되면서 여러 학교에서 대학원 입시율이 요 몇 년 동안과 비교해 유례없이 높아졌다는 소식이 심심치 않게 들린다. 대학을 마치고 외국 유학을 나가기 어려워진 형편도 한몫하겠으나, 경제가 어려워지고 회사도 덩달아 힘들어지면서 신규 채용이 줄고 실직자는 늘어나는 상황, 혹은 많은 회사가 재택근무 시스템으로 바꾸고 있는 이 기회에 학업을 잇고 학위도 얻으려는 셈법 등 대학원 지원자들이 몰리는 이유를 분석해 볼 수 있다. 이와 같이 학교와 회사가 바뀌는 상황은 어찌 보면 여러 가능한 형태와 방식으로 가상의 교육을 제공받을 수 있는 기회와 온라인상에서 양질의 교육 자료를 찾아 공부할 수 있는 기회가 증가된 오늘날의 상황과는 반대로 가는 것이 아닌가 싶기도 하다. 하지만, 여기에서도 일부 이유는 온라인에 기반을 둔 수업과 학위 취득이 가능해지며 생긴 변화이기에 단순히 온라인과 오프라인 교육의 문제를 쉽게 비교할 수는 없겠다는 생각도 든다.

이처럼 가상의 삶이 현실의 삶 속에 침투해 오면서, 혹은 이들이 서로 평행해지면서 생기는 긍정적인 면과 부정적인 면을 하나하나 꼼꼼히 재고해 보게 된다. 그리고 언택트, 비대면의 부정적인 부분은 개선을 모색해야 하지만, 비대면의 삶이 강제적으로 바꾼 삶의 모습 중 긍정적인 부분은 계속 유지해 나갈 필요도 생각하게 된다. 그리고 이제 이들을 적절히 섞어 좀 더 조화롭고 현명하게 대처할 필요도 느낀다.

이제 코로나19가 가져온 실제와 가상의 마주함은 비단 개인적 삶 차원에서의 변화가 아니다. 지난 2020년 4-5월, 한창 코로나가 확산되고 있던 시기, 한국 정부는 '그린 뉴딜green new deal'과 함께 원격근무,

비대면 비즈니스, 온라인 교육 강화 등을 골자로 한 '디지털 뉴딜digital new deal' 정책을 발표했다. 교육 인프라의 디지털로의 전환, 특히 초중고 디지털 기반 교육 인프라 조성 및 전국 대학과 직업훈련기관에서의 온라인 교육 강화 등이 그 하나이며, 국민 생활과 밀접한 분야에서 Data·Network·AI로 대변되는 D.N.A. 생태계 강화 등을 통해 데이터의 구축, 개방, 활용 등을 모색하는 것이 또 다른 큰 줄기였다. 이러한 정부 차원에서의 정책적 시도가 맞물리게 되면, 이제 온라인과 대면이 공존하는 형태, 함께 제공되는 형태는 더욱 가속화되어 정교하게 개발되고, 제공될 것이다. 이렇게 되면, 4차 혁명 속 가상현실, 증강현실, 혹은 혼합현실 등은 우리 삶 한가운데 점차 공고히 자리 잡게 될 것이며, 가상의 삶은 성큼 더 우리 곁에 다가와 있을 것이다.

마을공화국에서
지구연방까지

이군일민=君─民 마을공화국
지구연방을 상상에서 실천으로

임진철
청미래재단 이사장

'전쟁 없는 유럽'을 만들자!

이것은 유럽연합 창설을 주창한 장 모네 Jean Monnet, 1888-1979의 슬로건
이었다.

당시 이 슬로건은 지긋지긋한 전쟁과 분열에 지친 유럽인들의 염
원을 담은 한 지식인의 소셜픽션 Social Fiction이었을 뿐이었다. 많은 사
람들은 터무니없는 망상이라 했다. "배꼽위에 기와집 짓는 짓거리, 그
만 집어치우라!"라며 야유하고 조소했다. 하지만 시간이 흐르면서 이
슬로건은 유럽인들의 집단 상상력을 사로잡았고, 수십 년 뒤 유럽연
합은 창설되어 '전쟁 없는 유럽'이 되었다. 신념에 찬 한 지식인의 '어
떤 세상에 살고 싶은지'에 대한 대담한 상상과 열망이 결국 '전쟁 없
는 유럽'으로 가는 변화의 첫걸음을 만들었던 것이다.

'전쟁과 분쟁이 현저히 줄어드는 세상'은 가능하다

'전쟁과 분쟁 없는 세상'을 만들자!

불가능할까? 불가능하다고 할 수도 있을 것이다. 하지만 '전쟁과
분쟁이 현저히 줄어드는 세상'을 만드는 것은 가능하다.

전쟁이란 이름의 거센 바람은 우리 인간의 평화로운 삶을 송두리

째 흔들어 대는 악마의 블랙홀과 같다. 그런데 인류의 역사는 전쟁의 역사라고 해도 될 만큼 전쟁은 인류 역사와 함께해 왔다. 그래서인지 사람들은 흔히 전쟁을 '싫지만 피할 수 없는 필요악'으로 생각한다.

과연 그럴까? 끔찍하고 무모한 전쟁이 계속 일어나는 까닭은 무엇인가? 무한 경쟁과 승자 독식의 자본주의 메카니즘과 경제성장 이데올로기가 작동하기 때문이다. 그뿐만 아니라 구체적으로 전쟁을 통하여 이익을 얻는 사람이나 집단이 존재하기 때문이다.

현대에서 전쟁이 자주 일어날수록 이익을 보는 것은 바로 군수산업체와 무기 수출국들이다. 이들은 지속적으로 전쟁과 분쟁을 만들어내야만 존속할 수 있다. '죽음의 상인'이라 부르는 거대 군수산업체의 규모는 상상을 초월할 만큼 천문학적이다. 아이러니컬하게도 무기 수출의 80퍼센트 이상은 세계의 평화를 수호하기 위해 세워진 국제연합UN의 안전보장이사회 상임이사국, 즉 미국·영국·프랑스·중국·러시아와 같은 강대국들이 주도하고 있다.

지금도 발칸반도와 한반도는 유럽과 동북아의 화약고로 잠재되어 있으며, 터키와 쿠르드족 간의 분쟁은 계속되고 있고, 이스라엘과 팔레스타인 사람들의 오래된 분쟁도 끊임없이 뉴스에 오르내리고 있다. 지금 이 시간에도 중동 지역과 아프리카 등지에서 전쟁이 벌어지고 있으며, 크고 작은 지역 분쟁도 전 세계에 걸쳐 수십 개에 이른다. 그 사이 셀 수 없이 많은 시민이 죽었고, 전쟁 난민만도 수천만 명을 웃돈다. 그 가운데 절반 이상이 아이들이다. 어른들이 일으킨 전쟁의 소용돌이에 휘말려 죄 없는 아이들이 숱하게 목숨을 잃고 난민이 되어 낯선 땅을 헤매고 다닌다. 심지어는 소년병이 되어 총을 메고 다니며 자신의 행위가 무엇을 의미하는지조차 모른채 사람을 향해 쏜다.

이러함에도 불구하고 끊임없이 계속되는 전쟁을 막고 평화를 지키려는 인류의 노력도 꾸준히 이어져 왔다. 처음에는 전쟁의 피해를 줄이기 위한 개인적인 구호 활동이 대부분이었다. 하지만 차츰 그 한계를 깨달은 사람들은 서로 연대하여 본격적으로 전쟁에 반대하기 시작하였다. 20세기 초의 적십자 운동이나 제1차 세계대전 후 맺어진 '전쟁을 하지 않겠다'는 조약 그리고 반전반핵평화군축운동도 이러한 노력의 결실이었다.

아예 군대를 보유하지 않은 나라들도 있다. 전 세계에 군대 없는 나라가 코스타리카, 아이슬란드, 그린란드 등 30여 개나 되는데, 1949년에 군대를 없앤 코스타리카가 대표적이다. 코스타리카는 군대가 있던 자리에 학교와 도서관을 세웠다. "좋은 전쟁도 없고, 나쁜 평화도 없다."라고 굳게 믿으며 전 세계가 주목하는 평화를 일구며 본받을 만한 민주주의 국가를 만들어 왔다. '전쟁 없는 세상'이 결코 꿈이 아니라는 작은 희망을 보여주고 있다.

'살인마'로 불렸던 외잘란, 무력 버리고 자치공화국 네트워크 꿈꾸다

《한겨레신문》 2020년 9월 26일 자 〈박홍규의 이단아 읽기〉는 "20년 감옥의 쿠르드족 지도자 압둘라 외잘란, 무력 버리고 '민주연합' 꿈꾼다"

라는 제목으로 쿠르드족의 향방을 알리며 인류사의 새로운 작은 희망을 알렸다. 왜냐하면 그것은 지긋지긋한 살육의 악순환을 끊고 공존과 상생의 공동체 만들기의 시작이었기 때문이다. 그것의 내용은 민주적 민족과 민주연합체주의 그리고 여성해방모성사회 질서이었고, 그것의 합리적 핵심은 "나는 독립국가를 원하는 것이 아니라 쿠르드족의 자치와 자치마을공화국 간의 민주적 네트워크 연방을 원한다."이다.

압둘라 외잘란은 쿠르드 노동자당을 창당하고 이끌며 무력 투쟁 노선으로 싸우다가 수감되었다. 마르크스·레닌주의 이념에 철저했던 그가 아나키 민주주의와 연방 원리로 쿠르드족을 이끈다는 구상은 놀랍고 세계의 주목을 받을 만하다. 그는 "여성의 자유가 고국의 자유보다 소중하다."고 주장한 최초의 쿠르드족 민족해방 지도자이기도 하다. 쿠르드족의 여성은 테러 조직 IS와 항전을 펼친 여성 전사로 유명하다. 이것이 가능케 했고 이슬람 문화권에서 드문 여성 해방을 이루는 데 밑바탕이 된 것은 압둘라 외잘란의 여성해방 사상이었다. 지금의 압둘라 외잘란은 쿠르드족의 분리 독립이나 무장투쟁을 주장하지 않는다. 그는 민족이 국가를 이루어야 한다는 고정관념에서 벗어나 기존 국경과 국민국가를 인정하는 정치적 해법인 민주적 연합체주의를 제시한다. 이는 피어린 쿠르드족 분리독립국가 운동 속에서 새로운 정치적 상상력과 전환이 작동하고 있음을 보여준다.

한때 그는 '피의 살인마'로 불릴 정도로 쿠르드 노동자당의 많은 반대자들을 무자비하게 살해했다. 그렇게 무자비한 살육 전쟁을 벌였던 외잘란은, 이제 무력 전투의 시기는 지났다고 선언하고 쿠르드족 문제에 대해 정치적 해결책을 찾아야 한다고 주장해 세상을 놀라게 했다. 마르크스·레닌주의와 스탈린주의를 포기하고 민주연합주의라는 독창적 사상을 전개하며 그 실천적 해결의 방도를 제시한 것이다.

그가 주장하는 민주연합주의란 민족과 국가라는 두 개념을 분리하고, 국가, 자본주의, 가부장제를 부정하는 정치를 전제로 한다. 국가 건설을 사회 건설로 대체하고 민족국가 패러다임을 벗어난 급진적 민주주의를 전제로 한 연합주의로 민족국가를 대체하자는 것이다. 그의 '민주적 연합'은 마을자치위원회평의회들이 수평으로 연합한 연합의 연합으로서 국가 없는 연대사회체 구상으로서의 민주연합 즉 마을공화국 네트워크 연방이다. 이는 '민주적 자치'를 가능하게 하는 수단으로서, 실제로 지역공동체의 자치정부 위에 건설되고 열린 의회, 마을의회, 지방의회, 더 큰 의회 등의 형태로 다양하게 조직된다. 민주연합은 민선으로 선출된 여러 행정위원회의 연대조직으로서, 지역공동체가 그들의 자산에 대해 자율적인 통제권을 행사하는 한편, 위원회 네트워크를 통해 다른 지역공동체와 서로 연결된다.

인디언 사회의 아나키 민주주의야말로 인류 최초의 민주주의

눈을 돌려 아메리카 인디언 사회를 보자.

일반적으로 서양을 중심으로 한 역사는 인류 문명의 시원을 수메르 문명에 둔다. 그러나 한국의 『환단고기』와 몽고·러시아·카자흐스탄

등의 고대 민족 족보서를 근거로 한 학자들은 파미르고원과 바이칼호 일원에서 발원한 알타이어계 12환국 桓國 연방이 인류 문명의 시원이라 주창한다. 수메르문명 제국은 12환국 桓國 연방의 한 분국인 '수밀이국'이 메소포타미아 지방으로 이주하여 건설한 제국인데, 이주하게 된 이유는 환국말기인 약 6천 년 전에 인구가 증가하고, 기상이변으로 인하여 시베리아 지역이 점점 추워졌기 때문이라고 설명한다.

이때 '수밀이국'만 이주한 것이 아니라 12환국 상당수가 대이동을 하였는데, 이들은 이동 경로에 따라 오늘날 세계 민족의 뿌리가 되었다고 설명한다. 태백산백두산에 자리 잡은 무리들은 환웅의 배달국한민족, 삼위산 방면 몽고 초원은 몽고족, 삼위산김숙성 돈황현의 납목동굴 지역은 중국한족반고씨, 메소포타미아 지방은 수메르 제국, 베링해협을 건너 아메리카 대륙에 자리 잡은 무리는 오늘날 아메리카 인디언이라는 설명이다.

박홍규 교수는 그의 저서 『인디언 아나키 민주주의』에서 "어떤 차별도 권력도 없이 각자가 주인인 세상, 이러한 세상을 영위했던 인디언 사회의 아나키 민주주의야말로 인류 최초의 민주주의였다."라고 설명했다. 민주주의의 원형은 노예제 기반의 그리스 아테네 민주주의가 아니라 인디언 아나키 민주주의였고 그것이 진정한 민주주의라는 것이다.[*]

---

[*] 『인디언 아나키 민주주의:인디언에게 배우는 자유, 자치, 자연의 정치』, 박홍규, 홍성사, 2009.

'인디언 아나키 민주주의'란 국가와 지배자, 시장과 착취, 계급과 차별에 대항하며 국가를 거부하는 인디언의 민주주의를 말한다. 그리고 그것은 인간의 자유와 사회의 자치, 그리고 자연과의 조화를 근간으로 한다. 인디언이 국가를 만들지 않은 것은 인디언의 이러한 지향을 짓밟는, 즉 "사회로부터 분리된 권력"의 탄생을 바라지 않았기 때문이다.

인디언 아나키 민주주의가 서양에 의해 '발견'되고, 1776년 미국 독립과 1791년 미국 헌법, 그리고 1789년 프랑스혁명과 현대까지 이어지는 민주주의와 사회주의, 페미니즘과 에콜로지 사상에 영향을 주었다는 것은 그동안 우리가 알고 배워왔던 '상식'을 재점검하게 한다. 서양이 인디언에게서 민주주의를 배웠건만 오히려 우리는 민주주의가 서양 전통에 의한 것이라고 생각한다. 그리고 인디언의 문화를 야만 혹은 신비로 치부한다. 그러나 인디언은 현실의 삶을 국가나 권력 없이 자립과 자족에 근거한 자유-자치-자연에 따라 치열하게 영위한 민족들이다. 이러한 인디언의 아나키 민주주의는 어쩌면 수천 년 전 우리 한민족의 선조와 함께했던 알타이어게 12환국연방 전통과 동이한민족의 홍익인간 이화세계 이념과 문화 그리고 화백합의제 민주주의와 잇닿아있는지도 모른다.

오늘날 우리가 '인디언'으로부터 떠올리는 이미지는 대체로 한정적이다. 흑인, 동양인, 히스패닉을 비롯한 미국 사회 내의 소수 인종들이 비록 전형적인 모습일지라도 미국 미디어에 등장하는 것과 비교한다면, 북아메리카 인디언들의 존재는 아주 미미할 뿐만 아니라

거의 지워진 것이나 다름없어 보인다. 하지만 '인디언'은 지금도 미국이라는 연방제 국가에서 500여 개의 인디언자치공화국 '네이션Nation'을 형성하며 독자적인 사회를 이루어 살아가고 있다.

네이션은 일종의 자치공화국으로, 독립된 국가이면서 대내적으로 한정된 자치권을 가지는 '국가 내 국가' 형태의 공화국을 일컫는 용어이다. 자치공화국이 우리나라의 시·도와 같은 행정구역과 다른 점은 자치공화국에서는 사회적 공통 자본이나 교육·의료·금융 등의 제도 자본과 같은 공동 자산을 공공적으로 관리한다는 사실이다.

오늘날 자본에 의해 파편화되어 각자도생 모래알 사회와 착취와 자기 착취의 피로사회를 살아가는 현대인들은 인디언 사회에 주목해 볼 필요가 있다. 공동 자산의 상품화가 전 지구적으로 진행되는 시점에서, 인디언의 자치와 사회적 우정 기반의 공동체는 현대사회와 국가의 운용 체계를 되돌아보며 새롭게 나아갈 방향과 역할을 일깨워 주기 때문이다.

'애국자 없는 세상'과 지배 착취 없는 유토피아 가능한가?

오늘날 한국은 분단 체제하에서 북미 간의 샅바 싸움이 튕겨져 언제 전쟁이 일어날지 모른 채 핵폭탄을 머리에 이고 사는 나라이다. 이런 나라에서 가위눌림을 당하며 삶을 살아 내는 시인 권정생은 '애국자 없는 세상'이 '전쟁 없는 세상'을 만들 것이라는 역설적인 정치적 상상력을 다음과 같이 노래했다.

이 세상 그 어느 나라에도 애국애족자가 없다면 세상은 평화로울 것이다. 젊은이들은 나라를 위해 동족을 위해 총을 메고 전쟁터로 가지 않을 테고 대포도 안 만들 테고 탱크도 안 만들 테고 핵무기도 안 만들 테고, 방의 의무란 것도 군대훈련소 같은 데도 없을 테고, 그래서 어머니들은 자식을 전쟁으로 잃지 않아도 될 테고, 젊은이들은 꽃을 사랑하고 연인을 사랑하고 자연을 사랑하고 무지개를 사랑하고, 이 세상 모든 젊은이들이 결코 애국자가 안 되면 더 많은 것을 아끼고, 사랑하며 살 것이고 세상은 아름답고 따사로워질 것이다.

애국이라는 명분하에 얼마나 많은 전쟁이 일어났고, 무수한 생명이 희생되었는가? 인류 역사는 고상한 대의명분을 내세운 진짜 큰 도적들과 정치가들이 자신들의 야욕을 채우기 위해 대중의 애국심을 자주 이용했음을 말해 준다. 애국을 넘어서는 인류애, 생명애로 인간 의식은 진화되어야 할 것이다. 그래야 평화로 가는 길이 열릴 것이기 때문이다.

지배와 착취가 없는 사회와 전쟁 없는 세계 평화로 가는 이상적 정치 공동체는 불가능할까?

이런 사회와 이상적 공동체에 대한 인류의 꿈은 호모사피엔스의 역사만큼이나 오래되었다. 인류의 스승들이라는 붓다와 예수 그리고 공자와 플라톤의 가르침의 요체도 따지고 보면 바로 그것이었다.

출간된 지 500년이 넘는 토머스 모어의 『유토피아』는 근대 이후

인류에게 '유토피아'_{이상주의}와 '이상적 정치 공동체'의 시원 모델로 불려왔다. 500년 전 아메리카 인디언을 본 유럽인들은 인간이 왕의 통치를 받지 않고, '어떤 차별도 권력도 없이 각자가 주인인 세상' 속에서 사회적 조화와 번영을 누리며 살 수 있다는 사실에 소스라치듯 놀랐다. 토마스 모어의 『유토피아』도 인디언 사회를 보고 통찰력을 얻어 쓰여졌다. 직설적으로 이야기하면 '인디언 사회 벤치마킹론'인 셈이다.

최초의 민주공화국을 건설한 미국 건국의 국부 토머스 제퍼슨이 만든 미국 헌법도 인디언 사회와 민주주의를 탐구하여 만들었다 하니, 토마스 모어와 거의 유사하다. 그는 '면面'을 완전한 '기초공화국'으로 삼아 '군郡-주州-연방聯邦 공화국'으로의 상향적 구성을 했다. 직접민주주의 마을공화국의 자치와 자율에서 출발하여 직접민주주의와 대의민주주의를 융합하는 연방국가를 건설한 것이다. 간디 역시 판차야트라는 70만 개 마을을 '기초공화국'_{판차야트}으로 삼아 타르카_{20개 마을}→지역→주→전 인도 판차야트를 상향식으로 구성하는 '마을연방민주공화국' 디자인을 했다.

앞으로 지배와 착취가 없는 사회와 전쟁 없는_{또는 피할 수 있는} 유토피아 세계 체제는 인류의 꿈으로만 존재할까? 아니다. 역사에 그런 유사한 흔적들은 존재한다. 대표적으로 고대 동아시아에 존재했던 이군일민二君一民 세계 체제이다.

이군일민 체제에 대한 이야기는 『주역』周易 「계사 하전」繫辭 下典 우제삼장右第三章에 나온다.

양괘다음陽卦多陰 음괘다양陰卦多陽 기고하야其故何也 양괘기陽卦奇 음괘우
陰卦耦 기덕행하야其德行何也 양陽 일군이이민一君而二民 군자지도야君子之
道也 음陰 이군이일민二君而一民 소인지도야小人之道也

신시화백에 대한 독보적인 재야 학자인 좌계 김영래 선생의 이군
일민 체제에 대한 해석은 설득력이 있다. 요약하면 다음과 같다.

이군일민二君一民 체제는 고대 동아시아에서 광범위하게 존재했던
사회정치체제였다. 이는 호혜시장인 신시神市와 합의민주주의 의사
결정 제도인 화백회의와의 깊은 연관 관계를 알면 이해가 된다. 신시
神市는 부족연맹체의 도읍을 의미한다는 논지를 펴는 이들도 있다
이군일민 체제란 "하나의 민民이 두 임금二君을 따른다."라는 이야
기이다. 여기서 군君은 어떤 시스템의 리더, 즉 제사장인 천군天君과
왕王이라고도 불리우는 군장君長이라는 두 종류의 임금을 의미한다.
당시 이군일민 체제에서 영토의 중앙집권적인 관할자는 왕王이었고,
소도蘇塗의 분권적 네트워크의 관할자는 천군天君이었다. 전자가 국가
영역이었다면, 후자는 국가로부터 통제받지 않는 '세계민의 네트워
크'로서 '민民의 자율 자치 공간'이었다. 후자는 소도蘇塗의 분권적 네
트워크를 배경으로 활동하는 사회시스템이었는데, 소도蘇塗는 호혜

시장과 화백회의가 이루어지는 장소로서 하천과 강, 호수를 배경으로 한 치외법권적인 성지이자 약자들이 보호받을 수 있는 곳이었다.

이군일민 체제는 위와 같이 단순화시켜 볼 수 있지만 실제로는 복잡한 구슬로 엮여 있는 복잡계 시스템system이었다.

사서史書에 나오는 이군일민二君一民 소도 문명蘇塗文明 시대에는 소도蘇塗에서 일반 인민people들이 화백이라는 직접-합의제 민주주의를 통하여 '사회통합'을 이루어 나갔다. 화백회의 의장을 단군檀君 혹은 천군天君이라 일컬었다. 당시 "마을邑마다 별읍別邑이 있었다."라는 기록을 감안하면, 고대 아시아에서는 소도蘇塗가 네트워킹networking되어 전 아시아를 뒤덮었음을 미루어 짐작해 볼 수 있을 것이다. 이군일민 체제라는 것은 결국 소도蘇塗를 통해서 인류가 자유롭게 이동을 할 수 있고, 각 지역마다 정부政府를 두어 삶을 영위하지만 자유롭고 민주적인 방법으로 분리 독립과 사회통합이라는 이중적 삶을 살아 나갈 수 있는 체제이다. 모든 국가國家는 제한 영역領域이 있지만, 소도蘇塗에는 제한영역이 없었다. 소도 문명蘇塗文明은 인민이 제한 영역이 있는 국가 안에서 살다가 전쟁이나 부채 등으로 살기 힘들어지면 '탈영역 해방구'라 할 수 있는 소도蘇塗에 들어와 살며 정부를 재구성할 수 있는 그런 자유와 권리를 누리던 문명이었다.

오늘날 민주주의라는 것은 결국 '선거'를 통해 대의代議하는 절반의 대의민주주의에 불과하고, 이는 인민이 주권主權을 양도하는 위임 민주주의일 뿐이다. 오늘날 대통령이나 수상은 결국 선거제도에 의해 선출된 왕이다. 나라마다 하나의 왕이 있고, 이런 나라에 의해서 인간이 '국민'으로 갈려질 수밖에 없는 현상이 바로 일군이민—君二民인 것이다. 이런 면에서 오늘날 민주주의라는 것은 확실한 한계에 부딪혔다. 인민이 스스로 뽑고, 그렇게 뽑은 정부에 세금을 바치고, 그 세금으로 양육된 군대와 경찰이 원주권자인 인민을 침탈하거나 죽이는 전쟁을 벌이는 아이러니가 발생하기 때문이다. 이러한 측면에서 볼 때 직접-합의 민주주의인 화백 민주주의와 이군일민二君一民 소도 문명蘇塗文明의 부활이 절실하게 필요한 시대이다.

현대판 이군일민 세계 체제, 국제연합UN과 마을공화국 지구연방

국가가 성립되기 이전 시기의 천하 관념은, 국가를 매개하지 않는 마을과 마을의 지구촌 연대 관념이었다. 민족주의나 국가주의라는 게 없었다. 천하 관념에는 자연 지리적 천하도 있지만 하늘 아래 모든 것은 같다는 묵자의 천하무인天下無人, 불교의 평등성지平等性智, 동학의 인오동포人吾同胞와 물오동포物吾同胞, 기독교의 사해동포四海同胞라는 관념에서 보듯이 말이다.

『구약성서』의 판관士師들과 아메리카 인디언의 역사를 보면, 그들은 공동체 사회와 분리된 지배권력의 탄생을 원치 않았기에 국가를 거부하는 피어린 투쟁을 전개했음을 볼 수 있다. 분열과 전쟁은 국가와 이념이 만든 것이다. 원래 천하는 서로 다른 말과 문화를 가져도 하나였다. 가져 누리려는 자들이 경계를 세우고, 그 경계를 유지하는 국가를 세운 것이다.

이런 차원에서 보면 인류사회가 진화 발전한다 함은 다음의 두 차원의 변화를 의미한다. 첫째, 국가 권력은 한없이 작아지고 마을과 마을의 연대는 한없이 커져야 함을 의미한다. 마을자치공화국과 생태마을공동체들은 국가의 승인 따위는 필요 없이 전 지구촌 마을과 교역하고 왕래하고 연대하여야 한다. 둘째, '권력과 부가 제한되고 전쟁과 분쟁이 현저히 줄어드는 세상'이 되도록 만드는 세계 운용 시스템을 만들고 안착시키는 것이다.

이렇게 하기 위해서는 앞서 살펴본 바와 같은 '현대판 이군일민=君—民 세계 체제'로서 '두 개의 천하 관념'이 필요하다. 하나는 국가 간의 연합으로서 현재의 국제연합UN이고, 다른 하나는 마을자치공화국간의 연합인 미래의 마을공화국 지구연방일 것이다.

이것은 단순히 상상에서 그치는 것이 아니라 실천으로 외화시켜야 할 뿐만 아니라 유토피아적 현실주의에 의거해서 성공적으로 안착시켜나가야 할 일이다. 그러기 위해서는 마을자치공화국 운동은 비현실적인 국가 폐지를 주장하는 것이 아니라 국민국가 기반의 국제연합UN과 함께 가는 '마을공화국 지구연방' 건설을 추진해야 할 것이다.

그렇다면 마을공화국 지구연방이 금세 실현되지 않는 상황에서 국가주의와 민족주의에 포획되지 않도록 하는 방안은 무엇일까? 그것은 '권력과 부가 제한되고 전쟁과 분쟁이 현저히 줄어드는 세상'을 염원하는 사람들의 소셜픽션토크Social Fiction Talk가 지구촌 방방곡곡에서 회자되고 울려 퍼지게 하는 것이다. 소셜픽션Social Fiction은 특정한 주제 또는 공간에 대해 제약 조건 없이 이상적인 미래를 그리는 기획을 말한다. 소셜픽션Social Fiction은 실제로는 가상과 현실을 연결해 보는 가상 시나리오 시뮬레이션 행위이기에, '배꼽 위에 기와집 짓기'라는 비아냥을 받기 쉽다. 하지만 마을공화국 지구연방에 대한 소셜픽션토크Social Fiction Talk는 관념의 구름 위에서 하는 것이 아니다. 현실과 열망을 바탕으로 하는 것이기에 그것은 미래를 선취하는 강력한 힘이 있을 것이다. 그 근거를 살펴보자.

첫째, 고대 동아시아 이군일민二君一民 세계 체제의 고차원적 회복과 창조적 구상으로서의 '국제연합UN'과 '마을공화국 지구연방', 이는 '두 개의 천하 관념'이자 '현대판 이군일민 세계 체제'이다. 참으로 우리 인류에게 많은 정치적 상상력과 영감을 준다.

둘째로, 미국의 인디언 부족사회는 비록 보호구역에 갇혀 있지만 이론상으로는 연방 주권과 주州 주권과 대등한 영향력을 지닌 '부족 주권'을 가지고 있다. '인디언'은 지금도 미국이라는 연방제 국가에서 부족 주권을 기반으로한 500여 개의 인디언 자치공화국 '네이션Nation'을 형성하며 독자적인 사회를 이루어 살아가고 있다. 이 또한 우리 인류에게 많은 영감과 상상력 그리고 미래 비전과 힘을 제공해 준다. 이와 유사한 현실은 중국, 러시아, 인도, 터어키 등 강대국 속에서 살아가는 소수민족사회에서도 존재한다.

셋째로, 현재 선진적인 연방국가를 운영하는 나라들의 경우 중앙

정부 주권과 지방자치체 주권 그리고 풀뿌리 읍·면·동 마을공화국마을정부 원권原權이라는 바람직한 3중적 시스템으로 연방국가를 운영해 나가고 있다. 스위스가 대표적이다.

새로운 정치인류인 다중시민의 '제대로 된 민주주의' 향한 대장정

그러면 다음으로 국가주의와 민족주의의 삼투압을 견뎌 내며, 탈국가·탈민족적인 세계평화 정부로의 전망으로까지 추동해 낼 코기러기 역할은 누가 감당해 낼 것인가? 아마도 그들은 지구촌 곳곳에서 새로운 정치인류로 부상하는 다중시민多重市民일 것이다. 이들의 글로벌 연대와 결집이 요청된다.

새로운 정치인류의 탄생과 직접민주주의 시민정치와 주민자치마을공화국운동이 개화되고 있다. 지금 세계는 제대로 된 민주주의를 향한 대장정이 시작되었다. 100퍼센트 진짜 민주주의를 주창하는 세력들이 나타나기 시작한 것이다. 독일의 녹색당, 해적당 운동, 이탈리아의 오성운동, 스페인의 인디그나도스indignados운동과 포데모스정당운동이 바로 그들이다. 이곳 한국은 2016년 박근혜 정권의 민주화 역주행을 막으며, 촛불시민혁명을 통해 세계에 유례가 없는 직접민주주의 참여정치의 전범을 보여주었다.

2016년 촛불혁명 이후 한국은 3중 혁명이 진행되고 있다. 그 3중 혁명은 제4차 산업혁명과 초록문명 전환혁명 그리고 제대로 된 촛불 민주주의혁명이다. 여기서 제대로 된 촛불 민주주의혁명은 온오프

직접민주주의 혁명으로 나아가고 있는데, 이는 시민정치민회운동^{시민}

^{입법등}과 주민자치마을공화국운동 그리고 아주 미약하지만 마을공화

국 지구연방운동으로 분화 발전해 나가고 있다.

그동안 한국 민주화운동과 함께 성장해 온 생태마을공동체운동과

주민자치운동 그리고 직접민주주의 민회&마을공화국운동은 ^{가칭}직

접민주주의 마을공화국 전국민회를 건설하기 위한 조직 논의하고 있

다. 그뿐만 아니라 정치권은 전국의 3,500여 개 읍면동 단위에서 마을

공화국 주민자치를 할 수 있는 ^{가칭}마을민주주의 기본법 제정 논의에

잿걸음을 하고 있다.

이러한 실천운동 가운데서 마을공화국의 '주민'과 국민국가^{마을연방}

^{민주공화국으로의 진화}의 '국민' 그리고 마을공화국 지구연방의 '지구마을시

민'이라는 3중적 정체성을 지닌 다중시민^{多重市民}이라는 새로운 정치

인류가 탄생했다. 마을공화국-마을연방민주공화국-이군일민 마을공

화국 지구연방이라는 3중 체제로 지구 질서를 재편해야한다고 생각

하는 인류사의 새로운 정치인류, 마을공화국 연방주의자들이 이곳 한

국에서 태어나는 것이다.

이들이 모인 ^{가칭}직접민주주의 마을공화국 전국민회 준비위원회는

자신들의 슬로건으로 '피어라! 직접민주주의 제2의 민주화운동, 열려

라! 마을공화국 전국민회' 같은 키워드를 뽑아내고 있다.

그뿐만 아니라 분쟁의 한가운데 있는 중동의 쿠르드족 지도자 압

둘라 외잘란한테서 새로운 정치 공동체의 전망에 대한 꽃망울이 터

져 나왔다. 그는 무력이 아니라 민주적 민족, 민주적 연합체주의, 여성 해방모성사회 질서을 모토로 하는 정치적 해법을 제시하여 중동을 비롯한 세계의 주목을 받고 있다. 이를 비롯하여 지구촌 곳곳에서 움트는 새로운 정치인류들의 크고 작은 움직임이 피어 오르고 있다.

마을공화국 지구연방은 이미 already와 아직 yet 사이에서 진행 중

오늘날 온-오프 직접민주주의 운동의 급진전은 '마을공화국공동체지구연방' 시대를 열어 나갈 것이다. 오늘날의 청년들은 능숙한 디지털 능력으로 '디지털 마을공화국 지구연방'을 먼저 만들 수 있을 것이다. 그리하여 여기서 국가를 매개하지 않고 직접 머리를 맞대고 '권력과 부가 제한되고 전쟁과 분쟁이 현저히 줄어드는 세상과 제대로 된 민주주의'를 논의해 볼 수 있을 것이다.

서로 어깨동무할 마을공화국들과 뜻을 함께할 수 있는 단체는 얼마나 많은가? 스위스 마을연방민주공화국의 꼬뮨마을공화국과 한국의 직접민주주의 마을공화국운동과 생태마을공동체들, 터어키의 쿠르드족 자치마을공화국, 영국, 프랑스, 독일의 생태마을공동체들, 몽고의 울란바트르&농촌 마을, 중국의 베이징&백두산 자락 마을과 수많은 56개 소수민족 마을들, 러시아의 블라디보스토크&아무르 강가 마을과 수십여 개의 소수민족 마을들, 미국의 뉴욕&어촌마을과 인디언 자치공화국, 쿠바의 아바나&산촌 마을, 덴마크의 암스텔담&어촌 마을 그리고 세계의 수많은 반전평화운동과 에코아나키스트 운동체&

생태마을공동체들, 직접민주주의 연방운동체들 등. 이제 마을_{공화국}과 마을_{공화국}&마을_{공화국}과 운동체들이 연대하여 이군일민二君一民 마을공화국 지구연방화의 길을 개척해 나가야 할 것이다.

그런데 마을공화국 지구연방화의 길을 개척해 나가는 운동이 견지해야 할 원칙이 있다. 그것은 '국가주의 안에서 동시에 국가주의를 넘어'라는 내재와 초월의 관점이다.

이런 관점에서 중앙정부 주권과 지방자치체 주권 그리고 풀뿌리 읍·면·동 마을공화국_{마을정부} 원권原權의 바람직한 3중적 시스템의 운용을 위해 '아래로부터의 운동'과 '위로부터의 정치'를 통합적으로 추진해 나가야 할 것이다. 또한 이군일민 세계 체제의 천하 관념을 가지고 이중권력과 이중구동의 존재 방식으로 세대를 넘어 세대 간의 운동으로 전개해 나가야 할 것이다.

이군일민 세상은 인류사에 있어 왔고, 또다시 우리 앞에 이미 선명하게 와 있다. 아직 완성되지 않았기에 이미 이룬것을 바탕으로 완성을 향하여 앞으로 나아갈 뿐인 것이다.

사회전환운동,
그리고 운동의 전환

유정길

불교환경연대 녹색불교연구소 소장

코로나19시대, 변화 예측에서 변화 만들기로

1) 추종하는 위치에서 주도하는 위치로

2020년 1월 중국 우한에서 시작된 코로나19 감염병은, 제2차 세계대전 이후 처음 인류가 동시에 겪게 된 세계적인 충격이었다. 이후 약 1년 동안 각 나라마다 시급한 사안이 있음에도 뒤로 미루고 코로나19의 해결이 가장 우선적으로 대응해야 할 사안이 되었다. 이렇게 모든 국가의 동시적 과제가 되다 보니 이 사안에 대응하는 나라마다의 효율성과 정치력, 국민성이 동일선에서 비교되었다. 사람이든 조직이든 가장 어려울 때 본성이 드러나듯, 국가 또한 위기에 처할 때 사회 역사적 근본을 가늠하게 되었다. 선진국이 모든 것이 앞서 있을 것이라는 이제까지의 기대와 달리 코로나19 감염자가 오히려 급격히 확산되고 있는 미국과 일본, 유럽 국가를 보게 되었다. 동시에 신속하고 효율적으로 대응하고 있어 주목받고 있는 우리나라의 K-방역을 보면서, 우리 스스로 새로운 사실들을 깨닫게 되었다.

이제까지 전 지구적인 문제 해결의 주도권은 미국을 정점으로 하는 유럽과 일본 등의 이른바 선진국이며, 우리는 그들이 정해 놓은 의

제와 해법의 길을 따라가기만 하면 된다는 생각을 해 왔지만, 이번 코로나 위기에 대응하는 각 나라의 실력을 확인하고, 그들이 우리가 무조건 따라가야 할 모범도 아니라는 사실과 그들에게 전지구적인 문제 해결의 책임을 온전히 맡길 수 있을지에 대해 의문을 갖게 되었다. 동시에 이제까지 선진국의 뒤를 따라가는 2등 국가의 마이너리티를 벗어나 우리가 세계적 의제를 선도할 출중한 역량이 있다는 자부심을 확인하게 되었다. 특히 강한 자부심을 더하게 한 것은 문화 영역이었다. 빌보드 차트에서 1위부터 10위권까지 BTS, 블랙핑크 등의 음악이 오랜 기간 차트를 휩쓸고 있고, 영화 〈기생충〉이 아카데미상의 4개 부분을 석권했으며, 한일의 악화된 정치 관계와는 상관없이 일본에서 한국 드라마에 다시 열광하고, 아시아를 비롯하여 세계적으로 확산되고, '복면가왕'을 비롯한 한국의 TV 예능 콘텐츠들이 외국에 확산되고 복제되고 있는 것을 보면서 한국은 마이너가 아니며 그 영향력은 이미 세계적임을 깨닫게 해 주었다.

이러한 문화적 자부심과, 코로나 K-방역은 이제는 단순히 민족우월주의, 쇼비니즘의 도취로 끝나서는 안 된다. 분명한 것은 우리가 이제 세계를 책임지는 위상에 있다는 점이다. 앞으로 닦칠 기후 위기는 코로나19와 비교할 수 없는 규모의 심각한 문제이다. GDP 10위 국가인 한국은 전 세계 유엔 회원국 195개 국가 중 상위 5퍼센트 안에 드는 국가이다. 이런 우리가 전 지구적인 문제 해결을 뒷전에 두고 '아직도 우리는 배고프다'며 성장에만 올인해야 할 처지가 아님을 깨달아야 한다. 우리는 기후 위기에 솔선하여 대응하고 변화를 주도해야 할 위치에 있으며, 정치뿐 아니라 시민운동 또한 책임져야 할 위치에 있음을 분명히 깨달아야 할 것이다.

2) 변화 예측에서 변화 만들기로

코로나가 시작되었던 1월 중순부터 정치나 사업 등의 관계자나 학자들은 코로나 펜데믹이라는 초유의 사건 이후 어떠한 변화가 일어날지 대단히 궁금해했다. 많은 토론회가 개최되었고, 포스트 코로나 시대 Era of Post Corona라는 말도 언급되었고, BCBefore Corona와 ACAfter Disease라는 용어가 유행이 되었을 뿐 아니라 이구동성으로 이 거대한 충격 때문에 세계는 "코로나 이전으로 돌아갈 수 없을 것"이라고 했다. 코로나19 펜데믹은 앞으로 어떠한 사회적 변화를 몰고 올지가 초미의 관심사였다. 감염병 시작 이후 약 7-8개월 동안 필자의 단체를 비롯하여 많은 곳에서 포스트 코로나를 예측하는 토론으로 넘쳐 났다. 그런데 복잡한 세상에 워낙 많은 변수가 있기 때문에 변화된 미래를 예측하는 일은 쉬운 일이 아니었고 발표하는 사람이 각자 서 있는 위치에서, 바라보는 시각에 따라 달랐으며, 또한 각자의 희망 사항이 곁들여지면서 수많은 포스트Post의 현상들이 예견되었다.

그런데 이 많은 토론을 하면서 명확하게 확인된 것은 미래는 고정된 것이 아니라는 사실이다. 정치와 경제, 인간의 삶은 생물과도 같아서 고정된 상황에 대한 기계적인 변화가 아니라 상황을 대하는 주체들의 행동에 따라 미래는 달라진다는 당연한 깨달음이다. 명확한 것은 "변화는 확실하다. 그러나 받아들이는 사람의 행동에 의해 변화는 주도된다."는 사실이다. 특히 사회 변화를 주동하는 시민운동 영역에서는 더욱 그렇다. 따라서 미래를 정태적으로 보고 예측에 수동적으로 대응하는 것이 아니라, 오히려 코로나 펜데믹을 우리가 추구하고자하는 변화의 메시지이자 엔진으로 인식하여 전환과 변화를 주도해 나가는 중요한 기회로 삼는 것이 필요하다고 생각하게 되었다.

따라서 작은 변화 예측에 일희일비하기보다 코로나를 변화의 시그널Signal로 받아들이고 인간의 어리석음을 깨닫고 생태적인 생활양식으로 전환하여, 우리가 가야 할 본래의 근본 자리를 되찾는 기회로 삼아야 한다고 생각한다.

3) 코로나19가 새롭게 깨닫게 해 준 것들

그럼에도 코로나19를 통해 필자는 분명하고 확연히 깨닫게 된 몇 가지 사실들이 있다.

우선 "세계는 이렇게 촘촘히 연결되어 서로 의존하고 있다."라는 당연한 사실이다. 우한에서 시작된 바이러스에 국경은 아무런 의미가 없었다. 국경은 땅에 금이 그어져 있는 실제가 아니라 지도책에 그려진, 또한 사람들의 머릿속에 그려진 집단적 관념이다. 바이러스와 세균에는 국경이나 지역이라는 경계가 없다. 자연에는 경계가 없고 구분과 단절이 없이 연결되어 있다.

두 번째는 대구 신천지의 감염을 증폭시킨 31번 슈퍼감염자를 보면서 '한 사람의 영향력이란 정말 엄청나다'는 깨달음이다. 우리는 한 사람이 바뀐다고 얼마나 사회를 변화시킬까 하고 회의적인 생각을 해왔지만, 이번 감염 과정에서 한 사람이 엄청나게 많은 사람을 감염시킬 수 있고, 또 엄청난 영향을 차단시킬 수 있다는 사실을 새삼 깨달았다. 이처럼 신념 있는 깨달은 열정적 원력 보살 한 사람이 얼마나 의미가 큰 사회적 파장을 만들어 낼 수 있는지에 대해 긍정적 확신을 하게 된다.

셋째는 코로나는 결국 인간의 무분별한 개발로 자연 서식지를 훼손한 과보임을 깨닫게 되었다. 그동안 인간은 하나뿐인 지구Our Sole Earth라는 유한성을 망각하고 자원 무한주의라는 현대판 천동설을 기반으로 무한 개발, 무한 성장, 무한 발전주의를 추구한 것이 얼마나 어리석은 일인지를 깨닫게 되었다. 1992년 리우회의 이후 이제까지의 발전과 성장주의를 패절하고 혁명적?인 전복을 강제하는 지속가능한 개발ESSD이라는 용어로 발전을 재정의했건만, 30년이 지난 지금 본래의 전복적인 의미와는 반대로 "지속적으로 발전하고 싶어 하는 사람BAU들의 용어"로 오염된 인식을 다시 강력하게 원점으로 환기시켜 주었다.

넷째는 자급과 자립의 중요성이다. 코로나19로 인해 세계 3위의 쌀 수출국인 베트남이 자국의 수출을 금지시켰고, 러시아와 카자흐스탄도 장기화될 위기 국면에 자국을 보호하려고 쌀과 밀의 수출을 금지

했다. 이렇게 되면 베트남, 러시아로부터 식량을 수입해 온 국가는 심각한 상황이 발생하게 된다. 특히 곡물 자급률이 불과 22.5퍼센트밖에 안 되는 우리나라의 경우 보통 심각한 상황이 아니게 된다. 감염병 및 기후 위기 시대 자국민 보호를 우선으로 할 때, 식량의 외부 의존성을 최소화하는 자급과 자립은 아무리 강조해도 지나침이 없는 중요한 의제임을 깨닫게 되었다.

다섯째, 사람과의 의존, 협력의 중요성이다. 감염병 시대에 '사회적 거리두기'가 중요했지만, 그 과정에도 현장에서 인도적인 지원과 협력의 수많은 사례들이 있었다. 더욱이 앞으로 감염병만이 아니라 다양한 재난과 재앙이 반복적으로 펼쳐질 것이다. 재난과 재앙은 정부의 정책보다 결국 사람들끼리 협력과 협동을 통해 함께 극복하는 것이 더욱 중요하다.

이제 더 이상 과거와 같이 고도성장의 시대가 아니다. 제로성장, 마이너스성장 시대, 이제는 '성장'이 아니라 '성숙'의 시대이다. 갈수록 물질에 의존하거나 돈에 의존하여 사는 방식으로 행복할 수 없게 된다. '돈에 의존'하지 않고 살 수 있는 유일한 방법은 '사람에 의존'하는 것이다. 사람들끼리 관계를 고도화시키고 긴밀히 협력하고 협동하고 상호부조하는 것만이 앞으로 닥칠 수많은 위기와 재앙에 대응할 수 있는 유일한 방법이다.

그래서 협동조합, 사회적 경제, 마을 만들기, 지역공동체, 공유사회, 공동체운동 등 사람끼리 관계 맺는 방식을 다양화하고 수준을 높이는 일은 재난이 일상화된 시기에 대단히 중요한 일이 된다. 의료적으로야 사회적, 물리적 거리두기가 일시적 국면에서는 필요하지만 그 외의 재난과 위기 상황에서 믿을 것은 결국 사람이다. 이러한 관계망을 기조로 한 평상시의 사회경제적 네트워크가 큰 안전망의 역할을 할 것이다.

여섯째는 멈춤과 느림, 돌아보기 등 속도 사회에 대한 성찰이다. 재택근무가 많아지고 삶의 속도가 서서히 줄어들고 멈춰지면서, 집이나 동네에 머무는 시간이 많아졌고 이동반경은 작아졌다. 처음에는 답답했고 갈등도 있었지만, 오히려 가족을 알게 되었고, 자주 산책을 다니고 동네를 배회하는 시간이 늘다 보니 자신이 사는 마을을 재발견하게 되기도 했다. 느림을 체험해 보고 자신을 돌아보는 성찰의 시간이 많아진 것이다. 코로나 블루의 심리적 치료를 위해서도 명상이나 좌선 등 성찰과 정신적 활동에 많은 의미를 두게 되었다.

일곱째는 이동이 줄고 자가용 사용도 줄어들자 대기가 깨끗해지고 미세먼지도 줄면서 맑은 하늘을 자주 보게 되었다는 것이다. 심지어 항상 매연으로 자욱했던 인도에서는 히말라야가 보이는 기적이 연출되었다고 했다. 이렇게 속도 사회가 멈춰지면서 한순간 대기오염이 줄어들고 스모그와 먼지가 사라지고 깨끗한 자연을 경험하게 되었다. 해결에 수십 년이 걸릴 것 같고 불가능해 보이던 환경문제가 일순간 급격하게 변할 수도 있다는 사실을 확인하게 된 것이다.

여덟째는 자연과 새로운 관계 맺기이다. 이제까지 인간은 자신이 지구의 주인이라고 생각했고, 자연과 뭇 생명을 지배와 정복의 대상으로 생각했다. 그동안 인간중심주의의 '탈생물적 우월한 존재'로 살아왔지만, 코로나 사태는 그러한 인간의 교만과 우월감에 경종을 울린 것이다. 자연의 권리와 생명의 권리를 인정해야 하고 자연을 지배 정복이 아니라 함께 공존해야 할 존재로서의 자연대협약이 필요하고 인간 사이에 발전과 진화를 새롭게 규정하는 사회대협약이 필요하다는 사실을 깨닫게 해 주었다.

대전환을 위한 사회운동의 방향

1) 산업 성장 사회에서 생명 지속 사회로의 대전환

지금 인류는 2030년까지 지구 기온 $1.5℃$ 상승을 막지 못하면 되돌릴 수 없는 파국을 맞게 될 기후 위기를 앞두고 있다. 이 위기의 원인은 무엇인가? 당연히 1차적 원인은 물질적 풍요를 인간의 행복과 발전으로 인식해 온 성장 중심의 산업사회이며, 더 깊은 원인은 우리가 살고 있는 지구라는 자연조건이 무한하다는 자원 무한주의라는 어리석음이다. 더 심층적인 원인은 서로 관계 맺고 연결되어 있는 세상을 '구분하고 나누어' 생각하여 인간끼리 갈등하고 자연을 파괴해 온 것이다. 좀 더 나가면 결국 인간의 욕망이 근본이 된 것이며 그것이 분노와 갈등을 유발하며 어리석음을 초래한 것이다.

불교 시스템 이론가이자 생태 여성주의자인 조애너 메이시 Joanna

Macy, 1929- 현재는 오늘날 위기의 근본 원인은 본래 연결되어 있는 사회와 자연을 나누고 구분해 온 것이며 우리가 느끼는 고통도 서로 연결되어 있기 때문에 발생한 것이라고 말한다. 그래서 끊어지고 갈라진 사회와 의식을 다시 연결하는 것에서 해결이 시작된다고 하여 오랫동안 재연결작업WTR : Work That Reconnects을 해 왔다.[*] 그녀는 오늘날 위기를 받아들이는 사람에는 세 가지 유형이 있다고 말했다.

첫 번째 관점은 '지금까지 살아왔던 대로 살자Business as Usual'는 유형이다. 다소 문제가 있지만 언제나 그랬듯이 정치인이나 과학자들이 정책이나 과학기술로 모두 해결할 것이며 지금이 인류가 만들어 놓은 최적의 시스템이므로 다른 대안은 없으며 현 상황의 문제를 해결하면 개선할 수 있다는 입장이다.

두 번째는 현재의 위기 상황이 대단히 심각하다고 생각하며 지금을 '대파국The Great Unraveling'으로 규정하는 유형이다. 전 지구적인 위기와 파국의 상황이 심각하기 때문에 이에 대응하기 위해 노력한다. 그러나 파국과 위기의 강조는 결국 공포감을 확대시키고, 작은 행동보다 강력한 정치와 권력의 집행을 요구하는 일이 자칫하면 민주주의를 훼손할 가능성도 있고 장기적인 파국의 공포는 사람들에게 무력감을 갖게 할 수도 있다.

---

*   조애나 메이시, 크리스 존스톤, 『Active Hope』, 양춘승 옮김, 벗나래출판사, 2016.

세 번째는 현재의 위기를 대전환The Great Turning의 중요한 기회라고 생각하는 유형이다. 위기는 심각하지만 그 거대한 심각성 때문에 오히려 더 큰 희망으로 전환할 수 있다고 본다. 현재의 위기는 바로 올바른 세계로의 전환을 알리는 메신저로서 인식해야 하며, 불안과 공포가 아니라 대전환의 큰 설렘과 희망을 말하는 운동이 되어야 한다는 입장이다.

이 대전환운동은 역사상 어떠한 혁명보다 큰 '최대의 사회운동'이며, 거대한 전환의 동력이 되는 축복받은 불안Blessed Unrest*이라고 본다. 이 전환은 비틀어지고 왜곡된 것을 바로 세우는 변혁운동이다. 따라서 혁명, 전환이라는 말도 이 규모에 적절하지 않다. 가장 적절한 표현은 '개벽'이다.

실제 환경운동가들은 기후변화의 위기성에 초점을 두고 활동해왔다. 그러나 전환운동가는 미래의 희망인 '대전환', '개벽'에 초점을 두어야 한다. 우리가 대안과 전환의 희망을 말하지 않고 위기만을 강조하면 공포 마케팅이 되고, 이 두려움은 변화의 의지를 약화시키고 무력감을 조장하게 되며, 오히려 그 두려움으로 인해 강력한 전제적 권력을 부르게 되어 에코파시즘 체제를 만들 수 있기 때문이다.

---

*   Paul Hawken, "Blessed Unrest", Viking, 2007

2) 대전환개벽의 3차원의 운동

그러면 개벽운동으로서 전환운동에는 어떠한 활동이 있을까? 다음의 3가지 차원의 행동이 모두 전환사회운동이라고 할 수 있다.

첫번째 차원은 〈생명보호 지연전술운동〉이다. 산업 성장 사회에서 일어나는 곳곳의 파괴를 막거나 지연시켜 더 나빠지지 않도록 감시하고, 약자와 피해자를 보살펴 더 이상 생명이 죽거나 파괴되지 않도록, 그리고 착취, 전쟁, 불평등을 막고 방어하는 행동 전술이다. 산업 사회가 인간과 생명에 끼친 나쁜 영향을 연구, 기록하고 폭로하며, 기업이나 정부의 위법적인 관행을 밝혀 그에 저항, 감시하며 소송하고 시민들에게 알리며, 시민 불복종 운동을 전개하는 것이다. 대규모 산림 벌채, 핵폭탄 개발, 핵발전 시설, 석탄 발전이나 약탈적 금융자본, 동물 학대와 전쟁 등에 저항하고 반대하는 행동이다. 이 지연 전술은 정신적으로 육체적으로 몹시 지치게 하고 위험하기도 하다. 따라서 뒤의 두 번째와 세 번째 차원의 활동과 교류를 통해 정신적 육체적인 동력을 주고받는 과정이 필요하다.

두 번째 차원의 운동은 〈토대를 바꾸는 생명 지속사회의 대안 행동〉이다. 생명 시스템이 유지되도록 하고 바른 사회의 가치를 실현하는 행동 전술이다. 왜곡되거나 잘못된 것을 평등과 호혜의 원칙으로 정의롭게 바로 세우고, 균형을 만드는 생명사회운동이다. 공유재를 보호하고 확대하며, 지역사회의 권리, 자연의 권리, 미래 세대의 권리를 공인하게 하며, 환경 정책에서도 사전 예방 원칙을 수립하고, 위기를 초래한 GNP를 대안적인 지표로 바꾸는 운동 등이다. 또한 생태마을공동체, 공유사회 운동, 농적 문화를 근간으로 마을공동체운동, 쓰레기 제로 운동, 지역통화, 직접민주의 등의 생명 중심의 사회 문화를 만들어 가는 모든 대안적 활동 등을 말한다.

세 번째 차원은 〈인식과 가치관 바꾸기 운동〉으로서 정신적인 깨달음, 가치관을 바꾸는 운동이다. 자신이 세상과 따로 떨어진 존재가 아니며 서로 연결되어 있고, 나아가 시간적으로 조상들과 미래 세대가 연결되어 있음을 깨닫는 일이다. 소유를 통한 행복이나, 계층 상승을 성공이라고 생각하지 않고, 경쟁이라는 낡은 개념을 뛰어넘어, 이웃의 행복이 나의 행복이며 자연의 풍요가 자신의 풍요임을 깨닫는 것이다. 나아가 이러한 살아 숨쉬는 지구와의 상호 일체감을 느끼는 정신 활동인 것이다.

또한 사회 변화와 자기 변화를 동시에 이루어야 한다고 생각하며, 정신적인 수행과 사회운동을 함께하고, 생태여성주의, 자연의 권리와 미래 세대 권리 등 지속 가능한 미래의 우리가 지녀야 할 정신적 가치를 받아들이는 것이다. 궁극에는 연결된 사회 속에서 자연과 타인의 행복이 곧 자신의 행복임을 깨닫고 그들의 행복을 위해 노력하는 정신적 각성 운동이다.

대전환을 위한 생명운동: 관계성, 다양성, 순환성, 영성의 운동

대전환의 생명운동의 특징은 관계성, 다양성, 순환성, 영성이라고 말할 수 있다. 그에 근거하여 전환사회운동 개벽운동의 가능성을 하나하나 살펴보고자 한다.

1) 관계성: 모든 것은 연결되어 있다 - 재연결운동

'당신이 고통을 받든 말든 나와 무슨 관계가 있는가. 강물이 오염되든, 산림이 파괴되든, 아마존의 생물종이 멸종되든 나는 상관없다.'라는 생각은 사람 사이를 서로 '구분하고 나누며', 인간과 자연을 '단절하고 가르면서', '서로 관계없다.'라고 생각하는 것이다. 그로 인해 오염 물질을 불법으로 방류하여 수질을 오염시켜도 '오염이 되든 말든 나와 무슨 상관있나.'라고 생각한다. 그래서 그들은 쓰레기와 오염 물질을 바다에 버리고 대기를 오염시키면서 가난한 사람, 약한 생물에게 그 피해를 전가시키고 미래 세대에게 오염 복구의 부담을 떠넘기는 것이다. 이처럼 '무슨 상관이냐, 나와 관계없다.'라는 생각에 모든 피해를 외부로 떠넘기고 미래 세대에 떠넘기는 것을 '환경 피해의 외부화'라고 말한다. 모든 것이 서로 관계 맺고 연결되어 있다는 사고와 정반대의 인식인 것이다.

오늘날 모든 위기는 나눌 수 없고 구분할 수 없음에도, 가르고 나눠온 문명에서 비롯된 것이다. 산업 성장 사회는 그동안 공기와 물 등이 공짜라 하여 함부로 이용하고 오염시켜 왔다. 조애나 메이시는 이렇게 단절된 것, 나눠진 세계를 다시 연결하는 운동을 재연결작업Work That Reconnects이라고 하여 모든 전환 교육의 핵심 내용으로 삼았다. 대전환운동에서 가장 중요한 것은 바로 이렇게 연결성을 회복하는 전환의 의식교육, 의식운동이다.

이제껏 육체적인 나, 즉 피부 속에 갇힌 나만을 나라고 생각했다. 〈개별적 자아〉인 것이다. 그러나 관계성을 깨닫고 각성하게 되면 '나'를 존재하게 만드는 수많은 '너' 또한 바로 '확장된 나'임을 깨닫게 된다. 사람들과 서로 의존하지 않고서 자신은 존재할 수 없는 〈관계적 자아〉임을 깨닫는다. 여기서 더 나아가 우주와 자연의 은혜를 입지 않고서는 자신이 존재할 수 없다는 의식으로 넓어지면 자아는 〈생태적 자아〉로 확장된다. 이렇게 관계성 속에서 '네'가 잘되는 것, '생명과 자연'이 잘되는 것이 곧 내가 잘되는 것이라고 깨닫고, 그들이 잘되도록 베풀고 돕고 배려하며 지원하는 활동을 하면 〈보살적 자아〉로 확장되는 것이다.

서로를 나누고 경쟁의 관계에서 보면 한 조직에서 내가 50을 하면 상대도 50을 해야 한다는 것이 평등의 구현이다. 어느 한쪽이 조금 많거나 부족하면 갈등과 대립의 원인이 된다. 그러나 관계적 존재임을 깨닫게 되면 50:50의 관계는 기계적 평등이며 일종의 거래 관계가 된다. 현실 속에서는 이러한 수학적 평등은 실현될 수 없다. 모임의 평화는 상대가 30밖에 못한다고 탓하지 않고 자신이 흔쾌히 70을 하는 손해를 자청하는 것이다. 나아가 30이다 70이다 계산하지 않는 것이다. 이렇게 상대를 위해 70-80을 하려는 자발적 마음을 이름하여 '모심', '섬김'이라고 할 수 있다. 실질적인 평화는 자발적 불평등_{모심}을 통해 완성되는 것이기 때문이다.

2) 다양성: 적을 규정하지 않기, 함께 존재하기, 함께 살기 운동

그동안의 사회운동은 불평등한 구조를 혁파하고 모두가 평등한 사회를 지향했다. 특히 변혁운동은 부도덕한 소수의 권력과 자본을 무너뜨리고 다수 대중이 주체가 되어 그들이 주인이 되는 나라를 만들고자 했다. 이를 위해서는 자본와 노동이라는 적대적 모순을 극복하기 위해 지배 세력을 전복, 타도하고 승리하는 것을 목표로 삼았다. 이러한 타도 운동은 필연적으로 지배와 피지배, 독재와 민주라는 전선Front Line을 만들고 이를 기반으로 적敵과 아我를 명확히 구분하는 것이 중요했다. 모든 상황을 전투화했으며 이 전투에서 이기고 승리하는 것이 중요한 목표였다.

또 전투 과정에서 우리 편을 지고지순한 천사로, 상대편은 인면수심의 악마로 규정하는 이분법적 진영론을 활용하고, 상대를 척결, 박멸, 괴멸할 타도 대상일 뿐, 함께 살고 함께 존재해야 할 대상으로 보지 않았다. 상대를 어리석은 바보로 희화화하거나 잔인한 악마로 가공하고 그들을 향한 분노와 적개심을 드높여 우리 편끼리의 단결을 도모하고 그것을 다시 전투력으로 사용했다.*

---

* 유정길, 「운동권 문화와 운동하는 삶의 문화」, 『창작과비평』, 2014년 가을호.

이분법은 대립과 경쟁을 위해 상대방을 타자화하고 배제하는 논리이다. 모든 이분법은 '하나가 다른 것보다 우위를 차지하고 지배하려는 폭력적 질서가 전제되어 있으며, 이러한 이항대립은 그 용어를 만든 사람이 자신의 논리의 우위성을 강조하기 위해 이용한다. 그러나 이러한 진영론과 흑백논리는 관념적 허구이다. 세상에는 100퍼센트의 백과 100퍼센트의 흑은 존재하지 않는다. 모두 흐리고 진한 명도 차이가 있는 회색일 뿐이다. 그러나 그것도 틀렸다. 세상은 무채색이 아니라 유채색이다. 화사한 다양한 색이 실제의 세상이다. 그래서 다양성인 것이다. 다른 것은 나쁜 것, 틀린 것이 아니라 화엄의 꽃밭처럼 아름다움을 만드는 것이다.

우리가 투쟁의 대상으로 규정하고 적을 제압하여 승리하면, 이후 우리가 약화되거나 상대가 강화될 때 상대는 다시 보복과 복권을 시도하게 될 것이다. 그것은 다른 전쟁의 원인이 된다. 투쟁은 목표에 따라 전선이 달라지고 전선이 달라지면 적이 다르게 규정된다. 전환운동은 상대를 척결, 박멸, 괴멸, 소거시키는 타도 운동이 아니다. 따라서 적으로 규정하지 않는 것이다. 전선을 만들지 않는 것이다. 또한 상대의 패배감을 자극하여 저항의지를 생성시키지 않는 것이다. 활동 과정에서 갈등과 대립이 생길 수 있고 승패에 집착하면 이기고 지는 현상이 발생할 것이다. 그러나 상대를 타도 해야 할 '세력'으로 규정하지 않아야 하며, 이기고도 졌다고도 규정하지 않는 것이다. 그래서 생명운동은 다투는 이해보다 더 높은 차원에 목표를 설정하여, 적과 내가 동일한 평면에서 투쟁하는 것이 아니라 적보다 더 높은 차원에서 적을 구원하기 위해 노력하는 것이다. 그래서 승부에 집착하지 않고 연대를 확장하는 데 집중하는 것이며, 승리는 연대의 부산물로 보는 것이다.* 그래서 승부라는 관념은 사라진다.

3) 순환성: 직선적 성장, 수직적 사회의 극복, 옆으로 성공하기

산업 성장 사회에서는 현대판 천동설인 자원 무한주의를 근거로 수직적 무한 성장을 추구하며 모든 국가들이 일정한 시간 간격을 두고 미국이나 유럽 같은 고도성장국가가 될 수 있다고 생각해 왔다. 그러나 모든 나라가 선진국처럼 대량생산 대량소비의 사회가 되면 공멸로 갈 수밖에 없다. 자원은 유한하기 때문이다. 그동안 GNP, GDP로 대표되는 성장지표가 위기를 초래한 원인이었다는 것을 깨닫게 되었다.

무한한 성장, 수직적 발전, 선형적인 진보란 존재하지 않으며 자연과 인간의 순환성을 회복하는 것이 중요하다는 것이 화두가 되었다. 오늘날 사회는 목표로 향한 가장 빠른 직선의 길을 추구한다. 과정과 관계는 무시된다. 직선적인 성장사회는 위계와 지배, 속도 중심의 사회이다. 위계 사회 속에 성공한 삶이란 끊임없이 누군가를 패퇴시키며 위로 계층 상승을 도모하는 것이다. 그러나 전환사회는 직선적 '성

---

* 송희식, 『자본주의 우물을 벗어난 문명사』, 모색, 1995.

장'사회가 아니라 '성숙'의 사회, 서로 협력하고 돕는 순환성의 사회를 지향한다. 모든 위계적 구조, 상명하복의 수직적 서열 구조, 남성의 여성 지배, 강대국의 후진국 지배, 인간의 자연 지배를 거부하고 평등한 사회를 지향한다.

그래서 전환사회운동은 성공을 새롭게 규정한다. 계층 상승을 도모하며 피라미드의 꼭대기로 '위로 성공하는 것이 아니라 옆으로 성공하는 것'을 추구한다. 이해관계를 따지지 않는 많은 이웃과 친구를 두고, 사람끼리 협력하고 배려하며 서로 어깨 걸고 관계를 만들어가는 능력, 사회적 자산을 늘리는 것을 성공이라고 규정한다.

그래서 권력과 힘Power에 대해서도 다시 정의한다. 돈과 정치권력이 힘이 아니라 작은 삶의 변화를 위한 의지와 의도, 삶의 실천이 힘이며, 이들 사람들끼리 옆으로 연대하고 협력하며 관계성을 고도화시켜 사회의 에너지를 만들어 나가는 것을 힘으로 생각한다. 오늘날 협동조합운동, 마을만들기운동, 공유사회운동 등이 바로 그러한 흐름이다. 또한 정의를 세우고 감시하고 저항하는 운동을 위해 연대하는 것도 전환사회를 이루는 힘이다.

4) 영성: 통합적 지혜, 관계적 존재로서의 깨달음

영성Spirituality이라는 말은 물질적, 경제적 이해와 동기를 뛰어넘는 정신적인 가치, 부분적 지식이 아니라 통합적 지혜에서 비롯된 사고와 안목, 사람과 자연에 대한 우주적 각성 등의 인식을 통틀어 표현하는 것이라고 할 수 있다. 행복과 발전은 물질로만 평가될 수 없다. 실제로 그것을 통제하고 조정하는 것은 바로 정신성이다. 경박한 풍요와 성장이 아니라 문화적 품위와 성숙의 사회를 지향하는 것, 의식의 진화, 깨달음과 정신적 가치를 높이는 것이 필요하다.

관계적 사고를 더욱 깊이 확장하면 모든 종교의 전통이 이루어 놓은 경지를 체험하게 될 것이다. 우리 자신이 우주적 존재임을 깨닫게 되고, 티끌 하나 좁쌀 한 알에도 우주가 있다는 관계적 자아를 깨닫는 순간 나는 지구의 역사 46억 년의 나이를 먹어 온 자신임을 깨닫게 된다. 이렇게 의식의 차원을 높이는 명상과 수행, 수련 등은 삶의 행복의 질을 높이는 데 대단히 중요하다. 모든 변화는 개인의 변화에서 비롯되지만, 이것이 사회의 변화를 통해 만들어지고 다시 한차원 높은 개인의 정신적 깨달음으로 귀결된다.

이렇게 물질적 청빈과 자발적 가난, 그리고 동시에 정신적인 풍요와 가치 지향의 삶을 추구하는 좋은 삶 Good Life 운동도 전환운동에서 대단히 중요한 활동이다.

전환운동의 전략과 방법

전환사회운동은 어떤 방법으로 사회를 변화시킬 수 있을까? 목적에 도달하는 방법과 활동가의 자세, 운동의 문화에 대해서 몇 가지 언급해 보고자 한다.

1) 낡은 사회의 틈에서 발견하는 새로운 희망

전환사회운동은 '〈틈〉전략'이다. 우리가 비정한 돈 중심의 자본주의 사회에 살고 있다고는 하지만 실제 우리의 삶 속에는 비자본주의적 틈이 많다. 전환운동은 과거 변혁운동처럼 독재를 타도하고 민중이 중심이 되는 새로운 사회를 건설하는 혁명운동이 아니다. 희망은 과거 낡은 사회의 틈속에서 자라난다. 과정 속에서 부분적으로 정치적 청산과 전복은 있을 수 있겠지만, 그것이 운동 방식의 근본 기조가 되는 것은 아니다. 우선 낡은 시대의 틈에서 발아하고 있는 미래의 씨앗과 희망을 발견하는 일이 중요하다. 그리고 그것을 키우고 성장시키며 이들을 '점에서 선으로 선에서 면으로' 확장시키면서 변방의 것들을 주류화하고 사회의 가장자리에서 서서히 중심으로 이동시키는 것이다. 언제나 그렇듯이 모든 변화는 100퍼센트를 기대할 수 없다. 다양성의 사회속에서 100퍼센트를 기대하는 것은 또 하나의 획일화이다. 마치 바닷물의 염분 농도가 3.5퍼센트이지만 그것이 바닷물의 성격을 변화시키듯 작은 변화의 시작만으로도 이후 변화의 탄력을 받게 되면 가속적인 거대한 전환을 만들 수 있을 것이다.

2) 사회 변화와 자기 변화의 동시 수행

앞서 언급했듯이 과거 사회변혁운동은 타도의 대상을 밖에 두고 분노와 적대감을 동력으로 삼았다. 그러나 오늘날 위기를 초래한 주범은 밖에 있는 것만이 아니라 바로 우리이기도 하다. 단절과 분리의 사회

속에서는 완벽하게 선한 우리가 완벽하게 악한 대상과 투쟁하였고 그들만 물리치면 완전사회가 될 것으로 생각했지만, 악한 대상을 규정할 때 연결된 시스템 속에 자신도 포함되어 있었던 것이다. 어쩌면 혁파해야 할 사회와 타도 대상을 찾는 과정에서 자신도 그 시스템 구축에 침묵으로 동참했거나, 한편으로 누리면서 직간접적으로 공고히 하는 데 관계되지 않았다고 말할 수 없다. 결국 자신도 타도해야 할 시스템으로부터 완벽히 자유롭지 않다. 연결된 사회 속에서 적이라고 생각한 그 대상에 바로 자신도 포함된다는 것을 성찰하게 된다.

새만금, 4대강 개발 저지 운동을 하셨던 수경 스님의 오체투지와 삼보일배가 왜 사람들에게 주목을 받았을까? 그것은 이제까지의 사회운동이 대체로 자신의 밖을 향한 공격이었지만, 연결된 인연의 이치로 볼 때는 자신도 책임이 있으며 따라서 그 과제 해결의 주체로서 참회하는 것이기 때문이다. 그 운동은 밖으로 던지는 칼날을 자기에게 던지는 참회운동이며, 끊임없는 하심으로 생명을 받들고 천지은혜에 보은하려는 마음을 다짐하는 의미 있는 사회적 메시지였다. 새로운 문명 전환의 에너지는 자신에 대한 깊은 성찰과 회심에서 비롯된다. 그러나 오늘날 이 삼보일배 오체투지도 참회와 성찰의 기제가 아니라 상대를 공격하는 시위 문화의 한 장르로 한정되고 있으니 애석하지 않을 수 없다.

한편 기후 위기로 대표되는 환경문제의 원인을 찾으면서 데이비드

로이는 '우리 앞에 적이 나타났는데 그 적이 바로 우리'*라는 말을 인용하여 표현했다. 생명 위기를 앞두고 생활양식에 대한 성찰과 돌아보기가 중요한 의제가 되고 있는 것이다. 그래서 과거처럼 '내 밖을 바꾸는' 운동에 한정된 것이 아니라 '내 안을 바꾸는' 운동이 동시에 필요해진 것이다. 개인적 회심과 시스템의 전환이 동시에 필요하며 '사회 변화와 자신의 변화'가 동시적으로 수행해야 할 과제가 된 것이다.

명상·참선·기도 등의 수행에 대해서는 인류사적으로 종교 전통 속에 많이 축적되어 있다. 개인의 변화가 중요시되는 이 시기에 수행의 노하우는 중요한 인류의 자산인 것이다. 전환운동, 개벽운동에는 시스템과 구조의 변화만이 아니라 새로운 시스템을 이끌어 갈 미래의 인간으로서 사람의 개벽, 사람의 변화가 이토록 중요한 것이다. '물질이 개벽하니 정신을 개벽하자.'라는 오랜 말씀은 전환사회운동에서 개인의 대단히 중요한 화두이다.

3) 공포와 두려움이 아니라 감사와 고마움이 동력

환경 위기는 시스템 전환을 요구하는 메시지이다. 따라서 이러한 대전환은 파국이나 두려움, 공포로서가 아니라 늦기 전에 생태적 생활양식으로 회귀를 강제하는 메신저인 것이다. 이 거대한 기회는 '축복받

---

* 데이비드 로이, 『과학이 우리를 구원하지 못할 때 불교가 할 수 있는 것』, 민정희 역, 불광출판사. 2020.

은 불안'이라고 표현하기도 했고, 대전환, 거대한 전환, 문명사적 전환 등의 말도 쓰지만, 동학, 증산도, 원불교 등에서 써 왔던 '개벽의 징후' 라고 할 수 있다.

변혁의 동력으로 '분노와 적개심'은 단기적인 파괴와 타격에 집중 하는 데는 유용하다. 그러나 파국과 위기라는 '공포와 두려움'은 단기 적인 에너지를 끌어낼 수 있다. 그러나 이러한 네거티브 프로파간다 로는 시간이 갈수록 더욱 강력한 충격을 줘야 사람들이 움직인다. 그 렇지 않으면 오히려 거대한 공포 앞에 무력감과 자포자기를 수반한 다. 개벽운동의 동력이 '적대감과 분노', '공포와 두려움'이 아니라면 무엇일까? 그것은 바로 '고마움', '감사'이다.

그동안 산업 성장 사회의 중심 논리는 경제와 돈이었다. 그러나 생 명지속사회로의 전환은 아름다움과 가치를 발견하고 깨닫는 것이다. 나를 존재하게 하는 너, 나를 살려 주는 친구와 이웃의 존재에게 고마 움과 감사를 느끼는 것이다. 인간과 자연, 우주가 서로 의존하며 나무 와 바람, 구름과 태양, 신록과 풀, 벌레 등 천지자연의 은혜를 입고 있 음을 깨닫고 고마워하는 것에서 생명의 힘이 나온다. 그래서 재연결 작업에서는 거대한 대전환의 나선형 순환을 시작하는 첫 번째 단계 가 바로 〈고마움에서 시작하는 것〉이라고 한다.

우리가 연결된 존재임을 깨달을 때 이웃과 주변 사람, 자연의 모든 것에 깊은 고마움을 느낀다. 그러한 각성은 사람과 자연을 새로운 눈 으로 볼 수 있는 안목을 주고 믿음을 키워 준다. 그리고 감사를 할수록 감사할 일이 많아지고, 감사의 감각이 더욱 섬세하게 발달된다. 그리고 감사할 일을 느끼고 깨닫는 능력이 커지며, 감사를 만들어 내는 동력을 많이 알게 됨으로써 스스로도 감사할 일을 많이 만드는 사람이 된다. 고마움을 많이 느끼는 사람일수록 더 많은 사람들이 그를 좋아하게 되며 그의 일에 참여하고 싶은 매력을 느끼게 된다.

물론 분노와 비장함, 고뇌에 찬 결단, 지사적 결기 등도 생명운동이나 전환사회운동 과정에서 부분적으로 필요하다. 그러나 장기적으로는 고마움이 긴 호흡으로 오랫동안 일을 해내는 엔진이 된다. 비장한 결기로 일점을 돌파하는 집중성이 발휘되고, 모든 사람들의 존경을 받을지는 모르지만 모든 사람이 따라 하고 싶은 삶의 모범이 되진 못할 수 있다. 또한 남다른 결단이 자칫 장래 자신의 보상 의식의 근원이 될 수도 있다. 대안운동과 희망을 만드는 운동은, 운동을 하는 그 사람의 존재 자체가 희망이다. 그리고 우리의 활동은 우리가 만들고자 하는 미래 인간형의 모습이어야 한다. 인내하면서 일하는 것이 아니라 즐겁고 행복하게 일을 해야 오래도록 평생 할 수 있다.

특히 고마움은 소비문화 속에서 작은 소비로도 행복감을 느끼게 하고, 남을 돕고 싶은 마음을 불러일으킨다. 고마움이 깊어지면 많은 어려움과 갈등도 고마움의 요소가 되고 자신의 적이나 자신을 괴롭히는 사람조차도 자신의 일을 돕는 사람임을 깨닫게 된다.

전환사회를 위한 운동의 제안

2020년 전환운동, 개벽운동은 이제껏 산업 성장 사회의 모든 흐름을 거스르는 것이다. 그것은 지속 불가능한 사회의 모든 관행에 반대하며 거꾸로 가는 것이어야 한다. 물론 위급한 사안과 시급한 의제부터 집중하되 다양한 분야의 활동들을 동시에 진행해야 할 것이다. 그러나 동시에 진행하되 거대한 한 방향으로 가고 있다는 정서적, 이론적인 공유와 공감을 만들어 가면서, 서로 다른 영역이지만 활동을 격려하고 북돋고 지지하면서 해 나가는 것이 중요하다. 오랜 시간 해야 할 활동이기 때문에 단순히 인내와 결단으로가 아니라 신념화된 인내로, 삶의 즐거움과 행복을 선택하는 것이 되어야 한다. 개벽을 위한 새로운 사회운동의 대표적인 몇 가지를 살펴보겠다.

1) 기후 위기 비상 행동

현재 기후 위기는 2020년부터 향후 10년 안에 1.5도의 상승을 막지 못하면 돌이킬 수 없는 파국이 온다고 예견되고 있다. 스웨덴의 16세 청소년인 그레타 툰베리Greta Thunberg, 2003-현재는 기후 위기 대응을 요구하는 등교 거부 금요시위를 전개했고 이 운동은 전 세계적으로 퍼져 나가고 있다. 시민 단체들도 기후 위기비상행동을 결성하여 행동하고 유럽의 여러 국가들도 기후 비상사태를 선언하여 집중적인 정책 변화를 만들어 가려고 하고 있다.

지난 6월 5일 환경의 날에 전국 228개 지방자치단체 중 226개 지자체가 '대한민국 기초지방정부 기후 위기 비상선언'을 선포했다. 지난 9월 22일 6대 종교 환경 단체들도 서울 원불교 소태산기념관에서 '2020 종교인대화마당'을 개최하고 종교인기후행동을 선언했다. 문재인 대통령도 지난 10월 28일 2021년도 국회의 정부예산안 시정연설을 통해 "국제사회와 함께 기후변화에 적극 대응해 2050년 탄소중립을 목표로 나아가겠다."라고 선언했다.

기후 위기는 오늘날 인류에게 전환의 행동을 가장 강력하게 요구하는 전 지구적 메시지이다. 현재 우리에게 변화를 만들어 낼 남은 시간이 많지 않다. 이번에 전 세계 국가들이 시급한 사안을 뒤로 하고 코로나19에 가장 우선적으로 대응했듯이, 개별 국가와 유엔 차원에서 가장 우선적으로 기후 상승을 막아야 한다. 기간은 2030년까지 10년이 남았다지만, 실제로는 7년 6개월 정도밖에 남지 않았다고 전문가들은 걱정하고 있다.

현재 각 지역의 단체들이 금요일 점심 시간에 전국 곳곳에서 금요행동으로 피켓시위를 하고 있다. 그러나 좀 더 적극적으로 기후 위기의 시급성을 더 많이 알리기 위해서는 집집마다 사무실이나 건물마다 기후행동을 촉구하는 현수막을 게시하면서 다양한 행동을 펼쳐야 한다. 또한 에너지 절약과 효율화를 도모하고, 석탄, 석유, 원자력발전을 중단하게 하고, 재생에너지의 활성화를 사회적으로 촉구하는 활동을 해야 한다. 이뿐 아니라 CO_2보다 72배나 높은 온난화 유발 물질은 축산업에서 발생하는 메탄이다. 그래서 육류 섭취를 줄이는 채식 운동 또한 대단히 중요한 기후행동의 일환이다. 고기 없는 월요일 Meat Free Monday 운동 등 다양한 채식 운동이 동물권 운동과 결합하여 실행되어야 한다.[*]

2) 대안적 전환사회운동

전환이란 A에서 B로의 변화를 의미한다. A라는 시스템이 더 이상 지속 가능하지 않고 파괴적이라면 지속 가능한 새로운 대안 문명 B로 전환해야 한다. 이러한 전환은 A를 전복하고 B로 넘어가는 것이 과거 혁명이나 변혁의 방식이었다면, 대안운동으로서 전환사회운동은 국지적 또는 한시적으로 그 같은 변혁적 상황과 방식이 진행될 수도 있지만, 대안적 틈을 비집고 들어가 확장시켜 앞서 주변에서 중심으로, 비주류에서 주류로 중심 이동하게 하는 것이다. 위에서 말했듯이 기존의 질서 A 속에서 발아되고 있는 많은 B의 씨앗들을 찾아내어 육성하면서 더욱 많은 씨앗을 뿌리도록 하는 것이 중요하다. 또한 기존에 해오던 자신의 일이 분명히 전환의 활동임을 정의 내려 주고, 이름 붙여 주는 일도 대단히 중요하다.

이러한 씨앗은 중앙이 아니라 지역을 기반으로 풀뿌리 지역공동체, 지역의 순환사회 만들기, 마을 만들기와 마을공동체 등으로 새로

---

[*] 환경부http://me.go.kr/home/web/board/read.do?boardId=170786&boardMasterId=2

운 미래 사회의 대안이며 희망을 제작하는 것이라고 할 수 있다. 아일
랜드의 킨세일에서 시작되고, 영국 토트네스도 모델이 되고 있는 전
환마을Transition Town movement도 미래의 중요한 씨앗이다. 지속 가능
발전의 중심 구호라고 할 수 있는 '지구적으로 사고하고 지역적으로
행동하라'Think Globally, Act Locally는 슬로건 또한 지속 가능한 사회 만들
기에서 지역Local의 중요성을 강조한 것이다. 한국의 홍성, 홍동 지역
과 지리산 산내면 실상사 지역공동체나 성미산 마을공동체, 안성의
들꽃피는 마을, 무주 진안의 마을공동체들도 바로 미래 희망의 씨앗
들이다. 그리고 지역마다 있는 많은 인문학 모임과 지역 소모임 등도
발아할 준비를 하고 있는 소중한 씨앗 창고들이다.

또한 대안적 삶을 실험하고 공동체적 삶의 전형을 만들며 살아가
는 코뮌 방식의 생활공동체와 코하우징 공동체, 생태공동체도 중요
한 미래 사회의 희망이다. 지금 밝은누리공동체, 은혜공동체, 선애빌,
두레마을, 야마기시공동체, 애즈원, 태국의 아속 불교공동체, 영국의
기독교공동체 브루더호프, 미국의 아나키스트 공동체 트윈오크스 등
은 그러한 새로운 미래 사회를 실험하고 있는 곳이다.

제로성장, 마이너스성장 시대에 협동, 협력, 공유의 가치를 통해 삶
의 질을 높이고 성장사회가 아니라 성숙의 사회를 만드는 협동조합
운동, 사회적 기업, 특히 공유사회운동 등도 대단히 소중한 전환사회
운동이다. 그리고 공유사회운동에서 조금 더 나아간 무소유 나눔 운
동, 거저 나눔 운동 등은 풀어놓음으로 풍성해지는 '선물 경제, 호혜

경제'의 실험이며, 각 아파트나 지역마다 당장 시도해 볼 수 있는 공동체운동이다.

3) 자연권, 미래 세대 권리 운동과 온생명 민주주의 운동

중요한 의제임에도 아직 본격적으로 조직되지 않은 운동으로 자연권, 생명권, 동물권 운동이 있다. 우리나라의 경우 새만금 간척사업 반대 운동의 일환으로 2000년 녹색연합이 새만금의 조개인 "백합을 원고로 하는 소송"을 낸 것이 최초의 자연권 소송으로 기억된다. 이후 지율 스님이 천성산의 도롱뇽을 원고로 하는 소송을 냈지만, 백합이나 도롱뇽 등 동물은 소송의 주체가 될 수 없다고 원고 파기를 선고했다. 그러나 자연권 운동은 세계 곳곳에서 진행되며 관심이 높아지는 운동이다.

과거에는 잔인한 동물 사육과 개 식육 등을 반대하는 동물복지의 시각에서 동물보호운동에 접근했지만 점차 동물들의 권리를 인정하는 방향으로 세계 흐름이 나아가고 있다. 급기야 에콰도르는 2008년 세계 최초로 자연의 권리를 헌법에 포함시킨 국가가 되었고, 2010년 4월 볼리비아 코차밤바에서는 '기후변화 및 어머니 지구 권리 선언문'이 채택되었다. 과거 귀족들에게 차별을 받은 농노, 노예, 천민의 계급이 사라지고 평등권을 찾았다. 이후 가부장적 문화가 여전하지만 남성과 여성의 선거권과 피선거권의 헌법상 평등은 보장되고 있다. 최근에는 레즈비언, 게이, 바이, 트랜스, 기타 성소수자LGBTQ들의 평등을 인정하며 그들의 권리가 인정되는 방향으로 사회가 나아가고 있다. 그다음은 무엇일까? 동물권, 자연권이다. 이제 인간만의 평등이 아닌 자연이 권리주체로서 평등을 인정하는 방향으로 역사는 변하고 있다. 특히 코로나19는 보존을 넘어서서 자연의 권리로까지 확대해야 한다는 인식이 높아지는 계기가 되었다.

다음으로 미래 세대 권리 운동이다. 그레타 툰베리는 기후변화 대응에 적극적이지 않은 주류 정치인들과 어른들에게 저항하는 의미에서 매주 금요일 등교를 거부하고 기후 위기 대응을 촉구하는 시위를 벌였고 이것은 서구의 청소년과 국제사회에 큰 반향을 일으켰다. 툰베리는 "당신들은 자녀를 가장 사랑한다 말하지만, 기후변화에 적극적으로 대처하지 않는 모습으로 자녀들의 미래를 훔치고 있다."고 발언하면서 세계적인 파장을 일으켰다. 지금 세계의 모든 정치, 경제, 문화 시스템은 불과 4-5년간의 임기만 책임지는 정치권력, 오직 1년간 당기순이익만 생각하는 기업과 경제 시스템으로 작동되고 있다. 이 시스템은 미래 세대를 고려하고 장기적인 지속 가능성을 책임질 만한 체계가 아니다. 이를 바꾸는 새로운 운동이 필요하다.

다음으로 온생명 민주주의 운동이다. 오늘날의 민주주의는 현세대주의와 인간중심주의라는 이념에 갇혀 있다. 자연과 대지의 변형과 개조의 결정권을 갖고 있는 사람은 '현재 살고 있는 사람들'로 한정되어 있다. 지금 토지 소유인이 마음대로 자연과 대지를 개발하고 변경시킬 수 있다. 그러나 그 대지와 강, 자연을 누리는 주체는 현재 인간 이외에 동물들과 앞으로 살아갈 미래 세대이다. 그럼에도 오늘날 민주주의는 이들 뭇 생명들이나 미래 세대의 입장을 반영할 수 없는 민주주의 시스템이다. 인간 이외의 자연물과 미래 세대의 입장을 담보할 민주주의란 과연 불가능한 것인가?

북미 인디언들에게는 7세대주의라는 의사결정의 전통이 있다. 모든 결정은 7세대 이익까지를 생각해서 판단한다는 전통이다. 7세대면 약 200년으로 자연의 정화력과 복원력을 충분히 고려한 기간이라고 할 수 있을 것이다. 생태주의적 관점은 모든 존재가 수평적으로 연결되어 있고 시간적으로도 종적으로 연결되어 있다고 본다. 따라서 생태민주주의는 수평적 평등과 수직적 연결성을 고려한 민주주의이다. 이러한 민주주의가 현실 속에 어떻게 가능할지를 연구해봐야겠지만 한 가지 제안한다면 정부 기구나 기업, 단체 등 모든 기구의 의사결정에 참여자 1/4 정도를 미래 세대와 온생명의 권리를 대변하는 역할자로 선정하여 항상 그들의 입장에서 의사결정을 하는 제도를 고려해 볼 수 있다.

4) 발전과 행복의 지표, 가치 전환운동

그동안 산업 성장 사회의 대표적인 지표는 국민총생산GNP과 국내총생산GDP이었다. 상품 생산량에 따라 앞선 나라선진국와 뒤선 나라후진국를 나누어 매년 순위를 매겨 왔다. 생산량이 많다는 것은 자원 소비량이 많은 것이고, 그만큼 자원 개발과 폐기물 발생량이 많다는 것으로 환경와 생태에 심각한 피해를 주는 지표임이 드러났다. 지금 20퍼센트의 선진국이 전 세계 화석연료의 83퍼센트를 소비하고 있다. 그런데 모든 나라들은 그 20퍼센트의 선진국의 발전모델을 궁극의 목표로 생각하며 닮아 가려고 하고 있다. 그러나 오늘의 기후 위기를 초래한 것은 바로 그 20퍼센트의 선진국의 자원 소비와 폐기물 때문이다. 만일 모든 나라가 그들처럼 자원 소비를 한다면 인류는 벌써 끝장났을 것이다. 그렇게 보면 빈곤한 80퍼센트 나라의 가난 덕분에 지구는 아직도 탈이 나지 않고 버텨 주고 있는 것이며, 20퍼센트의 부유한 국가들의 풍요를 유지시켜 주는 것이다. 이제 학자들은 위기의 원인이 된 발전의 지표인 GNP, GDP를 바꾸지 않고서는 인류의 절멸은 피할 수 없다고 말한다. 최근에 국민총행복지수 GNH Gross National Happiness, 녹색 GNP Green GNP, 참 진보지수 GPI Genuine Progress Indicator, NNW 국민순복지 등이 GDP의 대안 지표로 제시되고 있고 이 중에 1970년 초에 부탄 국왕이 발표한 GNH가 지표로서 가장 주목을 받고 있다.

그래서 앞으로 전환사회운동은 이 지표를 바꾸는 운동이 절실히 필요하다. 최근 한국 국민총행복전환포럼*에서 GNH 지표를 확산하기 위해 2018년 6.13 지방선거 직전에 행복협약을 체결한 단체장 39명이 중심이 되어 〈행복실현 지방정부협의회〉의 구성을 지원하는 역할을 했다. 과거 1990년대 유엔환경개발회의 UNCED 이후 '지속가능한

---

* 국민총행복전환포럼 http://gnhforum.org/

발전'이라는 개념과 이를 수행하기 위해 '의제21Agenda 21'이 전세계의 보편적인 가치로 자리매김했지만 20년이 지나면서 지속 가능한 발전이 과거와 강력한 단절을 전제로 한 변화라는 개념을 망각한 채 오히려 '지속적인 발전의 추구'로 의미가 오염되었다. 물론 현재 SDGs지속 가능한 발전 목표로 아젠다는 진화되었지만, 우리가 추구해야 할 궁극적인 목표를 '발전'이라는 용어보다 '행복'이라는 용어를 사용하여 인간의 목적을 명확히 하는 지표로 전환하는 것이 필요하다.

　이제 '발전'을 새롭게 정의하고, 스스로 무엇이 '행복'인지를 선언해야 한다. 위로 성공하는 것이 아니라 "옆으로 성공하는 운동", 미래 세대를 위해 "포기하고 선택하기 운동", 그리고 오늘날 탈성장시대에 물질적인 청빈과 정신적인 풍요를 누리며, 사회를 변화시키고, 마음을 살피며 수행하는 '좋은 삶 운동 Good Life Movement' 등 발전과 행복을 재정의하며 새로운 윤리와 도덕을 만들어 나가는 운동을 전개할 필요가 있다. 예전부터 사회 변화에서 정신운동은 대단히 중요했다. 새마을운동이나 바르게 살기 운동, 4H 활동 등 모두 정신운동이 강력하게 결합된 사회개조운동이었다.

5) 생태적으로 지속 가능한 평화의 한반도 만들기

현재 생태환경운동 진영에서는 통일과 평화에 대한 논의가 그다지 많지 않다. 가뭄과 장마 등으로 엄청나게 많은 주민들이 아사하고 약 20년 가까이 고통을 받았으며, 북핵실험과 일촉즉발의 전쟁 발발 위험

상황, 3만을 넘은 북한이탈주민 문제 등이 있었지만, 환경과 생명운동에서는 북한의 민둥산에 나무를 심는 프로젝트 외에 생태적 관점이나 생명평화의 시각에서 남북문제를 본격적으로 다루지 않았다.

그러나 평화운동 진영도 상황이 비슷하긴 마찬가지였다. 남북간의 심각한 문제들이 발발했지만 환경과 생명의 시각에서 조망한 글이나 논의는 거의 없었다. 오늘날 지구상에 남아 있는 유일한 분단국가인 한반도의 통일은 거대한 세계적 사건이다.

남북의 통일과 평화의 문제는 과거 100년 동안 지속되어 온 세계의 제국주의와 미소 양대국의 대리전의 연장선에서 발생한 식민지적 잔재이다. 따라서 통일이나 평화는 이를 벗어나는 탈식민지 과제이다. 또한 최근 10년 안에 해결해야 할 기후 위기는 근대적 성장사회를 극복해야 하는 탈근대적 과제이다. 우리의 전환사회운동은 분명히 탈근대 과제의 해소를 중심으로 사고하고 있다. 이렇게 앞으로 10-20년 안에 한반도에서 벌어질 중대한 사건은 두 가지가 중첩되어 있는 것이다. 바로 기후 붕괴에서 살아남기와 동아시아와 세계적인 대립이 해소되는 남북통일과 평화라는 사건이다. 이 거대한 지각변동이 중첩된 한반도에서 두 가지가 독립적인 별개의 의제로 갈 수 있을까? 그것이 바람직한 일일까? 통일과 평화 문제라는 탈식민지 과제를 반드시 탈근대 과제와 같이 통합적으로 인식해서 통일 이후의 지속가능한 한반도의 미래 구상을 만들고, 그에 근거하여 통일과 기후 위기의 대응도 고려해야 할 것이다.

그동안 통일을 위해 노력하는 사람들 중에 이른바 개발주의적 통일 미래를 구상하는 사람이 많았다. 이른바 통일대박론이다. 통일을 순전히 비약적인 경제성장의 기폭제로만 인식하는 국가주의적 관점에서 강성 대국을 지향하는 통일 구상이다. 이런 비전은 생태적으로 대단히 우려스럽다. 지속 불가능한, 개발주의적이며 반생태적인 비전이다. 이런 입장에 서면 아마도 남한의 거대한 자본은 북한의 미개발 지역을 가만둘 리 없을 것이다. 인프라 건설과 남한과 격차를 줄인다는 이유로 북한의 자연과 산림을 엄청나게 개발하고, 한편으로 쓰레기 소각장이나 오염 및 혐오 시설을 북으로 보내려고 할 것이다. 이렇게 될 경우 북한은 남한의 내부 식민지가 되고, 북한 주민들은 이등국민이 되어 심각한 차별과 갈등이 만들어질 가능성이 대단히 높다. 통일이 지속 가능한 한반도를 만드는 일인가 아니면, 지속 불가능한 한반도를 만드는 일인가를 생각해야 한다는 것이다.

이제 한반도의 통일과 평화라는 〈탈식민지 과제〉는 반드시 문명전환이라는 〈탈근대 과제〉와 통합하여 〈생태적으로 지속 가능한 한반도 녹색국가비전〉이라는 안목으로 논의되고 준비되어야 한다. 남북 간 대화가 답보 상태에 있을 때 이러한 논의를 풍부하게 하고 사회적 의제가 되도록 해야 한다. 그래서 향후 남북관계에 속도가 붙을 때, 이 의제들이 실질적으로 정책 속에 구현될 수 있을 것이다. 그러나 이런 준비 없이 통일이나 평화 무드가 급격하게 조성되면 결국 성장주의 개발주의자들에 의한 통일로 휘말릴 가능성이 크다.

6) 전환사회_{개벽} 운동가들의 국내 국제적인 광범위한 네트워크

전환사회운동, 개벽운동의 관점에서 앞서 언급한 많은 대안적 희망의 운동들이 한국뿐 아니라 세계 곳곳에서 전개되고 있다. 아직 주류는 아닐지라도 위기와 어려움이 심각해질수록 더 많은 사람들이 관심을 갖게 될 것이고, 시간이 갈수록 많은 이들에게 공감을 얻게 될 것이다. 처음에는 시간이 걸리지만 활동의 내적 발전과 외부 환경의 변화 등 일정한 인연의 조건이 되면 더욱 탄력이 붙고 급물살을 타게 될 것이다.

기본소득 운동의 경우에도, 제안 초기에는 임금노동을 기반으로 하는 산업사회에서는 현실성이 전혀 없는 공상적인 제안이었지만, 세계 각국에서 논의가 활발해지고 국내적으로 경기도나 서울 등 지방자치단체에서 청년들의 일자리 창출 차원에서 시도되던 것들이 2020년 코로나19를 시점으로 폭발적인 관심을 갖게 되었고 재난지원금이라는 이름으로 사람들이 체험하면서 주류의 흐름이 되었다. 과거 공공급식 또한 시행 전에 많은 논란이 있었지만 지금은 좋은 정책으로 기정사실화되었다.

이렇게 환경운동과 생태주의운동, 에코페미니즘, 마을 만들기 운동, 마을공화국운동, 코하우징, 생태마을운동 등 다양한 마을공동체운동과 마을 인문학 활동, 협동조합운동, 사회적 경제, 공유사회운동 등 대안적 경제운동도 중요하며 생명평화의 미래를 구상하는 다양한 대안사회운동도 전개되고 있다. 이 운동들은 각 분야마다 자신들의 네트워크를 갖고 활발히 모이며, 서울과 지역 간의 다양한 유대를 갖

고 있다. 어떤 활동은 자신들의 운동이 새로운 문명 전환을 지향한다는 분명한 비전을 갖고 있기도 하지만, 어떤 경우는 그런 비전은 없지만, 활동 자체의 완결성에 집중하는 경우도 있다.

이 모든 단체의 활동들은 전환운동의 관점에서 하나하나 소중하고 위대하다. 각자의 활동이 개벽운동이며, 전환운동임을 명명하고, 방향을 공유하고 서로 공감을 높여 나가면서, 대안의 희망을 만드는 모든 전환운동이 같은 방향을 보고 있는 운동임을 깨닫도록 거대한 컨벤션이나 워크숍, 대화 컨퍼런스 등을 매년 정례화하고 SNS나 온오프라인 플랫폼 등으로 서로 긴밀한 네트워크를 갖게 하는 활동이 필요하다. 그리하여 다양한 방식으로 횡적 교류를 활성화시켜 시너지와 창발을 만들어 내며 협력하면서, 이전에 없던 새로운 사회운동의 기조를 창조해 내도록 촉매해야 한다. 그래서 모든 다양한 활동들이 서로 같은 곳을 바라보는 전환사회운동, 개벽운동의 도반임을 확인하고 효율적이고 강력한 흐름을 만들어 나가야 한다.

나가면서: 불확실성이 우리의 희망

1) 불확실성이 우리의 희망이다

전환사회운동개벽운동은 과거 한 국가 단위의 혁명이나 한 종교의 개혁 수준을 뛰어넘는 광범위하고 지난한 전 지구적 차원의 변혁운동이다. 이제껏 인류의 역사 속에 이 정도 규모의 전환을 요구받은 적이 없었다. 변화의 규모가 너무도 거대해서 한 개인이나 한 단체의 의지로는 불가능하고 심지어 한 국가와 국가권력이 강력한 결의로 추동한다 해도 전 지구적 규모의 변화가 가능할지 확실하지 않아 보인다. 이러한 불확실성이 우리를 더욱 불안하게 하고 무력감을 느끼게 하며, 거대한 벽으로 작용하여 넘어서는 시도조차 포기하게 만든다.

환자들에게 '당신의 병이 곧 나을 것이다.'라고 확신하게 말하면 환자 스스로 나아지려고 더 노력하지 않고 그 상태에서 안주할 위험이 있다고 한다. 어차피 좋아질 것이기 때문이다. 반면에 "희망이 없다."라고 말하면, 병은 더욱 악화되는 하방소용돌이Downward Spiral가 되어, 대안이 없다는 생각 때문에 더욱 악화된다고 한다.* 미래가 희망적이라면 변화를 위한 우리의 집요한 노력은 게을러지고 현 상황에 안주할 가능성이 있어 실제로는 더 나빠지게 된다. 반대로 절망적이라면 무엇을 해도 안 될 것이라는 체념과 무력감으로 역시 나빠진다는 것이다. 결국 우리가 희망적이든 절망적이든 "미래가 결정되어 있다고 생각하면" 현실 안주의 낙관론이나 체념적 비관론에 포섭되어 최선의 대응 방안을 만들려 노력하지 않고 어떠한 노력도 필요없다는 생각을 하게 되기 때문이다.

그래서 미래가 결정되어 있지 않은 이 불확실한 상황성이야말로

---

* 조애나 메이시, 양춘승 역, 『액티브 호프』, 벗나래, 293쪽.

최상의 축복인 것이다. 현재의 우리 노력에 의해서 미래가 결정된다는 것이 명확하기 때문에, 행위 주체로서 의지를 갖고 더욱 강력히 노력할 이유가 있게 된다. 따라서 불확실성 때문에 더욱 우리는 희망적이라는 사실을 알아야 한다. 나의 작은 행동이나, 집단의 실천이 앞으로 일어날 미래의 일에 영향을 미치기 때문이다.

2) 목표를 정하되 과정을 잘 계획하기

진정한 위기는 위기 자체가 아니라 '위기를 다루는 방법의 위기'인 경우가 많다. 어떤 방법을 채택하고, 어떻게 효율적 해법을 설계할 것인지가 중요하다. 무엇을 목표로 할 것이며 그 목표를 이루기 위한 수단은 무엇인지, 지지 세력을 구축하고 동원할 수 있는 자원을 파악하여 모으며, 지속적으로 동력을 유지하는 방법을 찾는 것이다. 전환사회운동은 목표를 갖되, 목표에 집착하지 않는 운동이다. 목표보다 관계와 과정을 우리가 원하는 대안사회의 방법으로 여법하게 설계하고 진행해 나가는 것이 중요하다. 모든 목표를 이루는 과정을 보면 목표 달성 이후를 예측할 수 있기 때문이다. 목표보다 과정의 계획이 중요하다.

3) 지지 세력 구축, 자원의 파악, 자기 동력 유지하기

작은 변화를 이루기 위해서 활동의 목표를 분명히 하되, 과정과 관계를 어떻게 만들어 나갈 것인지가 중요하다. 그래서 우리가 바라는 미래상을 먼저 그려 보는 것이 필요하며 함께하는 사람들과 그것을 공유하는 것이 중요하다. 과정 속에서 "걸림돌, 장애물"은 무엇이고 "디딤돌, 조력자"는 누군지를 명확히 파악해야 한다. 이 과정에서 생각이 다른 사람을 한꺼번에 동의하게 하려는 욕심을 부려서는 안 된다. 자신도 현재의 세계관이 구축될 때까지 시간이 걸렸듯이 그에게도 시간이 필요하기 때문이다. 단지 그저 생각의 방향을 "한 클릭One-Click 이동시키기"를 목표로 삼는다. 그래서 주위 지지자들의 명단을 만들고 지도를 만들어 이들 인적 자산을 어떻게 의미 있는 동력이 되도록 할 것인지를 계획해야 한다.

이렇게 자원을 파악하고 지지자를 확보하는 활동과 더불어 중요한 것은 스스로의 에너지와 동력을 유지하고 용솟음치게 하는 것이다. 혼자 일할 경우 자신의 결의 수준에 따라 활동의 강도와 확산의 범위, 지속 기간이 달라진다. 자신이 10의 결의를 갖고 있다면 10만큼 주변 사람을 설득하고 자원을 동원하며 10만큼 시간을 지속할 것이며, 그만큼 혼신을 다할 것이다. 그런데 5의 결의라면 그 규모만큼 주변의 인적 물적 자원을 활용하고 시간도 5만큼 지속할 것이다. 이렇게 5의 동력, 10의 동력을 넘어선 100의 동력을 만들고 그 결의 강도를 지속시키도록 개인의 여건과 주변의 환경을 조성하는 것은 대단히 중요하다.

혼자 일할 경우, 개인의 감정적인 기복이나 성취의 정도에 따라 심리적 열정도 오르락내리락 변할 가능성이 있다. 그래서 일관성을 유지하기 위해 여럿이 함께하는 것이 중요하다. 한 사람의 결기로 활동

할 때보다 함께 활동할 때 서로를 긍정적으로 지지해 주는 힘이 생긴다. 그래서 함께하게 되면 힘들고 어려운 일이 생길 때 그 '일점을 돌파하는 힘'이 생기고 풍부한 아이디어가 떠오르고 관계 속에서 깊은 동지적 신뢰가 만들어진다. 물론 함께하는 것이 언제나 행복한 것은 아니지만 '서로에게 힘이 되는 관계', '서로 살려 가는 관계'가 되도록 노력해야 할 것이다.

4) 선조들의 '가피'가 우리를 밀어 주고 있다

불교에서는 '가피加被'라는 말이 있다. 부처나 보살이 자신을 지지하고 밀어 주는 힘이다. 그저 종교적이고 신화적인 언어로 여겨 현실성이 없다고 생각할 수 있다. 그러나 우리는 부모님의 칭찬, 선생님과 친구들의 격려가 내 삶이 성장하는 데 큰 자신감을 갖게 한 경험이 있을 것이다. 그것이 '가피'이다. 고향에 계신 부모님들이 객지로 떠난 자식이 잘되도록 정화수를 떠 놓고 매일 기도하거나, 새벽기도로 간절히 염원을 모으는 그 보이지 않는 에너지가 실제 영향을 미친다. 아마도 우리 부모님의 부모님도 그렇게 자식을 위해 간절한 에너지를 보냈을 것이다. 과거 독립운동을 했거나 대의를 위해 희생했던 수많은 사람들은 더 나은 세상을 만들기 위해 그들의 의지와 열성을 대를 이어 행하는 후배와 후손들에게 간절한 지지와 격려의 에너지를 보냈을 것이다. 수십 년, 수백 년, 수천 년 전의 선조와 조상들의 고결한 마음과 동력은 이 우주 속에 남아 같은 마음과 열정을 내는 사람들과 동기화될 때 큰 힘으로 작동한다는 것을 생각해 보라.

우리는 전통적으로 '잘되면 내 탓, 안되면 조상 탓'이라는 말을 썼다. '탓한다'는 뜻은 지금도 나에게 어떠한 영향을 미치고 있음을 깨닫고 조상들이 만든 속담이다. 우리가 46억 년 전 지구의 시작부터 우리가 시간적으로 연결된 나는 단순한 30살 60살이 아니고 46억 살이다. 이렇게 시간으로 연결된 힘, 그리고 나와 같이 더 나은 미래를 위해 열정을 가지고 헌신했던 선조들의 에너지는 현재 내 속에도 남아 그들의 힘은 나의 어깨를 지지해 주고 밀어 주는 힘이 된다는 것을 깨닫게 될 것이다. '가피'를 받고 있는 것이다. 이들이 나와 함께하고 있어 우리가 해야 할 거대한 작업이 혼자 하는 외로운 일이 아님을 알아야 한다.

5) 즐거움과 흥분, 재미와 설렘이 동력이 되길

거대한 전환을 도모하는 우리의 활동은 단순히 내 개인의 힘만이 아니라 수많은 동료와 친구와 도반, 동지들의 연합된 힘, 그리고 우리처럼 더 나은 세상을 위해 각고의 노력을 해 온 선조들의 에너지가 우리를 지지하고 밀어 주고 있다. 그뿐만 아니라 죽임을 피하고 생명을 원하는 수많은 뭇 생명들, 그들의 희원이 우리에겐 미래를 만드는 거대한 동력이 된다는 것을 생각해 보자.

우리의 개벽운동, 전환사회운동은 공포와 두려움이 아니라 희망과 설렘, 즐거움이 삶의 기조가 되어야 할 것이다. 그 즐거움이 축적된 미래가 우리가 지향해야 할 모습이다. 고난을 참고 인내하는 것은 고결한 일이고 존경은 받겠지만 많은 사람이 따라 하긴 어렵다. 이 모든 활동에 내가 즐겁고 행복해야 남도 나를 따라오게 될 테니까. 따라서 이렇게 즐겁고 좋은 일이 굳이 개벽운동, 전환사회운동이라고 운동이라는 말을 붙일 필요가 없지 않을까? 운동이라는 말이 사라진 운동, 개벽운동은 그런 것이 아닐까?

『개벽』에서
『다시개벽』까지
100년의 미래

박길수
도서출판 모시는사람들 대표

『다시개벽』 원년, 오만년의 출발점

2021년은 『개벽』 창간 101주년이고, 2020년 겨울호로 창간 12월 1일자 계간 『다시개벽』이 실질적인 원년元年을 시작하는 해이다. 『개벽』 잡지는 1860년 동학 창도 한 갑자가 되는 1920년에 창간되면서 '개벽의 꿈'을 이야기하였고, 그로부터 100년 동안 부침을 거듭하며, 100년 만에 '다시개벽'의 기치를 '다시 한 번 새롭게' 들었다. 2021년 이후의 세계 흐름에서 다시개벽의 소리는 좀 더 뚜렷해지고, 그 전망은 좀 더 분명해질 것이다. 그 새로운 행보에 힘을 보태는 의미로, 여기서는 지난 100년의 '개벽'의 장정長征을 다시 한 번 정리한다.

물론, 다시개벽의 꿈은 '개벽'이라는 이름에 갇혀 있거나, 더욱이 개벽이라는 이름의 잡지에만 구애되지는 않는다. 그러나 2021년 이후 '다시개벽'의 플랫폼이 되고 새로운 뿌리와 샘根源이 될 『계간 다시개벽』의 연원을 분명히 하고, 전도가 양양하기를 기원하는 차원에서 지난 역사를 짚어 보는 것이다.

다시개벽의 연원, 수운-해월-의암

동학에서 '개벽'은 본래 '다시개벽'이라는 말이다. 이것은 수운 최제우가 '개벽 이후 처음'으로 선언한 것이다: "십이제국+二諸國 괴질운수怪疾運數 다시 개벽開闢 아닐런가."『해월신사법설』<안심가>; <몽중노소문답가> 그것은 이 세상이 생겨난開闢 이래 지금까지 이어 내려온 인류 역사가 전혀 새로운 국면으로 전환한다는, 우주적 차원의 전환을 의미하는 것이었다.

이것을 좀 더 인간 친화적이며 '사람성 자연地球'의 차원에서 재언명한 것은 해월 최시형이다: "이 세상 운수는 천지가 개벽하던 처음의 큰 운수를 회복한 것이니 세계만물이 다시 포태의 수를 정치 않은 것이 없느니라. 경에 말씀하시기를 「산하의 큰 운수가 다 이 도에 돌아오니 그 근원이 가장 깊고 그 이치가 심히 멀도다」하셨으니, 이것은 바로 개벽의 운이요 개벽의 이치이기 때문이니라. 새 한울·새 땅에 사람과 만물이 또한 새로워질 것이니라."『해월신사법설』<개벽운수>

그리고 다시, 의암 손병희는 개벽과 인간의 인간적 측면을 강조하여 말했다: "개벽이란 한울이 떨어지고 땅이 꺼져서 혼돈한 한 덩어리로 모였다가 자·축 두 조각으로 나뉨을 의미함인가. 아니다. 개벽이란 부패한 것을 맑고 새롭게, 복잡한 것을 간단하고 깨끗하게 함을 말함이니, 천지 만물의 개벽은 공기로써 하고 인생 만사의 개벽은 정신으로써 하나니, 너의 정신이 곧 천지의 공기이니라. 지금에 그대들은 가히 하지 못할 일을 생각지 말고 먼저 각자가 본래 있는 정신을 개벽하면, 만사의 개벽은 그다음 차례의 일이니라."『의암성사법설』<인여물

이러한 '다시개벽'의 사상적 지평 위에서 1892, 1893년에는 해월 최시형의 지휘 하에 동학민회東學民會, 일명 '교조신원운동' 운동이 치열하게 전개되었다. 1894년에는 동학혁명이 처절하게 전개되었다. 이후 10년 간의 정비를 거쳐 1904년에는 의암 '자주적 근대화' 운동이 전개되었다. 1910년 국권을 상실한 이후 다시 10년의 준비를 거쳐 1919년에는 3·1운동-국권회복운동이 전개되었다. 이 모두를 '동적動的인 개벽운동'이라고 할 수 있다.

제1기 : 『개벽』 창간호 1920.6.25 ~ 통권72호 1926.8.1

3·1운동 이후 전개된 새로운 정치-문화 환경에서, '동학청년'들이 『개벽』을 창간하였다. 이것은 1900년 이후 의암의 주선으로 일본 유학을 한 천도교 청년 지식인, 그리고 그들로부터 근대적 교양을 전수받은 국내의 청년 동지들이 결합하여, 한편으로는 전통적인 동학-천도교의 개벽사상의 사회적社會的 실천과 문명적文明的 개벽운동을 전개하기 위한 시도였다. 여기서 '사회'란 국권이 상실되어 근거 삼을 국가가 현실적으로 존재하지 않는 상황에서, 우리 민족의 기본 터전을 '사회'로 상정한 것으로, 이때 사회는 곧 국가의 대체제/대행제라고 할 수 있다. 또 여기서 '문명'이란 제1차 세계대전 1914-1918을 겪으며 전 세계적으로 근대문명의 폐해와 한계를 절감한 바탕 위에 '근대 이후'를 모색하는 문명적 전환의 움직임이라고 할 수 있다. 당시의 동학청년들은 때

로는 명시적으로, 때로는 막연하게 근대-이후 문명으로의 개조를 수용하면서도 그것을 동학-천도교의 개벽사상의 지평에서 전유專有-재해석함으로써, 개벽은 단순한 개조-개화 지향의 매체가 아니라, 오늘에도 유의미한 '개벽'의 보고로 자리매김할 수 있었다. 이러한 관점에서의 '개벽' 읽기가 2020년부터 시작되어 계속되고 있다

1920년 6월 25일, 『개벽』 창간호가 '삼세 번'의 우여곡절 끝에 발행되었다. 최초의 '창간호'는 발매금지되었고, 급히 호외를 발행하였으나 이마저도 배포금지, 끝으로 '임시호'라는 이름으로 제1호-창간호가 발행되었다: "'없이 계신 한울님無何有'인 신神우주 개벽을 한 이래 진화를 거듭하여, 오늘날 이 세계 대개조라 하는 혁신의 기운을 맛보게 되었나니, 이것이 곧 '개벽의 개벽' 즉 '다시개벽'이다. 때時가 개벽하고 일事이 개벽하고 사람과 만물人物이 개벽하는 이 기회에 우리가 개벽사開闢史를 쓰게 된 것은 실로 때에 알맞고, 일에 알맞고, 정신에 알맞은 한울님神의 요구라 아니할 수 없다. 인민人民의 소리는 이 개벽에 말미암아 더욱 커지고 넓어지고, 철저하여지리라." <창간사> 중에서

이렇게 출발한 『개벽』은 그 이후 만 6년, 모두 72개호를 발행하는 동안, 창간 당시 표방한 대로 실로 '개벽사開闢史'를 당당히 써 내려갔다. 그러나 발행하는 내내 일제의 강고한 탄압에 시달리는 『개벽』은 그 외압과 함께 내부천도교단의 끊임없는 분란新舊派 分裂으로 인한 토대의 부실화 등 여러 이유가 복합되어 1926년 8월 1일 자, 통권 제72호를 종간호로 '폐간'되었다. 일제의 탄압은 발매금지압수 40회, 정간 1

회, 벌금 1회를 비롯하여 필화사건으로 편집자가 구속되는 사례가 빈번하였고, 그로 인한 재정적, 정신적 압박은 이루 말할 수 없을 지경이었다. 그 결과로 나타난 것이 개벽사 동인들의 '과로사過勞死.' 개벽 창간 이래 살림꾼이던 민영순이 1920년대 말경에 환원한 것을 시작으로, 1930년 5월 8일에는 〈개벽사〉 창간 동인의 핵심이던 이두성이 1년여의 투병 끝에 환원하였고, 제3대 편집국장 방정환이 1931년 7월 23일에, 1933년 5월에는 『신여성』과 『제일선』을 전담하던 여기자 송계월이 폐결핵으로 환원하였다. 1934년 5월 9일에는 〈개벽사〉의 에너자이저였던 박달성이 40세를 일기로 환원하였다. 〈개벽사〉의 든든한 기둥이던 김기전은 1930년대 초부터 지병폐결핵으로 전국 요양지나 수도원을 순례하며 가료하기에 여념이 없었다.

제1기 『개벽』의 위상과 의의에 대해서는 다음의 평가로 갈음한다: "잡지 『개벽』은 그 시기 사회 조건 속에서 여론을 선도하고 지성사적 영향력을 발휘했다. 우리나라 매체의 역사에서 『개벽』의 역할을 되풀이한 게 또 있을까 의문이다. 뒷날 『사상계』나 『창작과비평』, 『문학과 지성』이 그와 비슷한 지위를 점했다고 볼 수 있다. 그러나 『개벽』은 그 이후의 잡지들이 시사, 문학, 학술 등의 방면으로 전문화하기 이전에 그런 역할을 종합적으로 감당했다. 지성사, 정치사, 문학사적 방면에서 전방위적 여론을 형성한 최초의 잡지였다. 그런 점에서 뒷 시기 잡지들이 흉내 내지 못하는 바가 있다." 임경석, 차혜영 외 지음, 『개벽에 비친 식민지 조선의 얼굴』, 모시는사람들, 2007.7쪽.

제2기 : 『개벽신간』1934.11.1~4호 ~ 『속간복간개벽』1946.1~9호

『개벽』의 폐간은 그 발행 주체인 〈개벽사〉의 쇠락의 결과이기도 하고, 또 그것을 가속화하는 원인이 되었다. 그러므로 『개벽』의 동인들은 지속적으로 『개벽』의 복간을 희구하고 추구하였다. 재정적, 운동적 뒷배가 되어 주던 '천도교단'과 '천도교청년당'이 『개벽』을 비롯한 개벽사 잡지의 지원을 계속할 여력을 거의 상실한 상황에서 자생적 경영의 길을 걸어야 했던 1926년 8월 이후, 『개벽』의 복간은 그렇기에 재정적, 운동적 뒷배의 상실 더 요원한 일이 되었고, 그렇기에재정적, 운동적 역량의 재구축의 필요 더욱 요긴한 일이었다.

1934년 11월, 대부분의 개벽사 동인들이 요절하거나 병마에 시달리는 와중에 차상찬이 『개벽신간』을 복간하여 이후 4호까지 발행하였다: "여러분 다 같이 기뻐하여 주십쇼. 이 세상에 만일 죽었던 사람이 다시 살아 나왔다면 그 얼마나 반갑고 기쁘겠습니까? 더욱이 금년 7월은 우리 개벽사가 창건한 지 제14주년 돌맞이 기념이었습니다. 중략 추풍비우秋風悲雨 8개 성상개벽 폐간 이후 현재까지-필자주에 세사世事는 격변하여 창상滄桑=桑田碧海의 뜻-필자주의 감이 있고 인사 또한 무상하여 전날 『개벽』지를 위하여 고심혈투하던 민영순, 이두성, 박달성, 방정환 제 용사가 소지素志를 미성未成하고 벌써 이 세상을 떠나고 김기전 동지가 또 병마에 걸려 4, 5 성상을 해서海西 일우一隅에 누워 있고 『개벽』 당시에 인으로 다만 나와 이정호 군이 남아 있어서 본지를 다시 편집하게 되니 독수고성獨守孤城과 같이 쓸쓸하고 외로운 감을 스스로

금할 수 없습니다. 그러나 우리는 각오하고 결심하였습니다. 최후의 1인, 최후의 일각까지라도 본지를 위하여 분투용전하려고…." 「回顧八年」, 『新刊 開闢』 제1호, 1934.11.1

이렇게 의욕적으로 출발한 『개벽신간』은 불과 4개호1935년 2월호를 내며 더 이상 발간을 하지 못하였고재정 부담이 가장 큰 문제였다, 마지막까지 개벽사의 면목을 지키던 『어린이』 잡지이정호 담당마저 1935년 3월호로 폐간되면서, 개벽사마저 문을 닫고 해산하기에 이르렀다. 마지막 순간에 개벽사를 지키던 차상찬과 이정호는 '막걸리 한 잔'을 눈물 섞어 나눠 마시며, 서로 헤어져 갔다. 차상찬은 개벽사의 잡지와 자료들을 리어커에 싣고, 부인이 밀고 본인이 끌며 북촌 중턱에 있던 집으로 향했다. 이정호의 집은 당시 동대문 근처에 있었는데, 그의 집에도 해방 후까지 어린이를 비롯한 개벽사 잡지가 다수 있었다고 전한다. 이정호는 1939년에 역시 병으로 사망하였다

『개벽신간』이 폐간되고, 개벽사가 문을 닫은 지 10년 만에 조국이 광복되자 개벽사의 주역들은 우선 그 모체가 되는 '천도교청우당←청년당'을 1945년 9월에 재건하고, 10월부터 최우선적으로 개벽사 재건에 착수한 다음 『개벽』 복간에 착수하여 1946년 1월호로 '73호' 『개벽』속간개벽을 발간하였다. 김기전이 썼을 것으로 추정되는 〈복간사권두언〉는 이러하다: "이제 조선이 해방됨과 함께 『개벽』이 다시 나온다. 『개벽』은 지난 1920년 조선의 독립운동과 함께 창간되어, 무릇 일곱 해 동안을 싸워 오다가 1926년 8월 우리의 혁명가 여러분을 소개

했다는 이유로 필경 저들의 손에 암살=폐간-필자주되었던 것이다. 중략 그러나 어떠한가. 20년이 지난 오늘, 그들은 패망하고 / 조선은 자유 되고 /『개벽』은 다시 나온다. / 오오, 망할 것은 망하고 / 흥할 것은 흥하고 / 있어야 할 것은 반드시 있고야 마는 것인가. / 더 말할 것도 없이 개벽이라 함은 그 말뜻에서 먼- 옛적에 천지가 개벽하고 이 세상이 창조되던 것과 같이 인류의 역사가 또 한 번 다시 5천 년을 지난 오늘에 이 세상이 또 다시 개벽되며 우리의 인문생활人文生活이 근본적으로 새로워진다는 그 정신을 취할 것인바, 이것을 어떤 철인哲人의 예언적 계고豫言的 誡告에서만 말고, 뚜렷한 역사의 필연성에서 이 뜻을 붙잡아 정말로 다시개벽의 큰 정신을 드러내는 동시에 먼저 이 땅이 나라에서의 / '개벽시 국초일開闢時 國初日을 만지장서' 논의하고 제창하여 민족국가의 만년대계를 세우는 일에 큰 공양을 드리며 낭가인류 문명의 근본적 개조를 감행하는 일에 한 개의 힘찬 돌장槓杆: 지렛대이 되려 하는 것이, 이것이 일찍이『개벽』을 발행한 정신이요, 이제 또『개벽』을 발행하는 정신이다. …하략"

이 시기 이북에서 부활된 '북조선청우당'에서는『개벽신보開闢新報』라는 기관지를 발행하면서『개벽』의 복간을 추진하였다. 이『개벽신보』는 1953년까지 발행되었다는 기록이 있으나 그 이후 후속 간행물에 대한 기록은 보이지 않는다. 그러나『속간개벽』은 81호까지 9개 호를 내고는 해방정국의 좌우익 대립 국면에서 우익 세력의 백색테러인쇄기 파괴로 개벽사가 업무를 계속할 수 없게 되고, 청우당마저

'좌익' 혐의로 강제로 해산되면서 다시 폐간에 내몰리고 만다.

제3기 : 개벽사 부활 /『개벽』복간 준비위원회,『개벽』등 영인

6·25가 끝나며 천도교단은 월남한 이북 출신 교인들을 중심으로 재편되었고, 전후 혼란을 수습하는 와중에 근 10년 가까이『개벽』의 복간과 계승을 위한 눈에 띄는 노력을 기울이지 못하였다. 1958년 처음으로 개벽사 복원 문제가 논의 되었으나 이어지지 못하였고, 다시 10년이 경과한 1967년 12월 천도교 제9차 임시전국대의원대회교단 최고 의결기구에서 〈보성사〉*와 〈개벽사〉재건을 결의했다. 이듬해 1968년 3월 11일 개벽사 및 보성사 부활추진위원회가 발족되고, 이어서 '개벽복간추진위원회'가 구성되었다. 이어 1969년 3·1운동 50주년 기념 사업의 일환으로 정부에 보성사 및 개벽사 '재건 부활'의 당위성을 설명하면서 정부에 복구비 지원을 요청요구하였다. 특히 보성사나 개벽사가 일제에 항거하고 또 일제하에 민족적 역량을 강화하는 과정에서 일제의 탄압으로 소실되거나 해체된 만큼 "일제의 배상청구권자금을 청구하여 그 보상으로 이를 재건"해야 한다고 밝히고 있다. 그러나 이러한 노력에도 불구하고『개벽』복간의 전초전으로서『개벽』영인본을 발간하

---

* 〈보성사〉는 당시 우리나라에서 최초로 서구식 인쇄시설을 도입한 인쇄공장으로서 3·1독립선언서를 밤새워 인쇄하였고, 그 과 일제의 보복적인 방화로 소실당한 비운의 역사를 갖고 있다.

는 데 그치고, 『개벽』의 복간은 끝내 그 빛을 보지 못하였다.

이러한 교단 중앙中央 기구에서의 노력과 별개로, '청년당청우당'을 계승한 청년회의 중앙 조직이나 지방 조직이 1960년대 이후에 부활하면서 '개벽'을 제호로 한 간행물을 내놓기 시작했다. 1960년대 초에 천도교청년회 서울시 지부에서 『개벽청년』 1호이라는 회지會誌를 간행하였고, 또 소규모 인쇄물등사판로 『주간개벽』통권13호이 발행되었다. 1980년대에 천도교청년회중앙본부에서 연간年刊 기관지機關誌 『개벽청년』통권4호과 일반 대중 잡지유가지 『개벽의 소리』통권1호, 천도교청년회 서울시지부에서 『주간개벽』통권132호 등을 간행하며 『개벽』의 계승과 복간을 위하여 노력을 기울였다. 그러나 이들 중 1호만을 발행한 『개벽의 소리』를 제외하고는 청년회 본부나 지부의 '회지'로서 명실상부한 것은 되지 못하였다. 그중 가장 많은 호수를 발행한 『주간개벽』은 필자가 창간에 관여한 잡지로 1989년부터 3년간, 매주 결호缺號 없이 간행된 회지會紙이다. 당시 『주간개벽』은 1987년 민주화운동 이후 분화 발전한 운동의 한 부문으로 '문화운동마당극, 풍물 등'을 담당하던 청년 활동가의 정체성을 가지고, 이를 '출판운동'을 통해 전개하고자 한 것으로, 형식과 수준면에서는 회지會紙를 크게 벗어나지 못하였으나, 그 정신면에서는 '개벽운동'에 대한 문제의식을 항상 고민하며 발행하였다고 할 수 있다.

이상에서 살펴본 대로 제3기의 『개벽』 계승 노력은 천도교단을 중심으로 '중앙'과 '지방' 그리고 교단 차원과 청년회 차원에서 전방위적으로 전개되었으나 뚜렷한 성과를 거두지 못한 데에 중요한 역사적 배경을 짚어야 한다. 첫째, 해방과 6·25전쟁 이후 한국 사회가 분단의 고착화와 더불어 '친미-친기독 정치-경제-교육-문화 체제로 재편'되면서, 자생적/자주적 사상-종교-철학으로서의 동학-천도교의 세력이 급격히 위축되었다. 둘째, 3·1운동 이후 피폐해진 교단 재정 상황 때문에 운영하던 교육 기관을 모두 내준 후, 해방 이후 이를 만회하지 못하고 교육 기관 복원 노력을 기울였으나, 전쟁과 재정 부족 등으로 좌절되었다. 인재와 내적 역량을 구축하는 데 실패하였다. 셋째, 교세가 이북에 치우친 상황에서 70년 이상 계속되어 온 분단 상황은 천도교단의 운신의 폭을 여지없이 위축시켰다.

그러나 한편으로 이러한 '천도교단 중심'의 역사인식과 달리, 한반도 남쪽 차원으로 그 지평을 넓힐 때에, 2000년대까지 표면적으로 개화파 서구 중심의 근대화 세력가 한국 사회의 주류를 형성해 온 것이라는 상식적인 역사 인식과 전혀 다른 새로운 인식의 지평을 '개벽사開闢史'의 지평에서 복원하게 되었다. 그것은 곧 '개화파左右'와 '위정척사파' 사이에 '개벽파開闢派'라고 하는, 개벽의 정신을 계승하는 '저류低流'가 흐르고 있었다는 인식이다. 이에 따르면, 1894년의 동학혁명, 1919년의 3·1운동이나 일제강점기의 민족운동들, 그리고 1960년의 4·19혁명, 1980년의 5·18혁명, 그리고 1987년 전후의 민주화운동, 2000년대 이후 촛불시위나 특히 2017년의 '촛불혁명'에 이르기까지 '비폭력' '생명' 평화' '자생적, 영성적 근대' '개벽의 흐름'을 만들어 온 것이 한국 근현대사의 실질적인 본류本流라는 인식이다. 이것은 1980년대 이래 '좌절된 농민전쟁혁명'으로서의 동학이 아닌 '생명의 눈으로 본 동학' '개벽으로서의 동학'에 대한 꿋꿋한 천착의 흐름을 계승하면서, 2017년 『한국 근대의 탄생: 개화에서 개벽으로』조성환, 모시는사람들라는 짧지만 확고한 '개벽사관開闢史觀'에 입각한 단행본이 발간되면서 수면 위로 부상하였다. 이어 2018년과 2019년 사이에는 『개벽파선언』이라는 단행본이 나오면서 '개벽파'라는 말이 공식화되었고, 계속해서 '개벽학당' '개벽포럼' '개벽종교' '개벽학' 등으로 폭발적인 발화發花, 개화開花, 분화分花가 이루어졌다. 이러한 대폭발의 이면에는 제4기 『개벽』으로서의 『개벽신문』이 자리매김하고 있다.

제4기 : 『개벽신문』 창간호2011.4 ~제95호2020.6

2011년 『개벽』의 "창조적 계승"을 표방하며 『개벽신문』이 창간되었다. '신문'이라는 제호와는 달리 '월간지타블로이드판, 12-48면, 무가지'로 간행된 『개벽신문』은 '창간준비호'를 제1호2008.12부터 13호2010.10까지 발행하고, 2011년 4월 5일 자로 '창간호'를 발행하였다. 이를 제4기 『개벽』이라고 할 수 있다. 본디 이 신문은 천도교단 내의 개혁을 추진하던 '천도교교구장협의회'의 소식지로 출발하였으나, 천도교의 개혁*은

---

* 이 '개혁'은 1994년 '동학혁명 백주년' 무렵부터 간헐적으로 계속되어 온 천도교단 개혁 운동의 연장선상에 놓여 있는 것이다.

이 사회세계의 개벽과 안팎으로 조응하는 것이라는 취지하에 대사회적 매체로서 『개벽』을 재창간하기로 하고, '개벽하는사람들'이라는 결사 結社-천도교인과 비천도교인 망라를 조직하여, 『개벽신문』을 발행하게 된 것이다. 그것을 발행하는 취지와 각오는 『개벽』의 복간에 값하는 것이었으나 '개벽'이라는 제호가 이미 증산 계열 종단의 잡지로 등록-발행되고 있었으므로, 부득이하게 『개벽신문』으로 등록을 한 것이다. 그 〈창간사〉에 밝힌 취지는 이러하다: "전략 우리가 쓰는 '개벽'이라는 말의 종교적 철학적 의미의 본령은 '동학-천도교'의 것이라고 하더라도, 넓게는 증산교/도와 원불교, 정역 등을 포함하여 한국 근현대 사상, 종교, 철학 전반의 비전을 포괄하는 용어를 '개벽'이라고 설정할 수 있다. 조선조 말엽의 동학농민혁명은 '개벽운동'의 한 분수령으로 여겨지기도 하며, 『개벽』지 발행 당시에는 '정신개벽-사회개벽-민족개벽'의 '3대 개벽론'으로 재해석되기도 하였고, 사람과 만물이 더불어 새롭고 밝게 사는 새 세상을 꿈꾸는 사상적, 실천적 의미를 담고 있는 말이라 할 수 있다.

우리는 역사적으로 형성되어 온 '개벽'의 여러 이상理想들이 이 시대 시민市民, 인류人類, 생명공동체에게도 여전히 유효하고 필요불가결한 것이라고 보아 이를 계승코자 하였다. 중략 오늘날 우리 인류는 위기와 기회의 갈림길 앞에 서 있다. 결론적으로 말하자면, 문명의 폭발적인 확장이 '종교적 영성' 또는 '신앙적 전망'과 소통하여 자기 연성煉省의 뿌리를 갖지 못하면, 이 지구호地球號 전체는 우주의 미아가 되고 마침

내 대파멸에 직면할 위험도 그만큼 커지고 있다는 것이다. 오늘의 〈개벽신문〉과 〈개벽사개벽하는 사람들〉는 이러한 문제의식에 대한 공감대를 확산시키고, 그 대안을 모색/실천하는 모든 사람/단체와 연대함으로써, 지구호의 방향을 희망적인 쪽으로 틀어 나가는 일에 우선적으로 복무하고자 한다. 다시 정의하여, '내 마음 열리는 곳에 세상 또한 열리고我心開處世亦開'로 우리의 각오와 희망을 선언한다. 주체로서의 '나'의 단련과 헌신이 '세상사회'의 변혁을 이끌어 온다는 뜻과 비전이 통일적으로 담겨 있다고 보기 때문이다. 중략-이하는 '개벽하는 사람들 창립선언문' 오늘날은 … 대변혁의 시대입니다. 빈도와 심도를 더해 가는 재난과 이변이 인류와 생명계의 위기를 웅변하는 시대이고, 그만큼 기회의 시대입니다. 자본과 물질 위주로 욕망하는 데에 극성한 인류 문명의 흐름을, 사람과 생명 중심으로 조화하는 것으로 전환할 동력과 요구가 충분해진 시대입니다. … 청신간결清新簡潔! 맑고, 새롭고, 간단하고, 깨끗하게 하는 개벽의 참뜻을 세상 만물과 더불어 누리자고 제안합니다. … 소통과 영성의 정치, 돌봄과 상생의 경제, 모심과 살림의 문화, 생명과 평화의 사회를 만들자고 제안합니다. 행복한 미래에의 씨앗을 뿌리고 가꾸는 농부로서, 새 하늘 새 땅에 사람과 만물이 더불어 새로워지는 후천개벽 세상을 불러오는 마중물이자, 만인만물이 자기 공을 이루어 만사지하는 개벽 세상의 다리橋가 되자고 제안합니다."

『개벽신문』의 발행인은 김인환-김산-김인환복귀으로 이어져 왔고, 편집인 최명림, 편집주간 박길수 외에 편집위원천도교인+비천도교인 망라들이 포진하였다. 『개벽신문』은 10년 동안 95호를 발행하는 동안 앞서 말한 '개벽파' 담론의 생성, 국내외 개벽파들의 결집, '동학' 담론의 심화와 확장 등의 성과를 거두었다. 이렇게 출발한 『개벽신문』은 2020년 6월 『개벽』 창간 100주년에 즈음하여 '발전적 폐간'을 감행키로 한다. 즉 『개벽』 100주년에 명실상부한 『개벽』의 복원을 도모하면서 대외적으로 진일보한 잡지로 거듭나기로 한 것이다. 『개벽신문』〈종간사〉 제95호, 3쪽의 일부를 인용한다: "전략 『개벽』과 '개벽사'를 통해 개벽의 꿈을 향해 매진하다가 순절殉節하신 선배 '개벽꾼'들, 나아가 동학 창도 이래로 순도殉道하신 '동학꾼'들의 해원解冤을 이루고, 그 꿈을 향아설위向我設位의 적공積功으로 되살려 나가고자 한 것이다. 그 마음이 조금이나마 쌓이는 바가 있어서인가. 〈개벽신문〉에 정성을 기울이는 동지同志, 동사同事들이 끊이질 않아서, 95호에 이르는 사이 '개벽의 꿈'은 시나브로 영글어 갔다. '개벽파'가 가시화되었고 마침내 『다시개벽』으로 한층 더 도약을 감행할 수 있게 되었다.

『개벽신문』에 글을 싣는 동사들만이 아니고, 『개벽신문』을 통하여 '개벽의 꿈'을 공감共感하고 공유共有하고 공명共鳴하는 이들이 전국 도처에서 출몰하여, 다시개벽의 대장정이 외롭고 쓸쓸하지 않을 수 있다는 것만으로도, 우리가 이 길을 허투루 가지 않고 있음을 확인하는 것만으로도, 우리가 이 길을 헛되이 가고 있지 않음을 확신하는 것만으로도, 고난은 고달프지 않았고 어둠 속에서도 희망을 잃지 않을 수 있었다. 중략 『개벽』에서 『개벽신문』으로 이어온 개벽의 꿈은

『다시개벽』이라는 종이매체뿐만 아니라 '개벽의 징후'와 같은 단행본이나 개벽학, 지구학이라고 하는 더 큰 범주의 학문적 지향, 나아가 코로나 이후 시대를 위한 생태적 세계관과 생활 규범의 영역으로 무수한 확장과 분화, 심화와 도약이 활활발발한 중이다. 전국 방방곳곳에 '연대'할 수 있는 수많은 공동체들을 발견할 수 있는 시대가 되었다. 코로나19가 불러일으킨, 새로운 세상, 새로운 인간, 새로운 생활에 대한 전 지구적 공감대도, 개벽의 길의 든든한 배경이 되리라 믿는다. 우리는 160년 전 동학 창도, 126년 전 동학혁명, 100년 전 『개벽』 창간이 꾸었던 꿈으로부터 억수로 멀리 떠나왔지만, 그 꿈을 한시도 떠난 적이 없다. 우리는 늘 가고 돌아오지 아니함이 없는 길 위에 서 있기 때문이다."

계간 『다시개벽』, '다시개벽 + 시대'를 선도하기 위하여

『개벽신문』 자진 폐간 이후 '제5기 『개벽』' 시대를 열어갈 매체는 『다시개벽』으로, 계간季刊, 연4회으로 2020년 겨울호2020.12로 창간되었다. 발행처 도서출판모시는사람들, 발행인 박길수, 편집인 조성환, 편집장 홍승진 각 분야의 전문가들을 '편집자문위원'으로 모시고, 또 20대~30대를 주축으로 한 편집위원들이 '청년의 매체'였던 『개벽』의 명실상부한 계승을 지향하는 『다시개벽』은 세부적으로 '다시읽다' '다시쓰다' '다시열다' '다시잇다' '다시그리다' 등의 부문으로 구성되어 "이 시대의 세계 문화, 사상과 소통하면서 우리의 인문교양 담론을 자생적 사유 중심으로 제시한다. (1)

서구 이론에 맹목적이고 일방적으로 의존하고 있는 한국 인문학 담론의 현실을 비판적으로 성찰한다. (2)한국 인문학계에서 자생적 사유를 시도했던 흔적들을 발굴한다. (3)전 지구 생명을 위기로 몰아넣은 서구의 인간-이성 중심주의를 포월包越하는 새로운 인문학으로의 전환을 감행한다. (4)창조적 주체성과 세계적 보편성을 동시에 갖춘 한국 자생 사유를 해명하고 제시하며 창조한다." 철학, 사상 담론은 물론이고 문학작품과 평론비평에도 문호를 개방하여, 1920년대『개벽』이 우리 사회 정치, 경제, 사회, 문화 각 방면에 걸쳐 '개벽의 소리'과 '개벽의 마음'와 '개벽의 기운'이 흐르도록 하겠다는 다짐 속에서 출발하였다.

때마침,『개벽신문』의 종간과『다시개벽』의 창간을 준비하던 2020년 내내 전 세계적으로 코로나19 팬데믹 상황이 전개되면서, '하루아침'에 전 세계적 차원에서, 전 인류적 규모로 '대전환=개벽'이 거부할 수 없는, 주저해서는 안 되는, 최선을 다해 능동적으로 진전시켜 나가야 하는 과제임이 기정사실이 되어 버렸다. 그 와중에 '개벽운수의 시발점'인 우리나라는 전 세계인의 주목을 받는 나라가 되었다. 이것은 인력으로 할 수 없는 일이다. 수운은 일찍이 동학이 "시운時運"에 따라 "만고萬古 없는 무극대도無極大道"로서 "이 세상에 창건創建"되었다. 그 '시운'의 의미가 지금처럼 뚜렷이 우리-인류 전체에 드러난 적이 없었다. 이러한 때에,『개벽』101주년을 맞이하며, 다시『다시개벽』의 걸음을 시작하는 2021년의 의미는 남다르다.

앞에서 살펴본 대로 지난 100년 동안『개벽』의 꿈은 끊일 듯하면서도, 결코 끊어지지 않고 계속되어 왔다. 2021년은 『다시개벽』이 열어가는 '제5기 『개벽』의 원년'이며, '다시개벽'의 '새로운 원년'이다. 단지 수사修辭가 아니라, 『다시개벽』은 지난 100년간의 적공積功과 헌신獻身과 헌혈獻血과 헌성獻誠을 기반으로, 그 어느 때보다 든든한 진용과 외연을 갖추며 출발하였다. 시운時運=天時에 더하여 지리地利와 인사人事가 묘합妙合하고 묘응妙應하며 묘용妙用의 대전환을 시작하는 첫 해다.

마을의

— 제4부 —

전환

사람의 향기가 나는
'즐거운가'

이윤복
(사)함께웃는마을공동체 즐거운가

'즐거운가' 만의 단어 정리

- 개미꿈나무: 송파구 문정동에 위치한 비닐하우스촌 개미마을에 있
던 '꿈나무학교' 공부방을 '개미꿈나무' 혹은 '개꿈' 이라고 부른다.
- 무청: '무지개빛청개구리' 지역아동센터를 줄여서 '무청' 이라고 부른
다.
- 즐가: '함께 웃는 마을공동체 즐거운가'를 줄여서 '즐가' 혹은 '즐거운
가'라고 부른다.
- 복실이: 개미꿈나무의 청소년부 교사로 시작해서 무청의 교사와 시
설장을 지냈고, 지금은 즐가의 이사로 있는 이 글의 저자.
- 방글이: 복실이와 40년을 알고 지냈고, 25년을 함께 살고 있는 복실
이의 옆지기.
- 청개구리: 개꿈 시절부터 즐가 시절까지 우리와 함께하는 청소년 친
구들을 '청개구리' 혹은 '개구리'라고 부른다.

약 한 달 전에 지인으로부터 '마을의 전환'에 관한 원고를 부탁받았
다. 어떤 글을 쓸지 고민이 되었다. '지구적 전환' 중에서 '마을의 전환'
을 이야기하는 주제로 무슨 글을 쓸 수 있을까? 고민 끝에 "마을 안에

서 마을 사람들과 함께했던 즐거운가 이야기를 써야겠구나!" 하는 생각이 들었다. 대한민국은 세계적으로 유례가 없을 만큼 초고속 압축 성장을 하였고, 그 후유증인 물신만능주의의 만연으로 인해 지역과 마을 안에서 사람의 향기나 사람의 관계를 바로 세우는 일들을 찾아보기가 힘들어졌다. 그에 반비례하여 자본주의의 이름으로 돈 값어치만 따지는 사회, 그 돈의 많고 적음에 따라 사람도 가격이 매겨지는 삭막한 사회가 되었다. 이런 세태에서 따뜻함이 가득한 즐거운가의 이야기를 쓰는 것, 사람살이의 향기가 풍겨 나오고 사람 사이의 관계의 소중함을 이야기하며 보듬어 가는 것이 마을의 전환이고 지구적 전환이겠구나 생각했다.

즐거운가를 이야기하려면 즐거운가 1.0 버전과 2.0 버전을 말해야 하는데, 이번에는 지면 관계상 1.0 버전만 이야기해 보려 한다. 즐거운가 1.0 버전은 2000년대 초반, 서울의 동남쪽 송파구 문정동에 있는 비닐하우스촌 이야기에서 시작된다. 그 마을 이름은 '개미마을'이다. 그곳 꿈나무학교 공부방이 있던 마을 사람들의 삶은 계획된 개발도시 옆의 그린벨트 지역 안에서 무허가 비닐하우스 농막이라도 짓고 살아야 하는 가난한 처지였다.

개미꿈나무에서 만났던 청소년들의 부모님은 돈을 벌어야 하는 상황이어서 아침부터 저녁까지 일을 해야 했고, 아이들은 학교에 다녀오면 부모님이 없는 집 안에 가방을 휙 던져 놓고 골목과 마당에서 부모님이 귀가하실 때까지 친구들과 어울려 놀았다.

개미꿈나무 주변에는 도심지에서는 볼 수 없는 논이 있었고, 비가 오면 시끄럽게 울어 대는 청개구리가 있었고, 콘크리트 바닥이 아닌 흙이 있었다. 사시사철 피는 꽃과 주변의 자연환경은 계절의 변화에 민감할 수밖에 없는 자연 친화 감수성을 주었다. 가난한 비닐하우스 촌이었지만 풍부한 자연의 감수성을 온몸으로 느끼며 자라날 수 있는 도심 속의 특별한 자연환경이었다. 어찌 보면 방치된 환경이겠지만 자연 방목 상태로 개미꿈나무의 아이들은 함께 어울려 놀기도 하고 공부도 하고 밥도 먹었다.

그러나 우리 개구리들에게는 그런 자연의 풍성함은 중요하지 않았다. 한참 친구들과의 또래 관계에 예민할 수밖에 없는 청소년들에게는 가난이 티가 나지 않는 네모반듯한 건물로 들어가는 출입구와 친구들과 어울릴 때 놀림받지 않을 옷과 신발이 더 중요했다.

글을 쓰려고 20여 년 전의 과거를 회상하며 "어쩌다가 비닐하우스 촌 친구들과 내가 함께했을까?" 생각해 보니 아마도 방글이가 아니었다면 복실이는 청개구리들과 함께할 수 없었으리라 생각한다. 방글이는 나보다 2년 먼저 개미꿈나무의 친구들을 만나고 있었다. 방글이가 이들을 처음 만났을 때에는 초등학생이었지만 2년이 지나 점점 자라서 청소년이 되었다. 청소년을 위한 특별한 프로그램이 없어 발을 동동거리던 방글이가, "복실이가 그 친구들과 함께하면 참 좋겠다."라고 권하여 아이들을 만난 것이 첫 인연이었다.

그렇게 해서 개미마을의 꿈나무학교 청소년부 생활이 시작되었다.

청소년부를 시작하면서 첫해에 쥐여 준 1년 예산이 60만 원이었다. 지금 생각해 보면 말도 안 되는 예산과 조건이었지만 청개구리들과 함께 즐겁게 청소년부를 꾸려 나갈 수 있었다.

내가 청개구리들을 처음 만났을 때의 느낌은 손 안의 마른 모래 같았다. 손 안에 움켜쥐었을 때는 그럭저럭 함께하지만 손을 펴면 손가락 사이로 모래알이 흘러내리듯 서로에 대한 끈끈함이 없었다. 한 공간에서 같은 밥 먹고 같은 활동하면서 서로를 생각하며 배려해야만 하는 공동체 구조 안에서 서로의 관계를 찰흙같이 잘 뭉치게 해 보려고 맨 먼저 했던 일은 인문학 공부와 밴드 연습이었다. 인문학이라는 이름으로 이야기를 걸고 밴드를 통해 청개구리들과 함께하며 즐거움을 찾아 나갔다.

시간이 지나면서 점점 끈끈해지는 청개구리들의 모습을 보며 그저 잘 성장하기를 바라면서 청소년들을 위한 다양한 프로그램을 진행하며 지내다 보니, 청개구리들이 친구들을 데려오기도 하고 부모님들의 입소문을 통해 학생들도 많아졌다. 많아진 만큼 다양한 꿈을 꾸게 되었지만, 당시 여건상 초등부와 여러 프로그램을 함께해야 하는 제약 속에서 청소년부의 활동은 재미가 많이 떨어졌다. 그래서 청소년부만의 독립된 프로그램과 공간이 필요했다. 이런저런 활동을 하다 약간 불편한 일이 생겨도 우리 청개구리들은 입을 모아 이야기했다. "복실샘~ 우리끼리 놀아요~ 네~~~~!!!"

올챙이라 부르는 초등학생들과의 부대낌이 점점 더 심각해진 것이 청개구리들과 함께 청소년부의 독립을 꿈꾸게 된 첫 번째 이유이다. 개구리들의 아우성을 들으면서 공간 독립의 꿈을 꿨다. 그러나 독립된 물리적 공간을 만들어 낸다는 것은 꿈꾸는 공간의 크기에 비례하는 돈을 필요로 했다. 이것은 개미꿈나무에 다니는 청개구리들도 다 아는 사실이다. 돈이 생기기 전에는 독립된 공간은 말 그대로 꿈이었다.

초등부 중심의 식단과 프로그램 제약만이 청개구리 공간 독립이라는 꿈을 꾸게 만든 이유의 전부는 아니다. 두 번째 이유는 첫 번째 이유보다 더 크고 더 강렬하게 교사들과 청개구리들 마음속의 소망으로 자리 잡고 있었다. 개구리들이 학교가 끝나고 집이 있는 비닐하우스촌으로 돌아올 때에 가난한 마을에 산다고 놀림받을까 봐 뻔히 보이는 비닐하우스촌으로 들어오는 입구를 눈앞에 두고 인근에 있는 아파트 벽을 따라 한참을 끼고 돌아 마을로 들어올 수밖에 없는 가슴 아픈 현실 때문이었다. 낙인감에 속울음을 참을 수밖에 없는 청개구리들의 마음을 알기에 비닐하우스촌에서 벗어나 네모반듯한 주택가에서 낙인감 없이 청개구리들을 만나고 싶은 소망이 있었다. 이것이 첫 번째 이유보다 더 큰 두 번째 이유이다.

여기서 잠시 당시 지역아동센터의 흐름을 살펴보자. 1980년대부터 시작된 탁아 운동과 공부방 운동은, 별다른 대안 없이 아이들을 방치하다시피 하고 돈을 벌어야 하는 도시 빈민들에게는 육아 대안으로 충분하지는 않았지만 그들이 기댈 수 있는 든든한 이웃이었다. 그 후 공부방 운동이 전국 각지로 퍼져 나가 2004년 무렵에는 200개 정도

되는 공부방이 도시 빈민들의 곁에 있었다. 그 공부방들이 '지역아동센터'라는 이름으로 아동복지법의 법조문으로 법제화되자, 1년 사이에 전국적으로 400개 정도로 늘었다.

그러나 대부분의 지역아동센터는 초등학생을 중심으로 운영되었고, 초등학생들이 자라서 중학생이 되면 지역아동센터를 그만 다니거나 보조교사 역할을 하며 깍두기로 다녀야 하는 것이 현실이었다. 그나마 청소년을 위한 프로그램도 빈약해서 점점 떨어져 나가는 경우가 태반이었다. 우리 개미꿈나무의 청개구리들도 별반 다를 바 없었다. 그러나 개미꿈나무는 청소년부를 신설하고 청소년부 교사를 채용하고 청소년 활동을 진행했기에 청소년들이 공부방에 붙어있을 수 있었다.

이러한 지역아동센터의 흐름 속에서 2006년에 들려온 〈1318 해피존 청소년 전용 지역아동센터 공모사업〉은 우리에게 새로운 희망을 꿈꾸게 해 줬다. SK의 사회공헌자금과 부스러기사랑나눔회가 만나 '1318 해피존 청소년 전용 지역아동센터'를 만든다는 것이었다. 친구들과 함께 지낼 수 있는 더 안전하고 쾌적한 공간 마련이 시급했던 우리로서는 너무나 반가운 소식이었다.

그 사업의 취지는 청소년들도 법적으로 공평한 돌봄서비스를 받을 수 있게 사회적 인식을 바꿔 보자는 데 있었다. 청소년이 되더라도 1318세대만의 청소년 전용 지역아동센터를 제공하여, 초·중등 진학과정에서 돌봄의 연속을 유지할 수 있고, 청소년들만의 열정과 끼를 발산할 수 있도록 안정된 공간을 마련해 주자는 사업이었다. 이 사업의 취지를 알고 우리 개미꿈나무의 청개구리들을 생각하니, 그야말로 우리 청개구리들을 위해 하늘이 내린 선물 같았다. 그래서 청개구리들과 함께 공모사업에 도전해 보기로 하였다. 밤을 새 가며 이런저런 자료를 찾고, 사업계획서 양식을 한 칸 한 칸 채워 가는 일은 서로에게 가슴 설레며 꿈을 채워 가는 일이었다.

공모사업신청서를 다 채워 넣고 다시 살펴보면 미흡한 곳이 보이고, 그래서 다시 모여서 고치고, 혹시 몰라 이 사람 저 사람에게 보여주며 고칠 곳을 물어보면 또 고칠 곳이 생겨 새롭게 다시 쓰기를 몇차례에 걸쳐 하였고, 개구리들과 함께 떠난 여름들살이에서도 서류를 검토하고 또 검토하였다. 그만큼 우리에게는 간절한 공모사업이었다. 청개구리들의 간절한 바람이 통했는지 다행히 개미꿈나무 청소년부는 '1318 해피존 공모사업'에 선정되어 2006년 12월 10일 '무지개빛청개구리' 지역아동센터라는 이름의 행복날개를 달게 되었다.

공모사업에 선정된 후 우리는 문정동 주택가의 네모반듯한 빌라 건물 1층을 전세 계약하고 청소년부만의 공간으로 독립해 나올 수 있었다. 그 건물의 인테리어를 하는 동안 현장을 매일 찾아가서 청개구리들과 함께하는 하루하루가 즐거웠다. 실내 인테리어가 산뜻하게 완성되고 그동안 무청으로 성장할 수 있도록 도와주신 많은 분들을 모시고 개소식을 하던 날, 마을 어른들의 따뜻한 품에 대한 고마움을 잊지 말자며 우리 개구리들과 마음에 새겼다.

그렇게 주택가로 이사한 후, 학교 끝나고 친구들과 함께 도란도란 얘기하며 지역아동센터로 오면서 무청 앞에서 "잘 가~ 내일 보자!" 하며 자연스럽게 인사하는 개구리들을 보니, 불과 얼마 전까지만 해도 비닐하우스촌으로 갈 수가 없어서 친구들과 하교길을 함께하는 것을 힘들고 어려워했던 개구리들의 모습이 떠올랐다. 더 이상 낙인감 없이 자연스럽게 주택가 빌라에 있는 무청으로 들어오는 장면은 무청 선생님들에게는 가슴 벅찬 감동이었다.

한결 안락해진 새 공간에서, 비닐하우스 마을이 아닌 문정동 주택가에서, 새로운 꿈을 키워 가게 된 무청의 청개구리들. 참 행복한 시간이었지만, 식구가 늘어남에 따라 청개구리들이 함께 부대끼며 지내기에는 공간이 비좁았다. 활동에 여러 가지 제약도 따랐다. 생애주기별로 살펴보면 그 어떤 세대보다 활동량이 많고 동선이 큰 청소년들의 특성상 소음 민원이 불가피하였다. 청소년부 활동을 마음 놓고 하기에 도심 속 주택가는 어려움이 많았다.

건물주는 민원을 계기로 전세를 빼 달라고 하였다. 건물주에게 미안하다고 사과하는 것도 한두 번이고, 소음 민원의 당사자들에게 양해를 구하는 것도 한두 달이었다. 사과와 양해로 무마될 듯하던 소음 민원은 해소되지 않았고, 결국 '전세 계약 연장 불가'라는 이야기를 들었다. 그러나 우리에게는 천국이었던 문정동 주택가 번듯한 건물에서 나갈 수는 없어서, 소음 민원이 생기는 대표적인 활동인 동아리 활동들을 무청에서는 안 하기로 하고 건물주의 마음을 다독였다. 이제 청개구리들의 주 활동인 동아리 활동을 위한 공간 마련이 가장 시급한 일이 되었다.

밴드 연습도 하고, 춤도 추고, 그림도 그리고, 신나게 뛰어노는 공간은 개미꿈나무라는 개발이 제한된 비닐하우스촌 - 상대적으로 공간이 여유가 있었음 - 이었기에 가능했을까? 네모반듯한 주택가에는 그런 공간이 어디에도 없을까? 어떻게 새 공간을 마련할 수 있을까? 하지만 활동 공간을 마련하기 위해 아무리 걱정해 보아도 답이 나오지 않았고, 결국 항상 청개구리들을 함께 지켜봐 주시고 함께 키워 주신 마을분들에게 여쭙는 수밖에 없었다.

그렇게 마을분들을 만나 무청의 상황을 나누고 이야기를 듣는 동안, 청개구리들이 성장하는 데 얼마나 마을의 힘이 컸는지, 얼마나 마을과 더불어 살고 있었는지 새삼 깨닫게 되었다. 그저 눈앞의 걱정만 했던 우리는 함께 짐을 나눠 짊어지자는 마을 어른들의 말씀에 걱정을 벗어던져 버리고 새로운 꿈을 꾸게 되었다. 청개구리들의 활동 공간이 생기면 어떻게 공간을 꾸밀 수 있을까? 어떻게 하면 무청에 다니는 청개구리들만이 아니라 마을 친구 모두에게 열린 공간을 만들어 줄 수 있을까? 어떻게 하면 청소년만이 아니라 마을 주민 모두가 함께 어울리는 따뜻한 마을사랑방을 만들 수 있을까?

활동 공간을 마련하기 위해 백방으로 뛰어다니면서 개구리들과 함께 가상의 공간을 요모조모 설계도 해 보고, 한편으로는 마을 주민들에게 열심히 여쭙고 다녔다. 무청을 돕는 많은 분들의 의견을 모은 결과, 활동 공간을 마련하기 위해 모금을 하기로 하였다. 그렇게 시작된 활동 공간 마련 모금 활동은 ON-LINE 모금, 길거리 모금, 프로젝트 모금, 공연 모금 등 안 해 본 게 없을 정도로 온갖 방법을 다 동원하였고, 무청의 선생들과 청개구리들 모두가 온 몸과 마음을 바쳤다. 그렇게 하루하루 모금함이 채워져 갔다.

그리고 2010년 8월, 찌는 듯한 더위 속에 문정동의 한 습기 찬 지하실에서 우리들만을 위한 공간을 꾸미기 위해 인테리어 공사가 시작되었다. 장마와 무더위와의 싸움 속에서 한 달 만에 무청의 개구리들을 위한 활동 공간이 완성되었다. 그 공간이 완성되기까지 수많은 선한 마음들이 있었다.

마을과 함께하려는 마음이 예쁘다며 선뜻 공간 보증금을 내어주신 ㈜유코카캐리어스 선생님들, 청개구리들의 상상 속의 공간 인테리어 아이디어를 멋지게 설계에 반영해 주신 'A to D to' 선생님, 공사 비용이 없어 망설이고만 있을 때 "이건 마을의 미래에 투자하는 거니까 예쁜 공간을 만들어서 좋은 일 많이 하라."면서 공사 비용을 떠안고 대뜸 뚝딱뚝딱 공사를 시작해 주신 달팽이건설, 마음을 모아 주신 수많은 이웃들. 신나게 뛰어놀다 교복이 찢어지면 언제든 웃으며 무료로 수선해 주시던 세탁소 어머님, 아이들 머리를 반값에 예쁘게 잘라 주시던 미용실 선생님들, 마을에 이런 공간이 생긴다는 얘기에 뜻깊게 쓰라며 유산을 기부해 주신 할머님, 그리고 스스로 여름방학을 반납하고 아침부터 밤까지 함께 땀 흘려 즐거운가를 지어 준 든든한 무청의 개구리들, 졸업생 친구들…. 고마운 사람들을 꼽자면 끝이 없다. 그 고마운 정성들이 모인 마을 공간의 개소식 날, 그곳에 있던 모든 분들께 우리는 당당하게 선언할 수 있었다.

"이 공간은 우리 청개구리들만을 위한 공간이 아닙니다. 마을분들이 만들어 주셨으니 마을의 공유 공간입니다."

이렇게 해서 "함께 웃는 마을공동체 즐거운가"는 태어났다. 모두의 정성 속에서 태어난 즐거운가에서는 무청에서의 만남보다 더 많은 이웃들을 만날 수 있었다.

바쁜 일상 속에 짬을 내 악기를 배우는 엄마들은 꿈꾸는 아줌마들이 함께한다 해서 '꿈마 밴드'를 결성했고, 청소년들은 인문학 강좌를 듣고, 춤 동아리 친구들은 무대에서 공연을 열고, 밴드 동아리 친구들은 밤늦게까지 소음 민원 걱정 없이 연습을 하고, 친구들과 재잘거리며 조물조물 직접 음식을 만들어 먹고, 이웃 어른들은 서슴없이 들러 따뜻한 차 한 잔과 이야기를 나누며 송편 만들기와 김장을 함께하는 모습은 우리 모두가 꿈꾸는 따뜻한 마을 이야기이자 즐거운가에서는 늘 일어나는 일이다.

우리 무청의 청개구리들뿐만 아니라, 마을의 청소년들이 주인이 되고, 마을의 청년이 주인이 되고, 마을의 어른들이 주인이 되는 그런 공간인 즐거운가에서는 사람의 향기가 풍겨 나온다. 매달 마을의 풍성한 삶을 위해 진행하는 국수 나눔 잔치는 끓이는 일에서부터 맨 끝 뒷설거지까지 마을이 준비하고 온 마을이 누리는 그야말로 마을 잔치이다.

청소년들이 쉼터에서 학업 스트레스를 풀며 쉬어 가거나, 누군가 열정적으로 특별한 활동을 하면 그 색깔에 맞는 친구들은 자연스레 크루를 만들며 발표회도 진행하고 프로젝트 팀을 구성해서 활동하기도 하는 등, 청소년들의 자치 자발성에 기반을 둔 동아리 활동의 전성기를 보는 일은 또 다른 재미였다. 또한 어른들이 청소년들과 어울려 댄스를 배우는 일은 즐거운가만이 할 수 있는 마을살이 공간이라 가능한 일이라 생각한다.

즐거운가의 모든 활동은 사람 사이의 관계를 중시한다. 형식에 치우치고 결과만 중요하게 생각하는 사람들은 이해가 안 되겠지만, 우리는 결과보다 과정을 중요시한다. 사업을 진행할 때는 관계를 중심에 두고서 사고하고 행동한다. 개미꿈나무와 즐거운가가 중심이 되어 진행하는 모든 일은 그렇다. 그러한 철학과 가치를 중심에 두었기에 우리와 함께 네트워크를 구성하고 활동했던 많은 일들이 큰 잡음 없이 지역사회에서 올바른 방향으로 진행되었다.

개미꿈나무 시절부터 진행하던 "송파구민과 함께하는 단오맞이 문화한마당"은 매년 단오 절기에 맞춰 송파의 다양한 기관, 단체, 모임, 개인들이 모여 한마당 잔치판을 벌이는 일이며, 그 잔치판을 통해 송파 지역의 풀뿌리 역량을 모으는 지역사회의 중요한 네트워크가 되었다. 2013년 단오한마당의 네트워크로 '송파마을넷'을 만들어 내고, 서울시 마을만들기 사업의 송파 지역의 중요한 파트너 역할을 자임하면서, 민간의 마을 활동 활성화에 충실한 역할을 하였다.

사람의 향기를 품어 날리며 모두의 개성을 존중하며 서로 살리는 관계를 만들어 나가는 곳, 그곳이 바로 '즐거운가'다!

일상에서 진리를 사는
원圓 마을

유상용

강화도 '진강산마을교육공동체' 대표

원고를 부탁해 오신 분이 "구상 중인 '원圓마을'에 대해 한 꼭지를 써 달라."라고 제안하셨다. 실은 나는 원마을이란 표현을 쓴 적은 없었고, '본래의 마을', '원형圓形의 마을' 등으로 설명 조의 이름을 붙여 왔는데 이 기회에 원마을이라고 붙여도 좋겠다는 생각이 들었다. 원불교에서는 원은 진리, 불은 그것을 깨달은 존재, 교는 그것을 가르치는 것이라는 뜻으로 쓴다고 한다. 빗대어 쓰자면 원마을은 일상에서 진리를 사는 마을이다. 진리라고 해서 어려운 것은 아니고, 내 것을 따로 가지지 않고 집착 없는 삶을 산다거나, 모든 것이 서로 이어져 있다는 것을 자각하여 대립 없는 삶을 산다든지 하는 것이다. 당연한 것이 일상이 된다는 의미의 '원마을'이다.

그런데 여기서 말하는 마을은, 규모는 작지만 인간의 삶에 필수적인 요소들이 온전히 갖추어진 '완전사회'를 말한다. 즉 적정한 물질의 생산, 수평적 인간관계와 소통, 재능과 정신의 성장이 사회적으로 실현된 인간사회의 마땅한 모습을 말하는 것이다. 그러니까 인구 등의 규모나 인간관계의 질적인 면에서 지금까지의 이미지로서의 마을과는 다르겠지만 〈마-참되다, 을-울 울타리·공간〉이라는 말 풀이처럼 참된 인간사회의 원형이란 의미로, 또한 앞으로 도래할 새로운 문명사회를 구성하는 최소 단위 세포라는 뜻으로 '마을'을 다시 사용하는 것이다.

영국 소설가인 제임스 힐튼 James Hilton, 1900-1954 이 1933년 출판한 소설 『잃어버린 지평선 Lost Horizon』은 주인공이 히말라야산맥을 넘다가 불시착하여 영원히 젊음을 유지하며 살 수 있는 지상낙원 마을인 '샹그리라'에 들어가게 되면서 겪게 되는 신비로운 이야기다. 이 소설은 영화화되었고, 나는 1991년 미국 콜로라도에 있는 에미서리공동체에 살고 있을 때 미국 친구와 이 오래된 영화를 보았다.

> 아름다운 곳이 있다네.
> 사람들은 그곳을 찾아가려 한다네.
> 그곳은 사계절 항상 푸르고
> 꽃피고 새들 노래하는 곳이라네.
> 그곳은 고통, 근심, 걱정이 없는 곳이라네.
> 그곳의 이름은 샴발라라고 한다네.
> 신선들의 낙원이라네.
> 아, 그러나 샴발라는 그리 먼 곳은 아니라네.
> 아. 그곳은 바로 우리들의 고향이라네. 출처 불명

시간이 정지된 낙원에서 고통 없이 영원히 살 수 있는 유토피아를 티벳 사람들은 '샴발라'라고 부른다 한다. 샴발라 Shambala 는 샹그릴라의 티벳이다. 히말라야의 어딘가에 존재한다는, 우리의 세계와는 시간의 차원이 다른 이상향이다. 소설에서는 시간이 정지된 세계를 그렸는데, 우리가 바라는 것은 생로병사의 자연스러움이 사라지지 않으면서 인간 스스로가 만들어 내는 불필요한 고통이 해소된 인간세상일 것이다.

1990~2020년까지 최근 30년 동안 한국 사회는 국가를 건강하고 힘있게 만드는 데 에너지를 많이 써 왔다. 그런데 지금에 와서는 갈 길을 새로 설정하지 않으면 안 되는 새로운 문제를 마주하고 있다.

자연을 착취하지 않는 인간사회, '성장'이 멈추어도 지속할 수 있는 사회, 화폐에 종속되지 않는 자원순환경제, 정신의 성숙이 사회 구성의 기본이 되는 사회 등등 지금까지의 관점으로는 이루어질 수 없는 새로운 사회상이 요구되는 때를 마주하고 있다. 그런데 이러한 문제들은 자연의 이치에서 벗어난 인간들만의 사고방식에서 비롯된 것이 주된 원인이기 때문에, 무엇보다도 먼저 인간의 생각을 자연계의 이치에 맞게 전환할 필요가 있다. '건강한 국가'라 하더라도 '국가'의 태생이 인간의 '가진다 - 소유할 수 있다'는 착각을 기반으로 한 소유-울타리-폭력-군대-계급 등으로 파생된 상하 구조의 산물이기 때문에 건강한 국가가 되려는 노력을 긍정하면서도 국가 체제를 넘어선 수평적-무경계-비폭력-상하 없는 새로운 사회로 이양되는 것에 힘을 쏟아야 한다.

'지구적 전환'의 요청이란, 지구가 인간에게 "이제 너희가 아이가 아니지 않느냐, 지구에 이상기후까지 일으킬 수 있도록 자랐으니 이제는 너희의 책임을 다해야 하지 않겠냐?"라고 들린다.

지구적 전환은 당연히 지구 전체가 방향을 바꾸어 돌아서는 것이다. 큰 새는 방향을 전환할 때 날개와 몸통보다 먼저, 머리를 가려는 방향으로 돌린다고 한다. 지구적 전환이 우주적인 때가 되었기 때문에 일어난다는 측면과 함께, 그에 조응한 인간의 능동적인 대처가 맞아떨어져 '줄탁동시'로 이루어진다고 한다면, 국가 위주의 현재의 인간사회가 성숙하여 방향을 전환하려 할 때, 그 머리는 어디로 향할 것인가?

그때, 적시에 모두의 가슴을 두드리고, 눈길을 향하게 할 곳이 '원마을'이다. 작지만 본질이 현상에 실현된, 인간 삶의 완전 요소를 빠뜨리지 않고 구현한 인간사회의 출현을, 인류 모두는 의식의 깊은 곳에서부터 기다리고 있을 것이다. 그 방향성이 분명하여야 국가의 갈 길도 선명해질 것이다. 예를 들어, 이미 마을공동체를 지원하고 진작시키는 지자체가 있는 것처럼, '건강한 국가'는 국가의 세포 하나하나가 '원마을'로 변화하는 것을 돕고 원마을은 새로운 인간관계를 바탕으로, 국가에 의존하지 않는 자립적 경제를 갖추고, 장차 국가구조를 대체할 수 있는 수평적 떼알송이, Cluster 구조를 자연스럽게 구성해 가는 것이다.

지금까지의 공동체 논의와 시도들은 대부분 소규모-생태-영성-자급자족 사회 수준에 머물러, 소유와 법률을 바탕으로 하고 과학기술과 생산력을 극대화하여 구성한 기존의 사회를 대체할 수 없는 것이었다. 필자가 공동체와 새로운 문명사회에 관심을 가졌던 1990년경, 학생운동을 함께하던 친구들은 이렇게 말했다. "어떤 이행 과정을 거쳐서 공동체가 세계를 바꿀 수 있는지혁명을 할 수 있는지 설명해 봐!"

지난 30년 동안 몇 군데의 공동체에 몸을 담고 나름의 시도를 함께해 보았지만, 분명하게 말할 수 있는 것은 많지 않다. 다만, 애쓴다고 되는 것이 아니라 "때"가 되고 조건이 무르익어야 이루어질 수 있는 일이라는 것과, 생산력과 인지의 발달로 보아 차차 실현 가능성이 높아지고 있다는 예감을 할 뿐이다.

이상을 머릿속의 상상에 그치지 않고 가장 현실에 맞는 방식으로 구현해 내는 것이 중요한데, 지금 단계에서 필자의 눈에 보이는 풍경을 그려 보려고 한다.

마을과 원圓의 회복

작지만 온전한 우주, 물질-소통-영성이 다 갖추어진 작은 완전사회를 '마을'이라 부르기로 하자. 그 마을의 구성 원리는 둥글고 고르고 따뜻한 원이다. 원圓, Circle은 알기 쉽고 간단하게 진실을 드러내는 말이라고 생각한다.

'국가와 계급'은 지금까지 수천 년 동안 지구의 인간사회를 휘감아 온 사회를 구성하는 주된 방식을 나타낸다. 지금은 신분제 계급을 대체한 자본적 계급이 보이지 않게 세계를 쥐고 있지만, 지구의 근본적인 전환은 둥글게 손을 잡은 보통의 사람들로 이어진 마을에 의해 그 기반을 갖게 된다. 간디의 자치마을이기도 하고 생태영성공동체이기도 하며 원시공산마을이기도 하고, 인디언마을이기도 하다. 그 모든 참다운 의미에서의 마을이 지구 전체적으로 회복되는 것이다. 이 본질적인 마을에서는 능력과 지혜가 소유와 독점으로 작용하는 것이 아니라 원형의 에너지로 순환하여, 낮은 존재를 끌어올려 자신도 함께 성장하는, 순리에 맞는 나선형 순환사회로 진화하게 된다.

이 마을의 경제가 작동하는 원리는 '각자가 가진 능력을 최대한 발휘하여 생산하지만, 가지지 않고 순환시켜 모두가 풍요롭게 되는' 것이다. 이미 서유럽의 복지국가들도 대화와 합의에 의해 부분적으로 실현하는 방식이기도 하다. 거기에서 한 발 더 나아가 공유·무소유의 경제가 늘어나게 하는데, 이 방향으로 성장하려면 '마음의 문제'를 상당한 정도 사회적으로 해결해야 한다. 이 지점에 오게 되면 지금까지 종교나 수행 등의 차원에서 이루어지던 마음의 문제가 사회 진화를 위한 일상적인 과제가 되는 것이다.

＊자신의 생각을 틀림없다고 여기는 고정관념과 집착 → 다른 사람에 대한 부정과 대립

＊인간의 감각으로 세계를 보고 있다는 자각이 없음 → 현상을 고착하고 자연과 분리

＊고정불변한 나가 있다고 착각 → 분리, 고립, 자기중심으로 끌어모음, 소유를 안정으로 착각

이런 마음의 문제는 차차 사회의 문제로 되고, 사회의 문제는 교육과 관행 등으로 인간의식을 재생산하므로, 〈심리적 방면의 해결과 필수 요소를 갖춘 사회 구성〉이란 두 측면을 항상 함께 고려해야 하겠다.

마을과 포도송이구조

원형을 회복한 본래의 마을은 물질·제도·정신이 균형 잡힌 단순한 아름다움을 갖추고 있다. 자연과 조화로운 사회로서 물자와 에너지의 선순환, 인간의 생각으로 만든 제도가 사물의 실제에 가깝게 변화-즉응하고, 정신의 성숙을 제도와 물자가 뒷받침하는, 삼위일체의 온전한 마을은 지구상 어디에 생겨나도 같은 기본 원리를 갖추고 있을 것이다.

마을의 기본 단위는 지금의 행정구역인 읍·면·동 정도를 기준으로 생각해도 좋겠다. 인구수로는 적으면 2천~3천 명에서 많으면 2만 명 정도가 된다. 농어산촌형과 대도시형으로도 나누어 구성할 수 있다. 필자가 거주하는 강화군 양도면은 인구가 약 4,000명 정도이다. 강화도 남부 4개 면의 인구수를 합하면 약 2만 명 정도가 되고 온수리라는 중심지가 도심의 역할을 하는 곳이다.

그럼 기존의 이런 행정구역 마을은 어떻게 본질적인 마을로 전환하게 되는가? 한국 사회의 현실에서는 최근 '마을공화국', '민회', '마을공동체' 등의 논의가 있고, 읍·면·동 등 지자체 단위를 기반으로 한 자립-자치의 경제정치구조를 만들려고 하는 것 같다. 이 논의를 실현해 가려고 할 때 현재로서 제일 미흡한 부분은 '협동의 정신, 공동체 정신의 미숙'인 것 같다. 다른 말로는 협동과 소통의 체험이 부족하여 바라는 공동체가 이루어지기 어려울 것이라는 뜻이다. 이럴 때는 그 마을 안에 소통이 일상화되는 대화의 문화와 아집을 풀어 놓을 수 있는 마음공부의 기회가 필요할 것이다. 이 부분은 생태·영성공동체들이 쌓아 온 공부법과 노하우를 살려 보통의 마을 안에 내장된 공동체 성장프로그램을 만들 필요가 있고, 또 그것을 포함하여 마을 안에 있는 모든 종교와 수행단체들도 문을 열고 협력해서 함께 '마을'을 만들어 가는 정신이 필요하다고 생각한다. 즉 행정구역 등 지금의 국가조직을 받아들이고 공존하면서도 그것을 넘어서는, 새로운 내용의 마을이 태어나는 것이다. 동학의 2대 교주 해월 최시형이 '포태胞胎의 이치'를 이야기했다. 새로운 세상이 옛 세상의 양분을 먹고 자라다가 달이 차서 때가 되면 한 생명으로 태어나게 되는 것이다.

이렇게 새로 태어난 마을들은 서로 공명하여 가장 쾌적한 결합을 확대 재생산하며 더 큰 마을광역형 마을공동체을 구성하게 된다. 이 '큰 마을'들은 위치와 역할에 따라 다면적, 중층적으로 더 큰 '한 마을'을 구성해 간다. 이런 결합들은 처음에는 기존 사회의 행정구역이나 국가에 포함된 것으로 보이지만, 실제로는 어머니의 태중에서 아기가 자라나듯 인간사회의 새로운 몸체를 구성하는 것으로서, 본래의 마을들 간의 전 지구적인 결합이 이루어져 새로운 사회가 탄생하는 것이다. 성숙한 진리적 마을·사회가 프렉탈 구조처럼 연결·확장되어 대립 투쟁이 없는 하나의 몸체를 형성하는 것이다.

비유하자면 포도알과 포도송이와 포도나무처럼 마을들이 연결되어 포도송이가 되고 더 큰 하나로 자라 가는 것이다. 이 모습은 별들의 구성 방식에도 나타나 있는 것星團 즉 Cluster이고, 기존 사회에서 산업단지를 구성할 때도 쓰는 방식이다.

비좁고 닫혀 있는 자급자족의 마을이 아니라, 구멍이 숭숭 뚫린 열린 마을OpenCircles을 지향하는 것이고, 소유권이나 규칙 규약 등으로 인간을 묶지 않고 자신의 느낌을 소중히 하여 자발적으로 연결되어 가는 모습을 그리는 것이다. '마을'은 규모가 작더라도 온전한 원형의 사회겠지만, 지금의 발달된 과학·기술·산업을 활용하여 더 넓고 큰 원으로 연결·확장되어 쾌적하고 원활한 사회를 이룬다. 마을들이 각각의 특성을 살리며 조화롭게 결합된 '광역형 마을연합체'다.

마을과 고을

마을과 마을은 느낌 따라 서로 소통하기도 하지만, '고을'이라는 마을들의 허브를 통해서도 연결된다. 옛날의 고을은 피라미드 지배 구조의 촉수가 말단에 미치는 행정의 중심이었지만, 이 본질적 '고을'은 IT 기술을 매개로 마을들을 연결하는 사통팔달의 공간이다. 공간이라 하더라도 물리적으로는 최소한의 공간적 점유만 있고, 사람은 최소한의 역할만 하는 '빈터'다. 가상의 공간과 실제의 공간이 공진화하게 돕는 허브로서의 고을이다.

특정한 사람을 중심으로 하지 않기 때문에 권력이나 독점이 발생할 일을 줄일 수 있게 된다. 만에 하나라도 그런 요소가 발생하지 않도록 마을의 공의公意를 모아, 내면의 공성空性을 체득한 사람들이 고을을 돌볼 수 있도록 한다. 그 사람을 '원님'이라 불러 보자. 내면의 원을 회복한 둥근 사람, 만나는 사람·사물·Field마다 원을 발견하고 그곳을 원형의 사회로 만들 수 있는 사람. 원님, Circler.

고을에는 원님이 있다. 실은 모든 마을에도 이미 원님들이 있다. 과거에는 특별하다고 여겼던 '깨달은 사람'이 이 마을과 고을에서는 보통의 존재이고 당연한 존재이다. 지금의 동네 이장님 같은 느낌이고 동네를 돌보는 친근한 이웃 아저씨인 것이고 상하 의식이나 권위가 없는 마을의 한 사람인 것이다. 마을과 고을의 일들은 이런 분들이 맡고 있는데, 지혜롭고 능력이 있지만 자기를 주장하지 않는 '빈 사람'들로서 이들을 통해 마을-고을 연합체의 큰 순환이 이루어진다. 이들은 소유와 집착이 적어 자기 앞에 오는 것을 가지지 않고 모두에게 좋은 방향으로 순환시키기 때문이다.

실은, 마을들도 잘 보면 작은 원들로 이루어져 있다. 한 알의 포도알 역시 작은 원형의 세포들로 가득 차 있다. 이 마을에는 여러 종류의 명상모임, 각종 공부모임이 개구리알처럼 와글와글 항상 이루어지고 있고, 이곳저곳에 참가하면서 자기에게 맞는 코스로 공부하고 성장한다. 성장이라고 하지만 원이란 돌아오는 것이기 때문에, 성장했다고 고개를 뻣뻣이 하고 높아지는 것이 아니라 자랄수록 낮은 데로 돌아오는 '마을 스타일'의 공부가 이루어진다.

마을의 규모와 IT

마을은 옛날보다 큰 2천~4천 명 규모의 온오프 복합형 마을이다. 마을-고을 복합체인 광역형 마을공동체는 약 1만~2만 명 규모로 의식주동-에너지의 기본 순환이 이루어지는 곳이다. 한국에서 대도시에서는 인구 2만 명 전후의 1개 동이 큰 마을 정도이고, 지방에서는 도심 기능을 하는 읍이나 면을 포함한 3~5개 면이 인구 2만 명 정도로 큰 마을이 될 수 있겠다. 큰 마을 안에서는 물질과 에너지의 기본 순환뿐만 아니라 영성·정신의 성장도 이곳에서 거의 다 이루어진다. 동네를 떠나지 않고도 무아의 자각과 정신의 성숙을 이룰 수 있는 마을-고을이다.

광역형 마을공동체 즉 마을-고을 복합체를 '큰 마을'이라 한다. 본질을 벗어나지 않으면서 규모가 큰 마을이 구성될 수 있는 것은 IT 정보기술의 발달에 힘입은 바가 크다. 십여 개의 '적정규모' 마을들이 연결된 '큰 마을'은 물자의 수요 공급이나 사람들의 의사 표현 등이 공동체 데이터를 통해 실시간으로 '공동체 앱'에 드러나기 때문에, 물자와 마음의 상태에 대한 가장 기본적인 정보가 특정한 사람을 통할 때 생기는 왜곡이 거의 없어진다. 마을 사람들은 자기중심성을 상당히 벗어나 있기 때문에, 정보가 전해 주는 전체의 흐름을 보고 자신은 어떤 일을 통해 전체에 조응해 갈지를 생각하고 움직여 가는 마음 상태로 살아 간다. 다른 존재를 위해 움직여 가기만 하면 나의 필요와 요구도 무리 없이 연쇄 순환하여 나에게 돌아오는 사회구조로 되어 있는 것이다. 이것이 사회구조에 '원'이 실현된 모습이다.

기존 사회에서 물질과 에너지의 흐름을 다루는 조직들은 소유와 독점의 속성을 가지고 대규모화하면서 특정한 사람과 소수의 그룹이 피라미드의 정점에서 전체를 장악하는 권력을 가지게 된다. 선한 권력이라 하더라도 그 구조가 유지되는 한 언제든지 '나쁜' 사람이 들어서면 피라미드를 강화시키고 인간사회를 상하로 분열시키게 되는 것이다.

IT도 지금의 IT 기업처럼 독점적으로 될 수도 있지만, 거대 물자나 에너지 기술과 달리 수평·원형의 사회가 회복되는 데 중요한 역할을 하리라 생각된다. 정보 기술의 좋은 활용을 통해 '시간과 공간의 한계'를 넘어서 시간차에 의한 착오나 과정상의 전달 실수가 줄어들고 의사가 투명하게 드러나게 된다. 독점할 수 없는 바탕 구조를 잘 만들어 놓으면 특정한 사람을 거치지 않고 한 사람 한 사람 자유롭게 본인의 의사대로 가고 싶은 곳에 가고, 하고 싶은 일을 해도 전체가 조화되는 사회가 차차 드러나게 된다.

어떤 이상적인 공동체들도 규모가 커지고 숫자가 늘어나고 대의제를 선택하면서 의견을 내는 개인과 전체를 조정하는 과정에서 발생하는 시간차와 유사 권력의 발생을 경험하고 있을 것이다. 지혜로운 사람이 항상 지혜로운 것은 아니고 대표들이 모였다고 전체에 가장 합당한 방향이 정해지는 것도 아니다. 본질에 닿은 한 사람의 지혜를 존중하지만 마음속에 원을 모시고 있는 마을 사람들의 흐름이 실시간으로 보일 수 있게 되면 대부분의 일들은 물 흐르듯이 순조롭게 이루어져 갈 것이다.

물질 발달의 최고점 중의 하나인 IT가 기여할 수 있는 최상의 방식으로 새로운 인간관계의 사회를 구성하는 중요한 한 역할을 담당하는 것이다. 이것이 이전 시대에는 할 수 없었던, 규모가 커지면서도 국가·소유·권력·형벌을 발생시키지 않고, 국가를 대체할 수 있는 '큰 마을'들의 지구적 수평적 연대의 기반이 되는 것이다.

지금 필자와 몇 사람이 함께 개발하고 있는 '공동체마을앱'도 그 한 계기로서 역할을 하리라 생각한다. 공동체앱을 다운받으면 그 안에 내가 사는 공동체마을이 앱상으로도 구현되어 있어서, 가장 기본적인 단계의 물자 흐름, 소통 기회, 정신적 성장 프로그램 등이 실려 있고, 실제 마을생활에서의 진전이 공동체앱에 반영되고, 가상의 공간에 구현된 마을의 네트워크가 실제 생활의 한계를 극복하게 해주는, 온오프 공진화의 과정이 실현되게 된다.

이 공동체앱들은 인간 삶의 필수 요소들을 구명하여 적용한 공통의 기반 위에 만들어지지만, 또한 실제 삶에서 나타나는 그 공동체만의 색채를 앱에 반영하여 그 공동체만의 개성이 드러나는 앱으로 진화하여 다양한 꽃이 피는 것이다. 그리고 또 서로 다른 공동체들은 앱간의 네트워크를 통해 서로 고립되지 않고 열린 구멍들을 통해 필요한 요소들을 서로 주고받아서, 정체되지 않고 새롭게 될 양분을 흡수하게 된다. 진실한 삶을 살려 하지만 고립되거나 영세한 상태를 벗어나지 못하는 생태·영성·평화를 지향하는 공동체들 간의 교류와 연대를 촉진시켜 더 큰 사회로 함께 성장케 하는 동력으로 작용할 것이다.

마을에는 마음의 경계가 필요 없는 사람들이 살고 있다. 돈이 필요 없는, 하나의 원을 회복한 마을이 돌아온다. 생태공동체, 영성공동체 등도 있지만 한국 사회의 보통의 읍·면·동, '국가' '자본'사회의 세포가, 차차 본래의 마을로 돌아오는 넓은 길이 좋겠다. 나름 깨달았다는 분들께도 제안하고 싶다. 본성을 깨달아 괴로움에서 벗어나 자유롭게 된 분일수록 가까운 곳에 있는 사람들과 함께 본질적인 마을을 만드는 마을의 귀환에 힘써 주시길 바란다. 깨달음으로 영업을 할 필요가 없는 사회를 함께 만들고 싶은 것이다.

마을의 가장 기본적인 원리는 원이다. 원은 마을의 한 사람에게도, 둘 사이의 관계에서도, 셋 이상의 구성에서도, 사람과 물자의 흐름에서도, 사람과 자연의 관계에서도 모두 작동하고 있다. 인간의 생각으로 쌓은 직선의 탑은 곡선의 때가 오면 무너진다. 원이 회복될 때, 원마을이 돌아올 때가 온 것이 아닐까? 한 마을이 돌아오면 모든 마을이 돌아올 수 있다. 봄이 오면 천지 사방에 꽃이 핀다.

왐파노그족 북미 원주민 '느린 거북'
당신들은 힘의 구조를 가지고 있다. 당신들의 정부는 피라미드 형태로 이루어져 있다. 그러나 이 땅에 살아온 원주민인 우리들에게는 정부라는 것이 언제나 하나의 원으로 이루어져 있었다. 결코 계급구조라는 것이 없었다. 따라서 우리는 언제 어디서나 서로를 평등한 존재로 깨달고 있었으며, 어느 누구도 다른 사람보다 높거나 낮다고 생각해 본 적이 없었다. 직업이 무엇이고 하는 일이 무엇인지는 전혀 중요하지 않았다. 내가 추장이라고 해서 다른 사람보다 위대할 게 하나도 없었으며, 나 스스로도 그것을 알고 있었다. 그것은 하나의 위치일 뿐이었다.

따라서 우리에게는 신분이나 계급의 차이라는 것이 존재하지 않았고, 자연히 질투나 경쟁 심리도 없었다. 저마다 하나의 이름을 갖고 있듯이 이 세상에서 하나의 위치를 갖고 있었으며, 그것이 전부였다. 그러니 두려움이라는 것도 없었다. 자기가 어떤 위치에 있다고 해서 그 위치에 오르지 못한 대다수의 사람들이 언젠가는 자기를 밀쳐 내리라는 두려움에 시달릴 필요가 없었다.

우리는 바로 그러한 사회를 이루고 살았다. 얼굴 흰 사람들이 처음으로 이곳에 왔을 때 그들 중 몇몇은 우리가 살아가는 방식에 매혹되었다. 어떤 사람도 다른 사람을 지배하거나 통제하지 않고 모든 구성원이 공동체 안에서 동등한 목소리를 갖고 있는 사회제도를 그들에게 가르쳐 준 것도 우리들이었다. 그것이 인디언들의 삶의 방식이었다. 모두가 자신이 속한 공동체 안에서 동등한 의사표시를 할 수 있었다. 그러나 얼굴 흰 사람들은 그런 경험이 없었기 때문에 통제하는 사람이 없는 사회제도를 견뎌 내지 못했다. 그들에게는 그것이 너무나 새로운 일이었고, 그래서 결국 또다시 계급사회로 돌아가고 말았다.

- 류시화 역, 『나는 왜 너가 아니고 나인가』 중에서

웃음이 담을 넘다,
생활의 귀환

고은광순
청산 삼방리 행복마을 운영위원장

농민은 죽어 간다. 그러나 농촌을 죽일 수는 없다

"농촌이 죽어 간다. 그러나 농민은 죽어도 농촌은 죽일 수는 없다는 게 정부의 입장이다."

2012년 가을 충북 옥천군 청산면에 귀촌한 다음 해인가 가까운 동네예곡리에서 41억 규모의 권역사업에 대한 설명회가 있다고 하여 참여한 강의 장소에서 마이크를 잡은 교수가 한 말이다. 농촌을 죽일 수 없으니 정부는 수십 억씩 투자하는 권역사업을 벌이고 있는 모양이다. 그런데 주민들의 의견을 배제할 수 없고 존중하는 과정을 거쳐야 하니 컨설팅 회사로 하여금 주민들의 입을 열게 하느라고 애를 쓰는 중이었다. 컨설팅 회사가 초빙한 교수들이 해당 권역 5개 리 지역 주민들을 교육시키는 현장에서 '퍼실리테이터'라고 불리는 사람들은 주민들에게 각 마을마다 자기 지역의 어메니티amenity를 찾아보라고 주문했다. 당최 낯선 영어단어들이 시골 주민들을 향해 난무하는 까닭은? 자기 지역이 자랑할 만한, 외부인들이 솔깃해할 만한 어떤 차별화된 특징을 찾아보라는 것이다. 고목? 저수지? 바위?

강의가 끝난 뒤 권역사업 운영위원장에게 몇 가지 아이디어를 이야기하며 운영위에 귀촌인도 참여할 수 있는지를 물었다가 단박에

퇴짜를 맞았다. 정부의 투자액 41억 중에 컨설팅 비용 등을 빼면 순공사비는 25억, 5개 리에 공평하게 나누면 아무것도 할 수 없으니 거점 지역 한 곳예곡리에 몰아주어야 한다고 했다. 나는 바로 관심을 끄고 말았는데 몇 년 뒤 예곡에는 시설이 좋은 다목적 회관이 들어서고, 삼방리를 포함한 나머지 4개 리에는 작은 주차장이 하나씩 들어서는 수준으로 권역사업은 마무리되었다. 정부는 여기저기 권역사업을 통해 활력 있는 농촌을 만들어 보려고 노력했지만 그 뒤로는 더 이상 진행하지 않기로 했다는 걸 보니 정부가 시골을 살려 보려고 투자를 해 보았지만 녹록지 않았던 모양이다.

수도권에 인구 50퍼센트가 밀집

2020년 현재 서울·경기·인천에 사는 수도권 인구는 전체 인구의 50퍼센트를 넘어섰다. 수도권의 인구가 지방 인구보다 더 많아진 건 역사상 처음이란다. 균형발전국민포럼은 이것을 두고 매우 위중한 국가비상사태라며 정부에 특단의 조치를 요구했다. 4월에 통계청이 발표한 2019년 농림어업조사 결과에 따르면 농림어가와 인구가 모두 감소했다고 한다. 65세 이상의 고령인구 비율은 농가 46.6퍼센트, 어가 39.2퍼센트, 임가 44.8퍼센트. 농업 경영주 평균연령은 68.2세로 높아졌고, 60대 이하 모든 연령 구간에서 감소했다. 농축산물 판매 금액이 1천만 원 미만인 농가는 전체 농가의 65.3퍼센트. 초고령 사회로 접어든 농촌의 생산성은 떨어지고 소득은 감소하고 있다. 정부로서도 참으로 난감한 일일 것이다. 농촌을 살리기 위해 투자를 해도 제대로 하지 못하면 밑 빠진 독에 물 붓기가 되기 십상. 농촌에 귀농귀촌이 늘고 젊은 피가 수혈되기 위해서는 농촌에서 보람을 느끼는 삶을 살게되든가, 최소한의 소득이 있어 생존에 불안을 느끼지 않게 되든가, 행복한 공동체들이 늘어나야 한다. 아래 글에서는 내가 사는 동네에서 2020년에 일어났던 행복마을만들기와 세계 각처의 작은 마을들에서 일어나고 있는 전환마을운동, 생태마을운동, 협동조합운동 등에 대해서 이야기해 보려 한다.

충북 행복마을만들기 사업

우리 동네 이장은 오랫동안 나와 사이가 좋지 않았다. 수년간 병을 앓다가 2년 전 사망했는데 새로 책임을 맡은 이장은 작년 말 내게 행복마을만들기 사업이라는 게 수년 전2015년부터 시작되었다며 신청서를 보여주었다. 1단계에서 연 초에 300만 원을 지원해 주고 가을에 심사평가를 거쳐 통과하면 다음 해에 3천만 원을 지원해 2단계 사업을 진행하게 한단다. 40가구에 60여 명이 살고 있는 삼방리. 그것도 자동차로 5분 거리에 떨어져 있는 두 마을이 함께 300만 원으로 할 수 있는 일이 무얼까? 과연 2단계로 진입할 수 있을까?

마을회의를 거쳐 2020년 4월에 지원금이 나오자마자 나무를 사서 심고, 6월에 마을 잔치, 7~8월에 벽화그리기, 8~9월에 요가수업을 했다. 9월 중순 현장심사평가, 10월 초에 발표심사평가를 받았다. 20개

마을 중 감사하게도 삼방리를 포함한 12개 마을이 2단계 사업추진 마을로 선정되었다. 3개 마을은 초반에 포기했단다.

마을사업을 포기 _{시작, 중도} 하는 이유

공무원이 자기를 성가시게 구는 농민을 '제압'할 수 있는 가장 쉬운 방법은 "문서로 써 오라."고 하는 것이란다. 거꾸로 농민의 입장에서 관을 상대하는 데 가장 힘든 일은 '문서를 작성하는' 일이다. 하물며 '퍼실리테이터, 어메니티' 따위의 용어를 반복하며 '농민 교육'을 하면 농민들은 금방 주눅이 들고 다리에 힘이 풀어지기 마련이다.

　행복마을만들기 사업도 초기 신청서부터 문서 작성이 시작되는데 사업 기획, 예산 짜기, 각종 회의 기록, 사진 첨부, PPT 발표 등이 이어진다. 최종발표에 제출해야 하는 자료의 분량이 상당하다. 밴드를 만들어 외지의 자식들, 지인들도 참여하도록 유도한다. 이러니 농사만 짓던 원주민의 힘으로는 감당하기 어렵다. 원주민들과 쉽게 녹아드는 귀농·귀촌인들의 조력이 없이는 거의 불가능한 일이다. 주민들 간에 소통이 잘 안 되고 참여와 협력이 저조하다면 실행하기 힘든 작업이다.

컨설팅 회사의 견인과 면사무소의 관리

행복마을만들기 1단계 사업을 진행하면서 나는 속으로 상당히 놀라고 또 놀랐다. 정부_{지자체}에서 하는 일이 이렇게 빈틈없이 야무지고 효율적일 수 있을까 하면서 말이다. 충북의 경우 '씨앗'이라고 하는 컨설팅 회사가 매월 1회 주민 교육을 하면서 역량을 강화하기 위한 견인차 노릇을 성심성의껏 해 주었기에 처음 도전하는 우리 동네도 진행이 가능했다. 올해 그들은 코로나 때문에 많은 고생을 했다. 월 1회의 주민 교육 외에도 선진지 견학, 리더십 교육 등을 한꺼번에 할 수 없으니 여러 번으로 나누어 시행해야 했다. 농촌은 저녁이 되어서야 회의가 가능한 곳들이 많기 때문에 한밤중에 귀가하는 때도 많았다고 한다. 거기에 면사무소의 감시?와 조력이 따른다. 면사무소 담당자는 모든 지출마다 카드를 사용할 것, 인주가 묻은 견적서와 납품서를 카드 영수증과 함께 제출하며 물건 구입 시 사진을 찍어 보낼 것 등을 요구했다. 인터넷으로 더 좋은 물건을 더 싸게 살 수도 있었지만 포기했다. 부정 사용을 철저히 막으려는 그들의 노력이 처음에는 융통성이 없어 보여 답답했지만, 그렇게 해서 넓은 지역에서 모든 것이 투명하게 운영된다면 귀찮아도, 비싸도 그들의 요구 조건을 만족시켜야 공무원도 우리도 심간이 편해질 것이라고 마음을 고쳐먹기로 했다.

많은 참여로 창의적으로 공동체 정신을 회복하라

지자체에서 행복마을만들기 사업을 지원하는 이유는 '소득 증대'를 모색하라는 것도 아니고 '관광 지역으로 활성화'해 보라는 것도 아니다. '공동체 정신을 회복하라'는 것이다. 공동체 정신이 회복되면 시골농촌, 어촌, 산촌은 살기 좋은 행복한 곳이 되어 결과적으로 인구의 유입을 가져오고 도시의 밀집 현상이 해소될 것이다. 주민 중에는 2단계 지원금

3천만 원 일부로 안마의자를 사자든가 동네 입구에 커다란 표지석을 세우자는 제안을 하는 분들도 있었다. 그런데 안마의자와 돌로는 주민을 참여시켜 함께 창의적인 공동체 활동을 할 수 없지 않은가. 우리가 함께 행복해질 수 있는 활동, 그것을 찾아보아야 한다.

"내가 알아서 다 잘한 건데 당신들이 왜 나서." 이렇게 가부장적이고 고압적인 리더가 아직도 농촌에는 가끔 있다. 유명한 동화 작가가 풍광 좋은 곳에 귀촌해서 집 안을 훌륭하게 고쳐 놓았는데 이장이 공지방송이 있을 때마다 트로트를 요란하게 한참을 틀어 놓아서 고충이 이만저만이 아니란다. 마을 통장도 없이 대부분 문맹인 주민들을 속이고, 귀촌인들에게 사사건건 돈을 뜯을 궁리를 하는 이장도 있었다. 그런 리더, 리더십으로는 행복마을만들기를 할 수 없다. 원주민과 귀농귀촌인들이 선한 에너지를 가지고 단단히 결합해야 행복마을만들기를 위해 필요 충분한 리더십이 작동될 수 있다.

행복마을만들기로 밑으로부터의 생활 혁명이 가능하다

글의 서두에 적었던 권역별 사업은 성공했다고 볼 수 없다. 큰돈이 투입되었지만 주민들의 자발적 참여가 계속되지 않았고 이용도 활발하지 않다. 행복마을만들기 사업에서 가장 강조되는 건 회의를 자주 하라는 것이다. 컨설팅 회사는 사진과 더불어 꼬박꼬박 출석도 체크해서 첨부할 것을 요구했다. 아무리 좋은 계획이라도 똑똑한 리더가 혼자 결정하고 혼자 앞서가면 뒤에 아무도 따라가지 않게 된다. 언뜻언

뜻 수줍고 작은 목소리를 내는 주민의 말일지라도 귀 기울여 듣고 실행하면 훌륭한 결과가 나올 수 있다. 주민 위에 군림하는 고압적인 리더가 없는 곳에서 주민들은 자발성과 창의성을 발휘할 수 있다. 컨설팅 회사 '씨앗'은 실현 가능성과 관계없이 주민 마음속의 바람을 모두 꺼내 놓아 보라고 부추겼는데 마음껏 상상하고 자기표현을 자유롭게 하는 것은 중요한 주민 역량 강화의 한 부분이며 주민의 역량이 강화되다 보면 어느 결에 불가능하다고 생각했던 일들에 가까이 다가서게 될 수도 있다.

맨 처음 주민들과 함께한 일이 본격적 사업인 나무 심기에 앞서 시행한 동네 청소였다. 귀촌한 지 8년 만에 처음으로 '부역일'이 생긴 것인데 일을 하는 동안 그간 한마을에 살면서도 서로 말을 섞지 않고 눈빛만 교환했던 사람들과도 통성명을 하며 스스럼없이 경계를 허물게 되었다. 조현병을 앓고 있어서 누구와도 교류하지 않고 혼자 살던 주민도 나와 함께 일을 하니 그와도 편하게 인사를 나눌 수 있었다. 나무를 심고, 물을 주고, 예초기로 풀을 제거하면서 함께 식사하는 일이 늘어나니 공동체 정신이 무언지 슬슬 체감이 되었다.

마을 잔치를 하기 위해 적은 돈으로 천을 사서 단체복으로 36장의 앞치마를 만들어 남녀 가리지 않고 입었다. 소문 안 나게 자녀들의 동영상을 받아 행사장에서 틀고, 75세 이상의 주민들에게는 그간 살금살금 인터뷰했던 내용을 사진과 함께 앞뒤로 코팅을 해서 드렸다. 2부씩 만들어 한 부는 회관에서 보관. 그들 삶의 기록이 우리 동네의 역사이며 한국의 역사가 될 것이다.

고무신을 사서 꽃을 그려 꽃고무신도 선물했다. 기록 작업은 귀촌인인 내가 그들 삶의 깊은 내막, 큰 무게, 기나긴 질곡을 이해하는 기회가 되었다. 그들을 깊이 이해하고 사랑하게 되었다.

벽화는 보통 2단계에서 목돈을 들여 전문가에게 시공을 맡기는 모양이지만, 아무 지식이 없던 우리는 인터넷에서 벽화 자원봉사를 검색해서 목이 빠져라 기다리다가 전문가 한 분을 만났고 그에게서 '방법'을 터득한 이후 주민들과 함께 조금씩 벽화를 그려 나갔다. 우리 마음대로 그릴 수 있으니 자연히 주민 개개인의 맞춤형도, 기존 이야기의 창의적 재구성도 가능했다. 사연이 있는 벽화들은 앞으로 2단계 사업에서 지속될 것이며 색다른 벽화도 모색해 볼 것이다. 벽화의 내용은 연극의 형태로, 음악의 형태로 또 다른 문화 형태로 진화될 것이다. 적은 돈으로도 할 수 있는 일이 많이 있다고 하더니 정말 돈이 적기 때문에 아껴 가며 자력으로 일을 하는 동안 '역량 강화'가 되는 것을 많이 경험했다.

2단계 삼방리 행복마을만들기는 이렇게

지원금은 10배로 뛰어 3천만 원이 된다. 마을에는 아무것도 없으니 우선 지원금의 30퍼센트로는 성능 좋은 컴퓨터, 프린터, 빔프로젝터, 음향기기 등 마을회관에서 쓸 기기들을 구입할 것이다. 서로 떨어져 있어 동질감이 자꾸 사라져 가는 두 마을을 다시 끈끈하게 엮어 줄 마을 방송도 시도해 볼 생각이다. 지원금의 50퍼센트로는 풍물을 제대로 배우고, 농약 제초제 사용, 일회용 플라스틱 남발을 자제하기 위해 **환경생태**, 조현병 이웃의 이해를 도울 **정신의학**, 농산물 마케팅, 정치사회 등의 안목을 넓힐 수 있는 마을대학을 열며 가을에는 마을 잔치를 겸한 작은 음악회, 문화제를 열 계획도 세웠다. 농사가 본격적으로 시작되기 전에는 털실로 아동 모자를 떠서 작은 기부를 통한 이웃 챙기기도 실천할 생각이다. 나머지로는 마을 가꾸기 사업으로 나무 심기 확대, 창고를 부수고 짓는 일, 벽화를 그리는 일이 이어질 것이다. 현재의 지원금은 단 1원도 용도를 벗어나 사용할 수 없다. 욕심을 내어 보자면 상금을 자유롭게 사용할 수 있는 행복마을 콘테스트에서 입상하여 거액의 상금을 마을 공용토지를 확보하려고 노심초사하는 이장님께 선물로 안겨 줄 수 있기를 바란다. 행복마을 2단계를 진행하면서 동시에 3억을 지원받는 다음 단계 사업도 준비할 것이다.

청산면 삼방리의 예에서 보듯 행복마을만들기 사업은 정부와 지자체에서 지원금을 주되 간섭하지 않고 컨설팅 회사의 도움을 통해 주민들의 자체 역량이 커지는 것을 견인해 가며 그 과정을 현장심사, 여론조사, 발표심사를 통해 면밀히 살핀 뒤 다음 단계로 이끌어 간다는 점에서 권역별 사업보다는 아주 훌륭한 지역살리기, 농촌살리기라고 할 수 있다. 기존의 농촌 지역에서 외부의 지원금과 견인 없이 위와 같은 일이 일어나는 것은 거의 불가능한 일이다. 인체의 사지 말단의 실핏줄에서 영양소와 산소 공급이 이루어져 비로소 건강이 유지되듯, 농촌 지역의 주민역량강화사업은 정부와 국민이 아주 작은 말초 단위에서부터 제대로 소통하여 나라의 구성원을 행복하게 또한 진취적이고 역동적으로 변모시키게 될 것이다.

미래를 망쳐 가며 현재를 풍요롭게 살 수는 없다

문재인 대통령은 후보 시절부터 지역균형뉴딜이 국가균형발전의 중심이라고 강조했는데 최근에도 지역에서 역동적인 변화가 일어나기를 기대하고 있다며 지역 단위 사업에 많이 투자를 하겠다고 밝힌 바 있다. 탄소 의존 경제를 저탄소 경제로, 불평등 사회를 포용 사회로 바꾸겠다는 문 대통령의 의지를 응원한다. 지구촌 전체에 대한 환경의 위협에 대해서는 벌써 반세기 전부터 염려가 시작되었다. 1960년대 초반에는 식량을 대량 생산하기 위해 사용했던 유독성 농약의 환경오염과 자연고갈의 문제가 대두되었고, 1980년에는 '미래 세대의 욕구를 제약하지 않으면서 현세대의 욕구를 만족시키는 개발'을 의미하는 '지속 가능한 발전'이라는 개념이 대두되어 1992년 환경과 개발에 관한 유엔회의UNCED에서 본격적인 논의가 이루어졌다. 우리의 미래를 깜깜하게 망쳐 가며 현재를 풍요롭게 살 수는 없는 일이다. 지역의 역량을 강화시켜 지속 가능한 삶을 준비하는 사람들이 생겨나고 있다.

지구의 위기를 걱정하며 일상을 바꾸는 마을들이 생겨나고 있다

20세기 말, 21세기에 들어서며 기후변화와 석유정점의 위기, 원전사고 등은 에너지 전환에 대해 깊은 고민을 하게 했다. 대규모 중앙집중적

에너지 체계, 대량생산을 위한 무분별한 농약의 사용과 유전자 조작 식품 생산, 1989년 몰아닥친 광우병 파동 등 적은 비용으로 보다 많은 이익을 취하려는 경제 세계화가 야기한 문제는 소규모 분산 에너지 체계와 지역화를 통한 혁신적 농업정책으로의 전환을 요구했다. 거대화, 집중화, 세계화가 빚어낸 지속 불가능한 발전은 소형화, 분권화, 지역화를 통해 지속 가능하게 만들어야 한다는 각성이 싹트게 된 것이다. 지구의 회복력, 지역사회의 회복력을 키우려는 공동체운동은 전환마을, 슬로시티, 퍼머컬쳐, 공정무역마을, 커뮤니티 가든, 유기농 운동 등으로 나타나고 있다.

스페인의 마리날레다, 덴마크의 뭉크쇠고드

1991년 12년간의 투쟁 끝에 소작농들이 대지주의 땅을 얻어 내었다. '평화를 향한 유토피아', 인구 3천 명이 안 되는 스페인의 마리날레다에는 스페인왕국의 깃발도 경찰도 없다. 그 대신 혁명가와 시인을 지지한다. 시장 산체스 고르디요는 차별 없는 세상에서 평화롭게 사는 삶을 꿈꾸었던 체게바라의 혁명을 사랑한다. 우마르 협동조합원들은 100퍼센트 노조에 가입하고, 주민 완전고용으로 실업률은 0퍼센트다. 업무와 관계없이 모두 동일한 임금을 받는다. 경쟁과 개발은 없고 연대와 통합은 있다. 월 세 차례 주민회의를 하며 고르디요 시장이 의제를 설명한다. 2년 이상 거주한 사람은 누구나 공동주택을 신청할 수 있으며, 매월 2만 원 정도를 지불하면 되고 상속할 수 있다. 하루 6시간 반 일하는 노동은 고되지만 모두에게 집과 일자리가 있고 빚이 없으니 미래에 대한 불안이 없다. 27살부터 40년간 시장 일을 보고 있는 고르디요도 다른 주민들과 같은 크기의 공동주택에서 산다. 가끔 고향을 떠나는 청년들이 있지만 대부분 다시 돌아온다.

세계에서 최고 수준의 복지국가라고 일컫는 덴마크의 수도 코펜하겐 서쪽으로 1시간 떨어진 17년 역사의 뭉크쇠고드 마을공동체에서는 모든 농산물이 유기농 순환시스템으로 생산된다. 아이들은 학원에 가는 대신 가축들에게 먹이를 주고 요리를 배운다. 빗물로 세탁기를 돌리고 건조기는 사용하지 않는다. 30대의 자동차를 공동으로 사용한다. 관계 속에서 더 행복해지는 마을 사람들 모두가 한 가족이다.

전환마을의 중심 토트네스

15년 만에 전 세계 5,000여 개 마을이 전환마을을 선언하고 동참했다고 하니 전환마을운동은 21세기에 가장 빠르게 성장하는 글로벌 운동이라고 할 수 있겠다. 영국의 토트네스가 대표적인 전환마을로 꼽힌다. 2005년 아일랜드 킨세일 직업교육센터에서 근무하던 롭 홉킨스는 학생들에게 석유 위기와 기후 문제를 줄일 마을의 모습을 과제로 내주었고, 학생들과 함께 '에너지감축행동계획'을 궁리하던 롭 홉킨스는 런던에서 서남쪽으로 차로 3시간 거리에 있는 토트네스로 이주하면서 본격적인 전환마을 전도사가 되었다. 토트네스에는 유전자 조작 식품, 광우병 등의 문제에 항의하기 위해 시위자들이 유입되어 있었기 때문에 환경을 염려하는 진취적인 '인물'들이 많았다고 한다. 롭 홉킨스를 중심으로 그들은 에너지감축계획 등을 가지고 창조적이고 협력적인 네트워크를 만들어 갔다.

전환마을운동의 핵심은 지역 단위에서 시민 참여를 활성화하는 것인데, 가장 중요한 것은 중심에 강력한 공감대를 가진 탄탄한 그룹이 건재해야 한다는 것이다. 함께 영화제를 열고, 생활 기본 기술 강좌를 개설했으며 지역화폐를 발행하고 자연에너지 활용 방안을 궁리했다. 그들은 에너지뿐 아니라 식량, 지역경제, 문화, 교육 등에서도 지역의 자립을 꾀하고 있다. 로컬푸드를 도입하여 생산자에서 소비자로 이어지는 거리를 단축시킴으로써 영양, 신선도, 장거리 운송에 필요한 비용 절감을 모두 잡았다. 근거리 자급자족 생산과 소비가 지역 안에서 이루어지는 지역순환경제 시스템은 지역 안에서만 사용할 수 있는 지역화폐를 통해 지역 안에서의 자본순환을 가능하게 한다. 분뇨의 퇴비화, 빗물의 활용, 바람과 태양에너지 사용, 무방부제, 무포장으로 자원을 절약한다. 전기, 가스, 수도 등을 절약할 수 있는 방법, 화석연료를 쓰지 않고 풍력과 태양광 발전기로 재생가능 에너지를 이용할 방법을 지속적으로 궁리한다. 대량생산 후 공장에서 가공되어 마켓에서 팔리는 물건은 농약 문제, 공장 가동과 운송 시 석유의 소비와 온실가스 배출, 공기오염, 폐수, 쓰레기를 남기지만, 전환마을에서는 모든 것이 주변을 오염시키지 않고 자연으로 돌아간다. 자원순환 지구를 더럽히거나 미래에 쓸 자원을 고갈시키지 않는다. 그렇게 함으로써 석유 위기와 기후변화에 대응하여 지역적으로 할 수 있는 일, 나부터 할 수 있는 일을 찾아가고 있는 것이다. 미래에 대한 꿈을 지속적으로 공유하면서 더불어 귀히 여기며 함께 사는 공생사회로 안내한다. '저에너지로 행복하게 살아가자.' '지구적으로 사고하고 지역적으로 행동하라.' '상상력을 펼치고 창조적으로 생각하면서 속도를 늦추어 느긋하게 살아간다면 지금보다 더 좋은 사회가 될 것이다.'

한국의 전환마을운동, 생태마을운동

세계 어디에서나 같은 뜻을 가진 사람 2명 이상이 있는 지역에서는 전환마을을 선언하고 실천하면 된다. 마을 텃밭에서 로컬푸드를 생산하고, 태양광발전소로 석유에너지 소비를 줄이고, 지역의 생태를 지켜나가는 노력을 기울인다. 일본에 70여 개가 있고 한국에는 2014년에 출범한 전환마을은평을 시작으로 전환마을과천, 전환마을화성, 전환마을금산, 전환마을영광, 강화도 전환마을 진강산공동체 등 10여 개가 전환마을네트워크를 통해 연대 활동을 하고 있다. 2017년에는 '한국전환마을네트워크'가 결성되어 확산을 시도하고 있다.

마을 적정 기술, 벼룩장터, 마을 신문, 마을 음악회, 마을 여행계, 마을 영화제, 마을 잔치, 마을 작업장, 마을 냉장고, 마을 포장마차, 마을 학교, 에너지 전환, 마을 인문학, 마을 텃밭, 마을 가꾸기, 마을 공원 가꾸기, 마을 청소, 구들학교 등 주민들이 스스로 행복해지기 위해 할 수 있는 것은 모두 시도할 수 있다. 전환마을은 돌봄과 나눔의 공동체로 성장하고 있다.

한국전환마을 로고.
한국의 전통적인 배산임
수를 형상화했다고 한다.

어촌 뉴딜 장고도

충남 보령시 오천면 삽시도리 장고도 대천 앞
바다에 있는 넓이 1.57㎢의 작은 섬이다. 주민
들이 스스로 '기본소득', '주민연금' 기능을 하
는 경제 시스템을 만들었다. 주민들은 2019년
에 해삼과 전복으로 가구당 1300만 원의 기본소득을 배당받았다. 바
지락 작업에 참여한 주민에게는 700만 원이 추가된다. 반찬거리는 바
다에서 나오고 농토가 있어 쌀농사도 지으니 자급자족이 가능하다.
그 돈을 누가 주냐고? 주민들 스스로 기획하고 실천한 결과다.

1983년 당시 25살 청년이었던 편삼범 씨는 어촌계장을 맡으면서 해
산물 채취 사업을 '어촌계 직영'으로 만들었다고 한다. 10년 후부터는
해산물 채취 사업으로 거둔 이익을 주민들에게 배당하기 시작했다. 초
기에는 적은 돈이 배당되었지만 2019년에는 해삼 69.4톤, 전복 1.5톤
을 채취해 약 16억 원의 매출을 올려 운영비를 제외하고 가구당 1300
만 원씩 배당했다. 장고도에 20년 이상 거주해야 받을 수 있는데 전체
75가구 중 70가구가 혜택을 받는다. 장고도의 성공을 본받아 가까운
섬들의 주민들도 같은 방식으로 해산물 채취 배당금을 받고 있다.

바지락 양식장은 정해진 날에만 가구마다 한 사람씩 작업에 참여
하는데, 장고도는 누가 몇 kg을 캐든 모두 모아 공평하게 분배한다.

젊은 사람이 더 많이 캐지만 불만은 없다. 자기도 늙을 것이기 때문이다. 초기에 각자 캐는 대로 가져가자는 주장에 따라 그렇게 시험해 봤지만 공동작업, 공동분배 방식의 70퍼센트밖에 되지 않아 다시 공동작업 공동분배 방식으로 바뀌었다고 한다. 80, 90이 넘은 노인들도 생존 불안 없이 살 수 있다. 그렇다면 바글바글 회색빛 수도권 도시에서 살 이유가 어디 있을까!

마을마다 자치권을 갖는 마을공화국은 어떤가

2009년 노벨 경제학상을 받은 미국의 경제학자 엘리너 오스트롬Elinor Ostrom, 1933~2012은 공동 자산의 관리는 국가나 시장보다는 지역공동체의 자율 관리가 훨씬 더 효율적이라는 점을 이론적·실증적으로 입증했다. 한국의 중앙 집중은 심각한 문제들을 드러내고 있다. 빈부 격차의 심화. 과도한 수도권 집중. 쪼그라드는 지역이 그것이다.

제주대학의 신용인 교수는 이런 문제를 해결하기 위해 '마을공화국'을 주장하고 나섰다. 그는 마을공화국의 3대 조직으로 법인격과 자치권이 있는 주민자치조직인 마을정부, 주민이 공동소유하고 자율적으로 운용하는 마을기금, 마을 대표의 회의체인 마을민회를 들었다. 이미 2017년에 진선미 국회의원이 「마을공동체기본법안」을 발의했다고 한다.

정부는 마을공동체를 회복하기 위해 매년 거액을 투입하지만 국가나 자치단체 중심의 하향식 추진은 밑 빠진 독에 물을 붓는 것과 같다. 그래서 주민이 중심이 되어 마을공동체를 회복할 수 있는 법적·제도적 기틀을 고민한 결과 마을법안이 탄생한 것이다. 마을법안은 마을과 공동체 활성화를 위한 주민의 자율적인 해결 역량 강화와 지역사회 공동체의 신뢰 증진을 통하여 주민자치 구현과 지역사회 발전에 기여함을 목적으로 하고제1조, 주요 기구로는 마을공동체, 마을공동체재단과 마을공동체기금, 마을공동체위원회 등을 규정하고 있다.

사실 지구의 위기를 걱정하며 지속 가능성을 고민하는 자연순환농업공동체, 전환마을 등은 같은 생각을 가진 진취적 추진 세력들이 머리를 맞대고 추동해 낼 때 가능하며, 기존의 쇠락해 가는 농어촌 지역에서 내부의 자생적 힘으로 일구기는 쉽지 않다. 후자의 경우 지자체가 마중물이 될 지원금을 투입하여 주민의 역량 강화를 유도해 내는 것은 대단히 중요한 일이며 필요한 일이다.

다만 정부가 지역살리기 노력에 지금보다 더 많은 고민을 해 주었으면 한다. 긴 다리 위에 멋진 조형물을 설치하고 화려한 전등을 켜 관광객을 유치하거나, 화려한 전등을 켜 야경으로 관광객을 유치하거나 쓸만한 도로를 없애고 그 옆에 새로운 도로를 까는 등 이런 것을 지역 살리기라고 생각하지 말았으면 한다. 지구적으로 사고하고 지역적으로 행동하여 지속적으로 문제를 풀어 나가는 일… 정부도 주민과 하나가 되어 지혜를 모아 고민을 해결해야 할 때다.

민본과 대동세상으로
가는 큰 사람,
큰 마을, 새 부족

황선진
'신성과 하나되어' 회원

인류가 코로나19 팬데믹에 직면하면서 지금까지의 삶의 방식을 근본적으로 바꾸어야 한다는 성찰이 곳곳에서 일어나고 있다. 지난 여름 길고 긴 장마에 물난리를 겪으면서 기후 위기의 근본적인 원인인 현 문명을 지속하는 일이 어렵다고 실감하는 사람들이 급속도로 늘어나고 있다. 지속 가능한 삶은 어떤 것일까? 전 세계의 지성인들이 앞다투어 그 대책을 제시하고 있지만, 그 대책들이 실제 적용될 수 있을지는 미지수이다

지금 세계인들의 삶을 규정하는 틀은 자본資本이다. 이 틀은 24시간, 전방위적으로 우리 삶을 지배하고 있다. 지구에 사는 그 누구도 단 한 순간이나마 자본으로부터 온전히 자유로울 수 없다.

자본주의는 물질 생산력을 극대화시킴으로써, 인간의 삶에 편리함을 가져왔지만, 그에 따른 자연 파괴, 인간사회 내부의 대립 격화, 지구 환경의 악화 등을 초래하였다. 인간과 뭇 생명이 신음하고 있고, 나아가 죽음의 그림자가 지구를 뒤덮고 있다. 결국 이제 자본중심의 삶의 틀로는 더 이상 생산력 발달을 기대할 수 없는 지경에 이르렀다.

그 틀은 너무나 속속들이 우리 삶을 규정하고 있고, 거의 모든 삶이 그 안에서 이루어지고 있어, 그 관성을 멈출 가능성은 별로 없다.

자본 중심의 삶의 틀을 해체하지 않는 한, 그 어떤 대책도 미봉책으로 그치고 말 것입니다. 자본 중심의 정치 경제 사회 시스템 너머에 무엇이 오고 있을까?

때가 왔다

때가 왔다. 마침내 '하늘의 이치에 따라 순리順理대로 사는 삶'이 가시적으로 등장할 때가 왔다. 수운 최제우 선생이 동학의 깃발을 들어, 시호시호時乎時乎를 외친 그 시각은 1861년. 수운의 때는 1861년에 그칠까? 수운의 그때는 바로 지금, 2021년으로 이어지고 있으며, 당신의 뜻이 온전히 이루어지는 수십 년 후까지 이어질 것이다. 수운 선생이 씨를 뿌리고, 수백만 수천만의 생령生靈들이 피를 흘려, 거름을 주면서 길러 낸 나무가 무럭무럭 자라 이제 그 열매를 맺으려 하고 있다.

무엇의 때이며, 누구를 위한 때인가요? 하늘의 이치가 땅에 펼쳐지는 때이다. 민民이 본本이 되는 세상! 말 그대로 민이 중심이 되는民主 때이다. 민본과 함께 대동大同 세상이 오고 있다. 아직은 어둠이 짙고, 갈 길을 가로막은 세력이 준동하고 있지만, 오는 새벽을 막을 수는 없다. 기존 체제의 병이 심각하면 할수록 새로운 삶의 방식은 밝아 오는 듯하다. 아무리 노력해도 때가 아니면, 일이 되지 않는다. 봄가을을 거쳐 벼 이삭이 팰 때가 있는 것처럼, 마침내 하늘의 때天時가 열리고 있다.

지속 가능한 삶으로 가는 길 → 귀본, 귀공, 귀농 등 삼귀의, 삼위일체의 삶

그러면 새로운 삶의 방식은 무엇일까? 간단히 이야기해서 '하늘의 이치에 따라 순리대로 사는 삶'이다. 순천順天의 삶은 곧 삼귀의三歸依의 삶이다. 삼귀의는 귀본歸本·귀공歸共·귀농歸農 등 세 가지이며, 그것은 삼위일체이다. 그중 어느 하나가 빠지면, 나머지도 공허해진다. 삼귀의三歸依의 삶은 저 옛날, 우리 민족이 자연스럽게 영위해 온 삶이며, 우리 민족의 DNA에 내장되어 있는 삶이다. 오래되었고, 새로운 삶의 방식인 '삼귀의'의 삶을 몸에 붙이는 사람이 늘어나고, 그러한 삶이 틀시스템을 갖추면, 그것이 곧 한민족 르네상스일 것이다.

누구나 참여할 수 있다. 그러나 아무나 함께할 수는 없다. 하늘의 이치에 따라 순리順理대로 사는 삶을 살고자 하는 사람은 누구나 승선乘船할 수 있다. '나쁜'인 생활을 하는 사람, 또는 세상의 다른 존재와 위아래로 '벽'을 치고 사는 사람은 누가 막아서가 아니라 스스로 이 배에 타지 않는다.

귀본歸本: 근원根源으로 돌아가, 의지하고, 그에 입각하는 삶을 영위한다. 근원으로부터 벗어나 '나쁜'인 생각, 감정, 말과 행동을 여읜다. 삶의 뿌리를 근원에 둔다. 하늘님, 하나님, 하느님, 부처님, 알라, 도道 등 종교와 신념에 따라 표현은 다르지만, 모두 하나의 존재를 의미한다. 나의 뿌리와 우주 만유萬有의 뿌리에 바탕을 두고 생활하는 일, 귀본은 인간과 하늘神의 관계를 가리키는 말이다.

귀공歸共: 귀본을 전제로 하는 삶을 공유하는 사람들의 모임이 바로 공동체이다. 육체가 서로 다르지만, 그 뿌리를 공유하는 사람들이 자기 형상과 개성에 따라 어울린다. 삶의 모든 것을 나눈다. 근본 철학에 조응하는 공동체를 형성하고, 그 공동체를 단위로 생활하는 일, 귀공은 인간과 인간의 관계를 가리키는 말이다.

귀농歸農: 인간은 본래 자연의 뭇 생명과 하나로 어울리며 사는 것이 이치에 맞는다. 뭇 생명은 인간을 돌보고, 인간은 뭇 생명을 돌본다. 인간중심주의 문명에서 벗어나 동식물, 자연 등과 하나로 어울리는 삶을 영위하는 일, 귀농은 인간과 뭇 생명 및 자연의 관계를 가리키는 말이다.

현재의 자본주의 정치 경제 사회 시스템이 질병, 기후변동, 경제 침체, 인종-종교 갈등 등을 잘 이겨 낼 수 있도록 최대한 관심을 가지고 지켜보면서 도울 일이 있으면 도와야 할 것이다. 기존 체제를 이끌어 온 주류主流 세력들이 지금까지의 철학과 체제 운영 방식을 바꾸면 길이 분명히 있을 것이다. 그러기를 바란다. 한편으로는 그러기에는 너무 멀리 오지 않았나 하는 판단도 든다. 기존의 방식으로는 심각해져 가는 현 체제를 다시 살릴 지혜와 기술이 부족해 보인다.

저물어 가고 있는 자본資本 살림, 동터 오는 민본民本 살림

현대의 자본주의 중앙집권적 국가 시스템을 달리 표현하면 자본資本 살림이고, 민본 정치 경제 시스템은 민본民本 살림이다.

사람이 그 속에 묻혀 살아가는 삶의 틀시스템은 한 가지만 있는 것은 아니다. 인류 역사상 존재했거나 존재하고 있는 삶의 시스템은 크게 세 가지로 단순화할 수 있다. 그 하나는 '나쁜인 사람들이 갖는 철학과 문화가 주류를 이루는 시스템'이요, 그 둘은 '질서 정연하게 피라미드형 종적縱的 위계질서가 구축되어 있는 시스템'이고, 그 셋은 '각각 중심인 사람들이 서로 하나 됨과 어울림을 이루면서 원圓의 한 점이 되어 서로 어깨를 걸어 네트워크를 구성하는 시스템'이다. 줄여서 '나쁜인 시스템', '종적 위계 시스템', '원형圓形 네트워크 시스템' 등으로 불러 보겠다.

세계 자본주의로 일원화되어 있는 체제는 한편으로는 피라미드형 종적縱的 위계 체제를 구축하고 있으며, 다른 한편으로는 '나쁜'인 존재들이 횡행하여 무질서와 약육강식이 자행되고 있다. 사람 위에 사람 있고, 사람 밑에 사람 있는 체계를 구성하고 있다. 사람은 만물의 영장靈長으로서 다른 뭇 생명을 희생시키고 있다. 모든 구성원들 사이에 넘어설 수 없는 벽이 설치되어 있어 늘 갈등과 대립, 반목과 죽임이 일상화되어 있다.

민본 살림살이는 민民에 뿌리를 두는 정치·경제·사회 시스템이다. 이 시스템에서는 사람 위에 사람 없고, 사람 밑에 사람 없다. 사람과 자연의 모든 동식물은 공생의 관계를 맺고 있다. 모든 주체들이 소우주로서, 각각 '떼를 이루고 있는 알'이다. 하나의 떼알은 또 다른 떼알과 연대하고, 네트워크를 형성한다. 마치 나무에 달려 있는 포도송이처럼. 중중무진重重無盡으로 시공時空에 펼쳐진다.

호스피스hospice와 산파産婆

이 세상의 운수는 개벽의 운수라, 천지도 편안치 못하고, 산천 초목도 편안치 못하고, 나는 새, 기는 짐승도 다 편안치 못하리니, 유독 사람만 이 따스하게 입고 배부르게 먹으며, 편안하게 도를 구하겠는가? 선천 과 후천의 운이 서로 엇갈리어 이치와 기운이 서로 싸우는지라, 만물이 다 싸우니 어찌 사람의 싸움이 없겠는가?

낡은 정치는 이미 물러가고 새 정치는 아직 펴지 못하여, 이치와 기운 이 고르지 못할 즈음에 천하가 혼란하리라. 윤리 도덕이 자연이 무너 지고, 사람은 다 금수의 무리에 가까우니, 어찌 난리가 아니겠는가?

- 『해월신사법설』, 「개벽운수」 중에서

낡은 질서가 아직 완전히 물러가지 않았고, 새 질서는 아직 펴지 못 하고 있습니다. 낡은 질서를 잘 거두고, 새 질서를 순조롭게 태동시킬 때이다. 호스피스와 산파의 역할이 필요하다.

호스피스는 첫째, 기존 체제의 주류 세력들과 각축을 벌여 기존 체 제의 자산을 최대한으로 보호한다. 둘째, 재화와 권력이 기존 체제의 뿌리까지 잘 흘러들어 가도록 제도와 법을 만들면서 그 일을 할 사람 들을 조직하여, 다음 세상을 위한 인적·물적 기반이 되도록 한다. 산 파는 지속 가능한 삶이 가능한 시스템을 탄생시키는 일을 한다. 삼귀 의의 삶으로 가는 길을 개척한다.

호스피스와 산파의 두 역할은 곧 양서류兩棲類의 삶이다. 한 사람이, 한 공동체가, 하나의 떼알이 중앙집권적 국가 시스템의 기존 체제에서도 기능을 하고, 새로운 시스템에서도 역할을 한다. 하나의 국가 시스템 안에 있으면서도, 나름 상대적으로 자족적自足的인 삶의 틀을 구축한다. 정치·경제 등의 영역은 물론이고, 문화·의료·교육 등 삶의 전 영역을 포괄한다.

동학농민군들이 왜 그렇게 부질없는 싸움에 불나방처럼 뛰어들었는지 이제야 좀 알겠다.

집강소에 들어가서 잡세는 어떻게 하며 결세는 어떻게 할 것인지 상의도 허고 큰 소리도 내고 그렸는디 아, 그것이 시상 없이 재밌는 일이드란 말여. 우리 일을 우리가 결정하고 득 되는 일을 허는디 신이 안 나? 그렇게 이놈들이 지금까지 지들만 해먹었등개벼.농민군

받아먹지 못한 환곡을 갚고, 노상 부역에다 군포는 군포대로 내는 세상으로 다시 가겠느냐? 양반의 족보를 만드는 데 베를 바치고 수령들의 처첩까지 수발을 들면서 철마다 끌려가 곤장을 맞을 테냐? 나는 그렇게는 못 산다. 우리는 이미 다른 세상을 살았는데 어찌 돌아간단 말이냐? 목숨은 소중하지만 한 번은 죽는 것이다. 전봉준

- 『나라없는 나라』, 이광재, 다산책방

민본 정치·경제·사회 시스템은 위 인용문에 나오는 '다른 세상'이다.

양서류兩棲類와 이군일민二君一民

하나의 세상, 두 개의 살림, 즉 양서류의 삶을 염두에 둘 수밖에 없는 현실이 되었다. 이는 고대 아시아에 존재했던 이군일민二君一民 체제를 연상하게 한다.

① 이군일민 체제는 고대 아시아의 사회에서 광범위하게 분포되어 있던 정치 경제 시스템이다.

② 여기서 군君이 상징하는 것은 인간이 다른 인간 및 자연과 맺는 삶의 시스템이다. 군君은 어떤 시스템의 리더, 즉 천군天君과 왕王이라는 두 종류의 임금을 의미한다.

③ 이군일민 체제의 핵심은 하나의 민民, 또는 민民 공동체가 두 개의 시스템에 참여하는 것이다.

④ 하나는 중앙집권적 국가 시스템이고, 다른 하나는 우리가 역사를 통해서 익히 알고 있는 바로 그 소도 및 소도 간의 네트워크 시스템이다.

⑤ 중앙집권적 국가 시스템에서는 교환시장의 원리가 작동되고, 소도蘇塗 및 소도 간의 네트워크 시스템에서는 호혜시장홍익시장의 원리가 작동된다.

⑥ 중앙집권적 국가 시스템은 피라미드형 종적 위계 체제이고, 소도蘇塗 및 소도 간의 네트워크 시스템은 소우주들의 횡적 네트워크 체제이다.

⑦ 피라미드형 종적 위계 체제는 '사람 위에 사람 있고, 사람 밑에 사람이 있는 시스템'이고, '사람 밑에 동식물이 있고, 동식물 위에 사람이 있는 시스템'이다. 이에 비해 소우주들의 횡적 네트워크 체제는 사람과 사람, 사람과 동식물 사이에 온전한 평등, 나아가서 무등無等의 체제이다.

⑧ 중앙집권적 국가 시스템이나 민본 네트워크 시스템 모두 정치, 경제, 문화, 교육, 의료 등 삶의 전 영역을 포괄한다.

⑨ 중앙집권적 국가 시스템과 민본 정치 경제 시스템은 당분간 공존共存할 것이다. 지금은 전자가 주류主流이지만, 점차 후자가 주류로 되어 갈 것이다.

인간 삶의 모든 영역에서 직접 스스로 해 나가는 삶: 민본

앞으로 우리 사회가 가고자 하는 길을 '민본'과 '대동'으로 압축하여 사용하려 한다. 민본民本은 정파政派와 종파宗派, 사상과 이념, 보수와 진보 등의 벽을 넘어 모두가 동의할 수 있는 용어이다.

정치 : 직접민주주의.

경제 : 민본民本 경제, 소규모-자족自足네트워크 및 연대.

교육 : 배움의 주체가 되어 스스로 교육과정을 편성하고, 자신에게 필요한 스승을 찾아감.

건강·의료 : 스스로 돌보고, 서로 돌봄.

문화 : 스스로 하고 즐기고, 서로 하고 즐김.

수행 : 전문가 수행 문화를 탈피하고 스스로 구함. 생활과 수행을 분리하지 않음.

앞으로의 세상은 진리를 온몸으로 받아들이는 삶을 향해 있는 민民, 즉 보통 사람들이 삶의 모든 것을 직접 이웃해 있는 사람, 동식물, 자연 등과 어울려 살림을 하게 될 것이다.

대동세상

인간 사회에 민본 정치 경제 사회 시스템은 곧 대동세상을 건설하는 일이다. 대동세상은 하늘, 인간, 자연이 하나로 어울려 사는 질서가 서는 세상이다. 대동세상은 저 동학이 가고자 한 세상이다. 그리고 동학 이후에 물밀 듯이 다가왔던 서양 사조, 문물, 물질과학 등의 입장에서도 별 반감 없이 사용할 수 있는 개념이다.

동아시아의 사상 전통에서는 유토피아를 말할 때 늘 대동세상이라는 표현을 써 왔다. 그럴 때 대동大同이란, 큰 천막 아래에서 여러 사람들이 밥을 함께 먹는 모습을 형상화한 글자라고 하는 해석을 들은 적이 있다. 공감이 가는 해석이었다. 좋은 세상이란, 밥 먹는 것을 빼놓고는 결코 이야기할 수 없으니까. 예수의 행적에서도 가장 뚜렷한 것은 사람들과 밥을 같이 먹는 장면이다. 그리고 밥을 함께 먹되, 그 누구든 차별을 하지 말아야 한다는 게 예수의 메시지 중 가장 혁명적인 선언의 하나였다. 부자와 가난한 자, 남녀노소, 신분의 비천을 가릴 것 없이,

그리고 무엇보다도 인종, 민족을 가릴 것 없이 이 세상의 모든 인간이 같은 밥상에서 평등한 관계로 밥을 먹는다는 것, 그것이 바로 천국이고, 하느님의 나라라는 것이다.

- 대동세상과 밥, 무위당의 생명사상, 김종철에서 인용

큰사람, 큰 마을, 새 부족

우리가 '마을'에 대하여 통념通念으로 갖고 있는 바, 어느 작은 시골이라는 개념은 이제 상당 부분 수정되어야 한다. 중대도시의 동洞을 마을로 규정지으려는 생각은 적절하지 않다. 시골마을이나 도시의 마을은 그곳에서 삶을 영위하는 사람들이 주권을 가지고 있지 않다. 국가 권력, 또는 자본이 실질적인 주인이다. 상당히 많은 분들에게는 거주지로서의 역할만 한다. 삶터로서의 기능이 온전하지 않다.

마을은 일차적으로 민民이 중심이 되는 인적人的 네트워크가 있어야 구성된다. 이렇게 볼 때, '지금, 이곳'에 조응하는 새로운 마을은 우선적으로 순천順天의 뜻을 공유하는 사람들의 네트워크가 이루어지는 다음과 같은 마을이다.

① 하늘의 이치에 따라 순리대로 사는 사람들.
② 삼귀의三歸依를 오롯이 담는 공동체.
③ 삶의 모든 영역에서 최소한의 자족적인 삶을 가능하게 하는 다양한 인적 구성의 마을.

④ 충분히 열려 있고, 벽이 없으며, 공동체 밖의 일반 사람들과는 언제든지 오고 갈 수 있되, 막膜이 있는 공동체.

⑤ 구체적으로 삶의 모든 것政治, 경제, 문화, 교육, 의료 등을 나누고, 함께 할 수 있는 마을.

⑥ 큰 마을은 지역의 기반을 가질 수도 있고, 종교·문화 등의 기반을 가질 수도 있다. 지역의 기반을 예로 들자면, 민民의 생활권 지역에서 100인한 가정당 1인 내외로 구성되는 공동체. 민民 생활권 지역이란 시·군·구 등의 행정구역--)광역형 마을.

⑦ 공동체는 중앙집권적 국가 시스템에서의 읍·면·동 주민자치 활동과 함께, 민본 정치 경제 시스템의 가장 작은 단위로서 역할함.

⑧ 공동체의 형태는 협동조합, 대동계, 치유농장, 온라인 공동체 등 다양하게 할 수 있다.

큰 마을은 지역적으로 농촌의 작은 리里 단위 마을보다 광역이다. 소·중·대도시의 동 단위보다 크다. 뜻이 같은 사람들이, 각자 자신의 소임에 따라 협력한다. 큰 마을은 또한 밝음을 지향하는 사람들의 공동체이다. 순천順天의 삶을 살고자 하는 보통 사람民 누구나 대인大人이다. 큰 마을은 저 동학의 포包와 접接을 현대적으로 재창조하여 그 뜻을 계승한다.

전국의 곳곳에서 저 옛날의 새로운 부족의 초기적 모습에 해당하는 모임들이 속속 모습을 드러내고 있다. 마치 저 구약성서舊約聖書의

출애굽기出埃及記에 나오는 백성들처럼, 귀농인으로, 도시공동체의 구성원으로, 예수처럼 사는 사람들 모임의 일원으로, 붓다로 사는 사람들로 순천順天의 새로운 삶을 찾아나서는 사람들이 줄을 잇고 있다. 큰 사람, 큰 마을, 새로운 부족원들은 결국 '민본과 대동으로 가는 새로운 삶의 시스템'을 구성하는 방향으로 길을 잡을 것이다. 마치 실개천들이 모여 강을 이루고 바다로 흘러가듯이….

> 대저 대인이란 자는 천지와 더불어 덕을 함께하며, 일월과 더불어 밝음을 함께하며, 사시四時와 더불어 질서를 함께하며, 귀신과 더불어 길흉을 함께 한다.
>
> -『주역周易』, 「건괘乾卦」〈문언전文言傳〉

아울러『맹자孟子』〈진심장구 하, 25〉에 보면 호생불해浩生不害가 맹자에게 악정자樂正子가 어떤 사람이냐고 묻는 대목이 있는데, 맹자는 호생불해의 질문에 대해 "바람직한 모습을 충실하게 내면화함으로써 그것이 밖으로 빛나는 사람을 대인大人이라 한다."라고 대답하는 구절이 있다.

민본民本 삶의 틀 안에서 살아가려는 보통 사람 또한 누구나 큰사람大人이다. 대인들이 사는 공동체가 바로 큰 마을이다. 대학의 삼강령三綱領은 '도재명명道在明明, 덕재신德在新, 민재지어지선民在止於至善'이다. 민은 지극한 착함을 향하여 있으니, '지극한 착함'이란 바로 본성이고, 본성에 착 달라붙어 있어 꼼짝 않고 있음을 의미한다.

강화 진강산마을공동체의 유상용은 '마을의 귀환은 원의 귀환'이라고 하면서 다음과 같이 말한다.

> 피라미드의 왕은 다시 귀환하지 않는다. 대신 둥글게 손을 잡은 보통의 사람들로 이어진 마을이 귀환한다. 이 마을에도 능력과 지혜 있는 자가 있지만, 그는 '빈터'로서 사람들이 디디고 살 낮은 땅이 되어 순환한다. 구분은 있으나 분리는 없던 인간의식이 분리·단절의 착각을 일으켜 차차 현상계에도 소유·형벌·계급·국가로 벌어지게 되었다. 사람들은 분열, 찢어지는 아픔을 안고 수천 년을 살아오게 되었다. 여기서 말하는 마을은, 작지만 온전한 우주, 물질·소통·영성이 다 갖추어진 작은 완전사회다. 인간사회의 본연의 모습이 실현된 곳이다. 마을은 태어나고 자라고 죽는, 인생의 원이 이루어지는 곳이다. 시간의 원이 완성되는 곳이다. 마을은 순환하는 대자연과 나고 죽는 뭇 생명이 함께 돌고 돌아가는 공간이다. 마을은 본질이 현상에 이루어지는 곳이다.

'둥글게 손을 잡은 보통 사람'이 '인간 본연의 모습을 실현하는 곳'으로서의 마을을 말하고 있다. 큰사람大人들이 원을 이루고 사는 '큰마을'을 그리고 있는 것이다. 큰 마을은 민본民本 삶의 틀이 구현되는 마당이다. 민民이 중심에 있는 세상이 대동大同세상이다. 대동세상에서는 자연스럽게 인간과 뭇 생명과 신神 등 이 세상을 구성하는 세 주체가 하나로 어울리기 마련이다.

　민본 삶의 틀을 세우려는 인적 네트워크를 목적의식적으로 세울 필요가 있다. 단순히 사회 개혁을 목표로 하는 차원이 아니라 수천 년 동안 흘러온 세상의 질서를 근본적으로 탈바꿈$_\text{탈}$하는 것을 목표로 한다. 시작은 작고 소박하다. 읍·면·동, 또는 더 작은 단위 지역에서부터 전국적인 차원에 이르기까지, 더 나아가 범지구적인 차원에 이르기까지 민본 네트워크 시스템을 구축하기 위한 구체적 노력이 시작되고 있다.

　이 대업$_\text{大業}$은 하늘을 덮을 만큼 크다. 동시에 작다. 작은 지역에서, '나뿐'인 삶의 고개를 넘어 착함을 향해 선, 보통 사람들이 가는 길이다. 어렵고도 쉬운 길이다. 이 지구에서 그 길만이 지속 가능할 것이다. 줄지어 나타날 코로나19와 같은 괴질, 기후 위기 등의 난관을 이겨 내고 살아남아 다음의 인류 문명을 열어 나갈 것이다.

에
필
로
그

팬데믹 시대의
글로벌 공공선

박치완

한국외국어대학교 철학과 교수

* 이 글은 『글로컬창의문화연구』 제9권 2호(2020.12.31)에 실린 글을 본 저서의 편집 방
향에 맞게 수정한 것임.

"팬데믹의 철학은 진정으로 지구촌의 모든 시민을 위한 철학이다. …
신자유주의 시대에는 의무나 봉사의 에토스에는 덜 구속되어 있고, 시
장의 가치에 더 구속되어 있다." - M. A. Peters[*]

결말 없는 소설과도 같은 코로나19의 위기

코로나19는 인류가 두 눈으로 직접 목격한 '결말을 알 수 없는 소설'에
비유할 수 있지 않을까 싶다. 이렇게 등장인물이 많은, 무고한 피해자
가 속출하는 대하소설을 인류가 예전에 접한 적이 있던가? 이제는 지
난달, 어제의 통계를 언급하는 것 자체가 무의미한 상황이 되었으며,
'확진자 수 사상 최고치', '봉쇄령', '의료대란' 등이 아마 코로나19를 수
식하는 대표적 표현이 아니었을까 싶다.

확진자 수가 곧 3000만 명에 이를 것으로 예상되는 미국, 이미 1000
만 명을 넘어선 인도와 브라질을 비롯해 100만 명을 넘어선 국가도
러시아, 영국, 프랑스, 스페인, 이탈리아, 터키, 독일, 콜롬비아, 아르헨

---

[*] Peters, M. A., "Love and social distancing in the time of Covid-19: The philosophy
and literature of pandemics", *Educational Philosophy and Theory*, 2020.

티나, 멕시코, 폴란드, 이란, 남아프리카공화국, 우크라이나, 페루, 인도네시아, 체코, 네델란드 등 20여 개국에 육박하고 있다.[*]

코로나19와 관련해 블랙홀에 가까운 뉴스들이 쏟아졌건만 그 끝이 대체 어디인지 과학적 예측을 할 수 없다는 데 문제의 심각성이 있다. 사태 전환을 위한 예방 백신 개발 뉴스들은 가끔 우리의 눈과 귀를 자극하기도 한다. 하지만 예방 백신 개발 뉴스는 "어느 제약회사의 무슨 제품이 몇 퍼센트의 치료 효과가 있네", "어느 나라가 몇 개의 백신을 확보했네"가 주를 이루고 있다. 백신이나 치료제가 공리적·인도적 목적으로 사용될 가능성은 희박하며, 수십 개의 글로벌 제약회사들만 시장에서 특수特需를 누리기 위해 '전쟁'을 벌이고 있다.[**]

지구촌은 코로나19로 인해 불안, 두려움, 공포, 죽음의 그림자가 드리워진 지 400여 일이 다 되어가고 있다. 그동안 이를 부추겼던 매스컴의 표제어들을 살펴보자: '마스크 착용 강제', '사회적 거리 두기', '자가 격리', '외출 금지', '자택 대피령', '모든 단체 및 모임 절대 금지', '공공시설 폐쇄', '실내 영업 금지', '야간 통행 금지', '도시 간 버스와 철도 서비스 중단', '국경폐쇄', '의료체계 붕괴', '쇼핑센터 폐쇄', '외국인 입국 금지', '여행위험 국가 지정', '국가비상사태선포', '국가 부도'!

---

[*] 국가별 일일 확진자 수 및 누적확진자 수는 매일 갱신되고 있기 때문에 수치 자체의 정확도가 궁금하면 세계보건기구(WHO) 홈페이지(https://covid19.who.int/) 참조.

[**] 2021년에 접어들어 국가별로 백신 접종이 이루어지고는 있으나 접종 속도나 그 효과는 기대했던 것에 훨씬 못미치고 있다.

하지만 지구촌 시민들은 이제 이와 같은 붉은 십+자 뉴스들에 대해 그저 무덤덤한 표정을 지을 뿐이다. 하지만 그렇다고 코로나19와의 '전쟁'에서 경계심을 늦출 수 있는 것은 아니다. 자칫하면 자신의 생명이 위협받을 수 있기 때문이다. 정책결정자들, 감염병 전문가들의 발언에 눈길을 주고는 있지만, 이들이 해법을 제시할 것이라는 믿음은 없다. 방사능 폐기물 처리 기술이 나오는 날 코로나19 예방 백신, 치료제가 나오려나?

김기봉은 "역사가들은 2020년 인류가 코로나바이러스와 3차 세계대전을 벌인 것처럼 역사를 기술할 가능성이 충분히 있다"고까지 이번 코로나19 사태를 분석하고 있다.[*] 세계보건기구WHO를 필두로 해서 국제연합UN, 유네스코 국제생명윤리위원회IBC, 유네스코 과학 지식 및 기술 윤리에 관한 세계위원회COMEST까지 나서서 이 지구적 재앙을 수습하기 위해 진력盡力을 쏟고 있지만 지쳐가는 시민들은 이제 "코로나19와 함께 사는 거야?", "독감보다 사망률이 낮데"라고 체념하고 있는 실정이다.

지구촌의 모든 과학자가 지혜를 모아도 코로나19에 대처를 하지 못한단 말인가? 이것이 바로 2019년 하반기까지만 해도 AI, Big Data, Cloud Computing, IoT 등을 앞세워 4차 산업혁명을 21세기의 장밋

---

* 김기봉, 「포스트 코로나 뉴노멀과 신문명 패러다임」, 『철학과 현실』 제126호, 2020, 109쪽.

빛 청사진처럼 제시하면서 그토록 위세 당당하던 '과학'의 역설이 아니고 무엇인가? 정확하게는, 과학의 첨병인 '의학의 한계'를 여실히 보여주고 있다고나 할까.[*] '만물의 영장'이라 우쭐대던 인간이 코로나19 앞에서 할 수 있는 일이라는 게 고작 손을 씻고, 마스크를 쓰고, 타인과 거리를 유지하는 것 말고는 없다니...

최첨단 과학기술의 시대인 21세기에 이런 해프닝이 또 있을까 싶다. '알려진 것the known', 이제까지 우리가 알고 있다고 철통같이 믿었던 지식의 두께가 코로나19라는 '알려지지 않은 어떤 것the non-known something'에 의해 이렇게 무력無力해지기는 아마 인류 역사상 처음 겪는 일이 아닌가 싶다. 문제는 이렇게 '그것'이 대체 '무엇'인지, 아직 그 정체마저 분명하게 밝혀지지도 않은 바이러스에 의해 헤아릴 수 없을 정도의 가시적 피해를 인류가 고스란히 떠안고 있다는 점이다.

그 정체가 알려지지 않은 것에 의해 인류가 피해를 감수해야만 하는 것이 어디 코로나19 팬데믹 뿐이겠는가만 중요한 것은 코로나19

---

[*] 코로나19와 관련해 많은 과학자들이 각국의 정책 결정 과정에서 조언하고 있지만, 코로나19만은 '예외'라는 것이 과학계의 일반적 의견이다. 옥스퍼드대학의 의료윤리 전공 교수인 도미니 윌킨슨(D. Wilkinson)은 "과학은 우리가 어떤 가치에 무게를 두어야 하는지 알려주지 않는다. 가치는 윤리적인 결정이지 과학적 결정이 아니"라며 발을 빼고 있다 - "The philosophy of COVID-19: is it even possible to do the 'right thing'?" *News & Events*, Aug. 25, 2020 - Oxford Arts Bolg: https://www.ox.ac.uk/news/arts-blog/philosophy-covid-19...right-thing).

팬데믹 이후 세상은 분명 변하고 있다는 점이다. 눈을 가리고 귀를 막은 채 남의 일처럼 여겼던 '지구적 관점'에서 인류의 생명과 안전을 고민해야 하는 기회가 주어진 것만은 그래도 다행이다 싶다. 오직 앞만 보고 질주하던 성장사회, 무한경쟁 사회, 가진 자들만의 독식 사회, 소수자·타자의 희생을 정당화하는 사회의 한계를 되돌아보게 했다는 점에서 그렇다.

코로나19와 관련해 최근 새롭게 관심이 증폭되고 있는 철학적 주제 중에는 기후변화, 지구환경윤리가 그 선머리에 있고, 공중보건이나 의료윤리, 자유주의와 공동체주의, 생명 존중 사상, 정보의 투명성, 상호연대의 필요성, 공공선, 웰빙 등이 뒤를 잇고 있다. 이에 본고에서는 코로나19 팬데믹 사태를 과연 어떻게 대처해야 할지를 공동선 common good, 공공선 public good의 관점에서 조명해볼까 한다.*

코로나19 팬데믹은 우리의 시선을 개인, 국가에서 지구촌으로 확대할 것을 요구하고 있다. 글로벌 공공선 global public good이 화두로 부상한 이유가 여기에 있다. 글로벌 공공선은 지구촌의 모든 국가가 자발적으로 참여해 인류의 미래 가치를 창출하는 것이 목표이다. 이런

---

* 공동선(common good), 공공선(public good)은 이미 표기상으로도 차이가 나듯, 서로 의미나 지향점이 다른 것으로 여길 수 있다. 하지만 본고에서는 이 둘을 포괄해 '공공선'이라 통일적으로 표기할 것이다. 그리고 코로나19는 단지 개별 국가 단위에 그치는 문제가 아니기에 기본적으로 '글로벌 공공선(global public good)'의 차원의 해결책이 필요하다는 점을 미리 밝혀둔다.

점에서 우리의 논의가 자칫 거대 담론으로 비칠 수도 있다. 하지만 이 거대 담론은 기본적으로 코로나19 팬데믹을 극복하려는 '우리'라는 집단적 관심collective intentionality, We-intention에 뿌리를 두고 있기에 결코 추상적인 기성 담론과는 구분할 필요가 있다.

코로나19의 위기는 글로벌 공공선의 관점에서 현행 세계시스템에 대한 성찰적·윤리적 재편을 요구하고 있다. 인류가 그동안 축적한 역사와 문명, 지식과 기술이 무용지물이 되었고, 인간이 "실제 아무것도 할 수 없는 상태"*가 되었다. 그런즉 우리가 '노멀하다'고 여기며 살아온 삶이 얼마나 '비노멀한 것'이었는지를 되돌아보게 된다. '뉴노멀한 삶'을 살아가자면 어떻게 해야 할까? 코로나19의 위기가 더는 지구촌 시민들의 영혼과 육체를 가해하는 일이 없도록, 지구촌을 죽음의 공포 상태에서 구원해야 할 것이다. 그러자면 재삼 우리는 모든 생명을 인간의 그것 이상으로 존중해야 할 것이며, 국가적 차원이 아니라 지구적 관점에서의 반성을 통해 '우리-세상'을 글로벌 공공선으로 재건해야 할 것이다.

지구적 관점으로의 전환이 필요하다

코로나19 팬데믹을 기존의 지식이나 세계관으로는 설명할 수 없는 새

---

* G. L. Velázquez, "The role of philosophy in the pandemic era", *Bioethics Update*, No. 69, 2020, p. 5.

로운 지구촌적 사건으로 볼 수도 있는가 하면 늘 있어 왔던 지구촌적 유사 사건으로 치부할 수도 있다. 후자의 경우라면, 얼마간의 시간이 흐른 후 기존의 시스템, 제도, 인식에 아무런 변화도 일어나지 않은 채 모든 것이 예전 그대로 원상 복구될 것이다. 반면 전자의 경우라면, 문자 그대로 '모든 것'이 새롭게 바뀌지 않으면 안 된다. 여기서 우리는 유네스코 사무총장 오드레 아줄레Audrey Azoulay가 이번 코로나19와 관련해 강조한 "윤리적 원칙"이 "인류 최고의 나침판"이 되어야 한다는 권고의 의미를 되새겨볼까 한다.*

코로나19 팬데믹은 기존 질서의 재편을 요구하고 있다는 점에서 '포스트 모던적 사건'이라 할 수 있다. 인류사회는 코로나19 이전과 이후로 나뉜다고 할 정도로 코로나19는 많은 것들을 변화시켰다. 대대적인 재택근무의 도입, 온라인 플랫폼을 활용한 화상회의 및 비대면 강의의 도입, 헬스케어에 대한 관심 증대, 비대면 서비스의 활성화, 전자상거래의 일상화 등이 대표적인 변화라 할 수 있을 것이다.

'룸콕', '차박'등과 같은 유행어에서도 짐작할 수 있듯, 코로나19로 인해 특히 낯선 타인과 격의 없이 어울리던 '광장의 시대'가 저물었다는 것도 눈에 띄는 변화 중 하나라 할 수 있다. 그뿐 아니다. 경제협

---

* 유네스코에서는 1차 팬데믹 선언 이후 코로나19의 극복을 위한 윤리강령을 제시하며 전문가들의 인터뷰 기사를 홈페이지에 올렸다. 아줄레의 발언은 여기서 빌어온 것이다 - https://en.unesco.org/news/unesco-provides-ethical-frameworks-covid-19-responses.

력개발기구OECD에서는 2020년부터 '더 나은 삶의 지수Better Life Index'의 측정지표에 '녹지공간 접근성'을 포함시켰다. 코로나19로 인해 생활권 숲 확대 조성이 삶의 질을 평가하는 지표로 추가된 것이다.[*] 국내의 숨겨진 관광 명소, 자연휴양림 등을 찾는 인구가 늘고 있는 것도 삶의 본질적 가치가 무엇인가를 되돌아보게 한다는 점에서 의미 있는 변화라 할 수 있다.

많은 사람들은 코로나19로 인해 삶의 형태가 이렇게 바뀐 현상을 '새로운 정상성'으로 받아들이는 경향이 있다. 하지만 이것이 과연 '더 나은 사회'로 나아가기 위한 첩경인가? 다들 무엇이 변했는지에 시선을 집중시켜 이와 같은 성급한 결론을 내리고 있는 것은 아닌가? 변해서는 안 되는 것, 우리가 잊고 살아온 것이 무엇인지에 대해서도 함께 고민해보아야 하는 것 아닌가? 누구도 부인할 수 없는 것은 코로나19로 인해 타인들과의 물리적 거리를 유지하는 것이 일상화되었다는 점이다. 물리적 거리는 주지하듯 심리적 거리로 연장된다. 심리적 거리가 커지면, 타인과의 접촉 자체를 기피하는 현상을 낳게 된다. 만일 이것이 정상적이라면, 코로나19 때문에 겪게 되는 외출 및 단체활동 금지, 이동 제한 및 지역 봉쇄, 감염자 추적 관리 등도 정상적이라는 말이 되는 것 아닌가?

---

[*] 이달영, 「코로나 시대, 숲이 주는 삶의 질 향상」, 『그린매일』, 2020년 10월 7일 기사 참조.

비정상은 반드시 정상화되는 것이 균형 잡힌 사회의 힘이다. 비정상성은 사회적으로 함께 우려하고 바로 잡아야 할 일이지 결코 추종하거나 칭송해야 할 일은 아니다. 아줄레가 '윤리적 원칙'이 중요하다고 했던 것은 인류가 집단지성을 통해 코로나19 팬데믹을 슬기롭게 극복하자는 데 그 핵심이 있다. 코로나19 팬데믹이 극복되어야만 인간과 인간, 인간과 자연이 '컨택트'하며 코로나19로 인해 잠시 유보된 정상적인 삶을 되찾을 수 있다. 2009년 사스 팬데믹에 대한 연구 결과에서도 이미 밝혀진 바 있듯, "팬데믹 기간 동안 〔특히〕 취약계층은 불확실성을 견디기 어려워했고 높은 정서적 불안감을 경험했으며, 자신을 보호하는 데도 무력감을 느꼈다"고 응답하고 있다.[*] 이들 취약계층이 정서적 불안감을 느끼는 것은 무엇보다도 부정적 감정만을 유발케 하는 대중매체의 영향이 크다. 그런데 이번 코로나19 상황에서도 국내외의 대중매체들은 시민들에게 투명한 정보를 제공하는 데 힘쓰기보다는 자극적인 뉴스들을 쏟아내며 정서적 불안감을 가중시켰다. 아줄레가 강조한 '윤리적 원칙'은 투명한 정보제공, 시민들의 자발적인 참여, 전문가들의 관련 지식 위에서 형성된 공감대에 근간을 둔다. 코로나19 팬데믹은 개인, 국가를 구분할 수 없는 지구적 사건인

---

* S. Taha et al., "Intolerance of uncertainty, appraisals, coping, and anxiety: The case of the 2009 H1N1 pandemic", *British Journal of Health Psychology*, Vol. 19, No. 3, 2014, pp. 592~605 참조.

만큼 글로벌 공공성의 차원에서 이를 함께 극복하려는 인류의 의지가 필요하다는 뜻이다.

최근 벤담과 밀의 공리주의가 새롭게 조명받고 있는 것도 이 때문이다. 벤담과 밀의 공리주의를 '가능한 최선의 결과를 산출하는 행위'로 재정의할 수 있다면, 이미 초국가적으로 확산된 코로나19 팬데믹은 국제적 연대를 통해 그 피해자를 최소화해야 한다는 주장이 정당성을 얻게 된다. 그러나 지구촌의 현실은 신자유주의 시대가 전면화되면서 국제적 연대에 금이 간지 이미 오래다. 단적인 예는 최근 미국과 중국 간의 경제적·정치적 갈등에서도 확인할 수 있다. 신자유주의는 경제제일주의, 자국우선주의가 그 본질이다. 문제는 코로나19 상황에서도 두 거대 공룡은 정치적·경제적 공방만을 벌이며 지구촌 시민들의 교양과 상식에 위배되는 천박하기 그지없는 태도를 보여주었다는 점이다 그 때문에 이들 국가가 글로벌 공공선 의식을 가지고 코로나19 팬데믹 사태에 대처했다고 평가하는 사람은 아무도 없다. G2뿐만 아니라 그 밖의 대부분의 국가들도 국경폐쇄와 같은 극단의 조치를 통해 자국민의 보호에만 신경을 곤두세웠지 국제적 협력에는 뒷전이었다. 코로나19 팬데믹이 정치적으로 해결될 것이라 기대하는 사람이 없는 것도 이 때문이다. 말을 바꾸면, 지구촌 시민들이 연대해서 글로벌 공공선이 실현될 수 있도록 앞장서야 한다는 것이다. 시민들의 나침판이 정치적 나침판이 될 수 있다는 것을 코로나19 팬데믹을 통해 우리는 확인했다. "윤리적 원칙이 인류 최고의 나침판"이라는 아줄레의 발언도 궁극에는 지구촌 시민들의 연대만이 지구공동체의 윤리를 만들 수 있다는 뜻으로 풀이될 수 있다.

그러나 이러한 우리의 제안이 수용되기 쉽지 않은 것은 M. A. 피터스도 정확히 지목하듯, 위기가 닥치면 사람들은 연대하기보다 오히려 타자를 배제하는 태도를 취한다는 점 때문이다.

> "전염병의 위협은 두 개의 반대되는 부정적인 감정을 만든다. 하나는 봉쇄를 무시하며 고립을 깨뜨림으로써 모든 종류의 기회를 제공한다고 생각하는 사람들의 근심 걱정이 없는 극단적인 개인주의적 태도이다. 그리고 다른 극단은 질병으로 고통받는 사람들을 낙인찍고, 침묵시키고, 수치스럽게 만드는 임박하고 고통스러운 죽음에 대한 깊은 두려움에 기초한다. 두 극단적 태도는 사람들을 보호하기 위해 최소한으로 요구되는 연대를 붕괴한다."[*]

자국우선주의가 국제적 연대에 훼살을 놓듯 이기적 개인주의는 사회적 연대를 저해하는 주범이다. 그러나 아래 이어지는 문장에서 보

---

[*] M. A. Peters, "Love and social distancing in the time of Covid-19: The philosophy and literature of pandemics", *Educational Philosophy and Theory*, 2020(https://doi.org/10.1080/00131857.2020.1750091), p. 4.

듯, 공동체의 윤리가 필요하다는 것을 시민들이 일단 자각하게 되면, 시민들은 단결하고, 위기에 공동으로 대처한다. 즉 공동체가 붕괴되는 것을 원하는 개인은 없다.

> "그런가 하면 이 두 극단적 태도는 또한 공동체의 윤리ethos of community 를 만들어 내고, 보이지 않는 바이러스와의 싸움에서 시민을 단결시키고, 과학적 용어로 시각적 정보를 제시하며 공동체를 위해 '친절하게', 집에 머물고, 손을 씻으며, 함께 확산을 늦출 수 있다고 독려한다."[*]

피터스의 분석은, 공리주의가 '최대다수의 최대행복'이라는 상식적 윤리학에 뿌리를 두고 있듯, 지극히 상식적인 주장으로 비칠 수 있다. 하지만 상식적인 주장인 만큼 설득력이 강하다는 것은 이론의 여지가 없다. 그런 점에서 피터스의 분석은 사태의 본질을 파악한 시민들이라면 얼마든지 동참·실천할 수 있는 제안이라는 것이며, 실제 지구촌의 시민들은 코로나19 팬데믹 상황을 극복하기 위해 자발적·참여적 시민으로 거듭나고 있다.

프란치스코 교황이 지난해 9월 일반 알현을 주례하면서 '진정한 선'은 '공공선'이라 강조한 것도 코로나19 팬데믹의 극복을 위해서는

---

[*] *Ibid.*, pp. 4~5.

시민들의 동참이 절실하다는 점을 역설한 것과 다르지 않다.

> "공공선common good을 위해서는 모든 사람의 참여everyone's participation
> 가 필수적이다. 만일 모든 사람이 자신의 역할에 충실하고 아무도 자
> 신이 해야 할 일을 방기放棄하지 않는다면, 우리는 공동체주의적·국
> 가적·국제적 차원에서 그리고 심지어는 자연환경과의 조화를 이루는
> 바람직한 관계good relationships를 회복할 수 있다. … 우리는 공공선을 위
> 해 모두가 함께 노력하며 세상을 치유할 수 있다."[*]

윤리적 행동과 실천은 사회구성원들의 협력적 행동을 통해 주어
진 상황에 변화가 일어날 때 그 목표가 달성된 것이라 할 수 있다. 코
로나19 팬데믹은 현재처럼 각국이 금지·봉쇄·폐쇄 정책을 펴는 것만
으로는 극복될 수 없다. 그래서 지구촌 시민들 모두가 자발적·참여적
연대를 해야 하며, 연대만이 공공선이 바로미터가 될 수 있다고 프란
치스코 교황까지 앞장서서 강조하고 있는 것이다.

개인주의, 공리주의는 "'선good'에 대한 윤리적 기준은 명시적으
로 설정"하고 있다. 그런데 문제는 이 두 철학 모두 "모두를 위한 선

---

[*]   G. O'Connell, "Pope Francis: Defeat Covid-19 by working for the common good",
    America, Sept. 09, 2020(https://www.americamagazine.org/…common-good) 참조.

common good'에 대한 명확한 언급은 하고 있지 않다."* 본고에서 우리가 코로나19 팬데믹을 글로벌 공공선의 관점에서 성찰해야 한다고 감히 제안한 이유가 바로 여기에 있다. 거듭 강조하지만, 글로벌 공공선은 각자가 "모든 사람의 권리everyone's rights와 삶의 질을 보호"하는 것이 중요하다고 판단할 때 연대적 실천으로 전환될 수 있다.** L. 드그레고리도 강조하듯, 코로나19를 통해 인류가 깨달은 것이 바로 이점이다. "지구상의 모든 사람과 모든 사회와 인류 전체"가 코로나19를 통해 변화를 몸소 경험하게 된 것이다.***

코로나19는 이렇듯 인류에게 삶의 근본적 인식의 변화를 유도했을 뿐만 아니라 개인의 정체성이 사회적 정체성, 지구적 정체성과 구분되는 것이 아니라는 것을 인식하게 했다는 점에서, 지구촌 전체의 상황을 주시하는 '지구적 의식'을 태동시켰다고 할 수 있다. 코로나19 팬데믹은 여느 전염병과 같이 일시적 병리 현상에 그치지 않는다는 것을 깨달은 것이다. 전 지구적 사건인 코로나19 사태를 지켜보며 시민들은 '더 나은 사회'가 어떤 것인지를 총체적으로 고민하는 계기가 되었다.

---

* E. Agazzi, "The Coronavirus pandemic and the principle of common good", *BIOETHICS Update*, May 23, 2020(https://www.elsevier.es/en-revista-bioethics-update), p. 2.

** L. DeGregory, "A philosopher's guide to the coronavirus", *Tampa Bay Times*, Apr. 10, 2020 참조.

*** *Ibid.*

'더 나은 사회'를 건설하기 위해 국제사회는 그동안 방치해도 되는 것으로 오판했던, 개인이나 몇몇 국가에 그 책임을 전가했던, 신자유주의적 세계시스템을 겨냥해 의료 공공시스템의 구축, 사회적 불평등 해소, 국제적 연대를 통한 지구적 위기 극복과 같은 '글로벌 공공선'의 실천을 촉구하고 있다. 글로벌 공공선의 실천은, 프란치스코 교황이 역설한 대로, "정의의 의무duty of justice"와 다르지 않다.**** 정의를 실천하기 위해서는 우선 각자가 자신에게 주어진 의무를 다해야 한다. 이렇게 각자가 시민으로서 주어진 의무를 다할 때 사회, 국가 그리고 국제사회를 향해 공공선을 실천하라며 권리를 주장할 수 있다.

공공선의 실천을 위해 우리는 이제 더 이상 개인주의적 자유나 시장의 효율성의 유혹에 빠져들어서는 안 된다. 각 국가는 물론이고 국제사회가 공공선이 실천될 수 있도록 연대해야 한다. 제도적으로 공공선이 실천될 수 있도록 투쟁하고 감시해야 한다. 코로나19 팬데믹을 극복하기 위해서는 무엇보다도 시장의 논리가 고개를 드는 것을 막아야 한다. 감히 말하지만, "시장을 위해 선한 것"은 "온 인류를 위해 선한 것이 아니다."***** 이를 정확히 인식해야만 글로벌 공공선이 '지구적 윤리의 원칙'으로 작동될 수 있다.

****   G. O'Connell, *op. cit.*

*****   V. Korobov, "Models of Global Culture", *Globalization & Identity*, New Brunswick & London: Toda Institute for Global Peace and Policy Research, 2006, pp. 29~30 참조.

피터스의 주장대로, "지구촌의 모든 시민을 위한 철학", 즉 "팬데믹의 철학"은 더 이상 "시장의 가치"가 아닌 인류공동체를 위한 "의무나 봉사의 에토스"에서 그 해결책을 모색해야 한다.[*] 거듭 강조하지만, 코로나19 팬데믹은 인류공동체를 위협한다고 할 수 있을 만큼 치명적이며 전례가 없는 역사적 사건이다. 그 때문에 초국가적 연대가 필요한 것은 두말할 것도 없고, 시민들의 희생이 동반된다는 의미이기도 하다. 희생을 기꺼이 감수하는 지구촌 시민의 연대 없이 코로나19 팬데믹은 사라지지 않을 것란 뜻이다.

> "우리가 현재 상황에 대해 반성을 한다는 것은, 개인이 자신의 문제를 홀로 해결할 수 없다는 것이 깨달았기 때문에, 공공선에 대한 배려를 통해 개인의 이기주의를 극복하는 데 있으며, 연대가 바로 그 해답이라는 것을 깨닫게 되었다. 우리는 공동체의 중요성을 인식할 수 있어야만 하며, 공동체에 대한 책임을 져야 한다."^{**}

'우리-세상'을 실천하는 새로운 지혜로서 공공선

코로나19는 우리에게 한 국가의 지도자, 정책입안자가 얼마나 중요한 역할을 담임하는지를 되돌아보게 하는 기회를 제공하고 있다. 그들의

---

*   M. A. Peters, *op. cit.*, p. 1.

** G. L. Velázquez, *op. cit.*, pp. 6~7.

결정이 국민의 생명 보호를 최우선시하는지, 경제에 미치는 영향을 최소화하려는 것이 목표인지, 이도 저도 아니고 단지 개인의 정치적 성취를 위해 이 전혀 결말이 예측되지 않은 소설과도 같은 사태를 악용하려 하는지에 따라 결과가 확연히 달라진다는 점을 우리는 두 눈으로 목격하고 있다.

'하나'의 정당하고 옳은 결정은 최소한 코로나19와 같은 상황에서는 적용될 수 없는 것 같다. 그 정도로 국가마다 상황이 다르며, 그런 만큼 해법 또한 상이할 수밖에 없다. 팬데믹 상황이 장기화되고 2차 팬데믹에 이어 3차 팬데믹이 가시화되면서 1차 팬데믹 때 내린 결정을 번복하는 국가도 생겼다. 결정을 번복해가면서까지 개인의 자유와 자율성을 보장하는 것 못지않게 방역이라는 사회공리적 가치를 실천하는 것이 중요하다는 것을 나중에야 깨달은 것이다.

국가가 구성원들의 공동의 이익, 즉 공공선을 위해 노력한다는 확신을 주지 못하는 한 국민의 자유와 자율성에 제한을 가하는 것은 정당성을 인정받기 어렵다. 그런데 코로나19와 같은 예외적 상황에서도 서구사회에서는 여전히 개인의 자유와 자율성에 더 가치를 두고 있는 듯하다. 서구사회에서 개인의 자유와 자율성이 여전히 정쟁의 대상이 되고 있다는 것은 코로나19와 같은 "질병의 지구화"[*] 현상을

---

[*] 조성환·허남진, 「지구인문학적 관점에서 본 한국종교: 홍대용의 『의산문답』과 개벽종교를 중심으로」, 『신종교연구』 제43집, 2020, p.96.

제대로 간파하고 있지 못하다는 증거라 할 수 있다.

물론 개인주의보다 공동체주의가 코로나19와 같은 세기적·지구적 위기를 대처하는 데 있어 더 유효한 이념이라고 할 수 있는지에 대해서는 이론이 있을 수 있다. 하지만 "개인의 자유를 존재 자체"로 여겨온 서구사회에서 코로나19에 대한 방역에 곤란을 겪고 있으며 확진자가 특히 서유럽에서 급증하고 있다는 것은 분명 공동체주의가 더 실효적이라는 것을 입증해주고 있다.[*]

'더 나은 사회'란 한마디로 공공선이 실천되는 사회라는 점을 거듭 강조하지 않을 수 없다. 공공선의 실천은 물론 위기 때만 요구되는 이념에 그치지 않는다. 공공선의 실천은 사회구성원 누구에게나 체화되어 있어야 한다. 공공선이 체화된 진리일 때 코로나19 팬데믹 앞에서 경제적 이해타산을 따지는 것이 선택지 중 하나가 되는 일이 더는 없을 것이다. 노벨 평화상 수상자들과 글로벌 리더들은 코로나19 백신을 글로벌 공공선 차원에서 무상으로 생산 및 배포할 것을 촉구한 바 있다.[**] 이는 세계보건총회에서 코로나19의 백신과 치료제가 글로

---

[*] 개인의 자유와 권리를 최우선시하는 서구사회(미국) 내부에서 코로나19에 대처하는
     데 '실패했다'고 스스로를 진단하고 있다는 것은 시사하는 바가 크다: "코로나19는 사
     회의 가치가 집단적 행동과 집단적 선(collective good)에 초점을 맞추어 위기의 도전
     해서 성공할 수 있느냐를 결정하는 실험이다. 그리고 우리는 이 실험에서 실패하고 있
     다." - D. Magnus, "The Limits of Individualism: Potential Societal Harms from the
     EAP for Convalescent Plasma", *The American Journal of Bioethics*, Vol. 20, No. 9,
     2020, pp. 2~3.
[**] 관련 기사는 다음 참조: UNB News: Declare COVID-19 vaccines a global common

벌 공공재로 사용되기를 결의한 것에 대한 지지 선언이며, 140여 개 국이 참여한 결의안에서는 코로나19에 대한 안전하고 효과적이며, 품질이 높고 저렴한 진단 치료제, 의약품 및 백신의 생산을 개발, 테스트 단계에서부터 모든 회원국이 협력할 것을 공식화했다.[*]

이렇게 글로벌 리더들과 의료행정가들이 앞장서서 코로나19의 백신과 치료제가 글로벌 공공재로 사용되기를 희망한다는 공론을 만든 것은 이 지구적 사건에 대해서까지 경제적 이해타산으로 접근하는 세력을 겨냥해서다. 개개인에게 만일 코로나19 팬데믹이 지구공동체의 문제라는 인식이 몸에 배어 있다고 가정해보자. 이런 개인들로 구성된 국가에서 과연 진실이 은폐되고 왜곡되는 일이 가능하겠는가? 이런 사회에서 과연 의학계가 공공선을 거스르는 선택을 할 수 있겠는가? 공공선의 추구가 사회구성원 모두에게서 체화된 진리로 실천되는 사회야말로 '살 맛 나는 세상' 아니겠는가.

체화된 진리는 필요할 때면 언제든 직접 행동으로 실천되는 진리다. 일찍이 체화된 진리embodied truth를 설파한 M. 메를로-퐁티는 개인자아, 타자타인, 타문화, 타집단, 세계인류공동체, 지구공동체가 한 몸통이라 강조

---

good: Global leaders, June 28, 2020.

[*] 관련 기사는 다음 참조: P. Patnaik, "A strong call for COVID-19 treatments and vaccines to be global public goods - World Health Assembly", *International Health Policies*, May 20, 2020.

했다.* '질병의 지구화'와 같은 대재앙 앞에서 우리/그들을 구분하는 것이 정상적인 태도요 반응이라 할 수 없다. 우리/그들 모두 '세계에 존재l'être au monde'한다. 공공선이 실천되어야 하는 무대는 따라서 '세계'인 것이며, 특정인을 위한 것이 아니라 모든 이를 위한 것이다. 나의 삶이 타자를 살리고 지구환경을 살리며, 지구생명체 전체가 한 가족이 되는 것, 그것이 지구촌 시민이면 누구나 꿈꾸는 '우리-세상'의 상像이 아니겠는가.

> "'나'를, '우리'를 가족이나 민족, 국가 대신 인류로 자각하는 각성이 있어야겠다. 위기가 '우리'의 새로운 각성을 촉구한(⋯)다."**

인류의 비전은 기본적으로 '나'를 '인류로 자각하는 각성'이 동반되지 않은 것이라면 공표될 가치가 없다. 그런데도 불행히도 이 지구촌에는 '우리'를 마치 '나'처럼 여기는 자들이 여전히 많다. 이는 인류가 아직 글로벌 공공선을 깊이 고민하지 않고 있다는 반증이다. 자국을 위대하게 만든다며 버젓이 위대한 벽은 세우는 자가 있지 않은가. 그런 위정자를 둔 국가의 국민은 인류의 비전을 운운할 자격이 없다. 누

---

* 박치완, 「우리/그들, 동양/서양의 야만적 이분법 재고」, 『동서철학연구』 제91호, 2019, 411~419쪽.
** 심규한, 「인류가 우리다」, 『세계는 한국에 주목하는가: 한국 사회 COVID-19 시민백서』, 모시는 사람들, 2020, p.286.

적 확진자 세계 1위, 누적 사망자 세계 1위인 국가가 대체 어디인가?

'우리'를 '참된 우리'로, 즉 '인류'로 자각한 자만이 인류의 비전을 논할 자격이 있다.* 코로나19를 종식시키기 위해서는, 심규환이 강조한 대로, '인류로서 우리'에 대한 각성이 그 어느 때보다 시급하다. 일반적으로 공공선과 같은 '거대 담론'이 늘 그렇듯 선善한 이론은 대개 약한 이론이기 쉽다. 그래서 더더욱 '우리'가 '더 나은 사회'를 위해 연대하고 미래사회를 위해 참여해야 한다. 나/그, 우리/그들이 구분되지 않은 '공통세계'가 곧 "'우리'의 세계"이기 때문이다.

'우리'의 관점에서 코로나19에 대해 재고하건대, 코로나19는 현생 인류에게 많은 교훈을 안겨주고 있지만, '윤리적 우리'를 자각하게 했다는 것이 아마 가장 값진 철학적 교훈이 아닐까 싶다. '윤리적 우리'는 '나'의 행동과 결정이 사회적이고 도덕적인 틀 안에서 행해진다는 것을 전제로 한다. 그렇다. 코로나19는 인류에게 '공생공존'이라는 준엄한 윤리적인 화두를 던지고 있다. 코로나19가 발발하기 이전에 윤리학에서는 주로 개인의 옳은 행동과 그른 행동을 구분하는 연구에 치중했다. 그러나 코로나19는 개인의 자유나 권리는 다소 제한받더라도 시민 전체의 안전과 공중보건이 중요하다는 인식의 변

---

* 이런 이유 때문에 N. 하드삭은 "'우리'가 지시하는 '우리'는 계몽주의 시대의 유럽중심적이고 남성중심적인 담론을 통칭"하는 것으로써 일종의 "인공적 '우리'"에 불과하다며 자성의 목소리를 높이고 있다 - N. Hartsock, "Rethinking Modernism: Minority vs. Majority Theories", *Cultural Critique*, No. 7, 1987, p. 191.

화를 가져왔다.

유네스코 홈페이지의 전면 사진에서는<그림1> 참조, 아예 '집콕'을 권장하고 있기까지 하다. 다시 메를로-퐁티를 차용하면, 인간은 '세계에 존재'한다. '세계'가 인간의 놀이터요 삶터이며 꿈의 터전이다. 그런데 우리 모두가 '집콕'해야 한다는 것은 분명 우리 모두가 비정상적인 상황 하에 처해 있다는 뜻이다. 상황이 이와 같은데도 "마스크를 쓰네, 마네"로 정쟁을 벌이는 일군의 무리가 국제 뉴스를 아직도 장식하고 있다. 공공선이 무너져도 개인의 자유가 우선이라는 '파렴치한 들'이 존재하는 것이 지구촌 현실이다.

물론 개인을 위해 선한 일과 집단을 위해 선한 일이 다를 수 있고, 양자 간에 이론적 긴장이 존재한다는 것은 기본이다. 하지만 코로나

〈그림 1〉 유네스코 〈코로나19〉 홈페이지의 메인 사진(검색일자: 2020.11.09)

19를 경험하면서 개인을 위해 선한 일보다 집단을 위해 선한 일을 선택할 필요가 있다는 방향으로 지구촌 시민들의 인식이 전환되고 있다. 코로나19로 인해 '집단적 지향성'이 어디를 향해 작동되어야 하는지를 반성하게 된 것이다.[*] 개인보다 집단을 위한 선택으로 공통 관심이 이동하고 있다는 것은 "우리들에 대한 이해로 우리의 감각"이 새롭게 깨어나고 있다는 증거다.[**] 이는 개인적으로 '위험'하다고 느끼는 것을 집단적으로도 '위험'하다고 느낀다는 의미와 같다.

한 국가를 위한 공공선이 결국은 인류를 위한 공공선, 즉 글로벌 공공선의 모태가 된다는 것도 같은 논리다. 글로벌 공공선이 전개되는 '우리-세상'은 저절로 주어질까? 천만의 말씀이다. '우리-세상'은 반드시 지구촌 시민들의 연대가 동반되어야 하며, 이 연대를 자양분으로 성장하는 '인류 미래의 꿈나무'가 바로 글로벌 공공선이다. '호모 사피엔스'는 이제 지구적 차원에서 세계를 성찰하고 코로나19 팬데믹과 같은 위기에 대처하기 위해 '지구적 의식'을 가질 때가 되었다. A. 클레인만은 "과거의 인류의 도덕적 실패는 우리가 더 이상 이 실패에 관용적이어야 한다는 것을 의미하지 않는다"[***]고 했다.

---

[*] M. J. Thompson, "Collective intentionality, social domination, and reification", *Journal of Social Ontology*, Vol. 3, No. 2, 2017, pp. 207~229 참조.

[**] B. Green, B. Green, "In Pursuit of an 'Ethos of Community': Postdigital Education in the Age of Covid-19", *Postdigital Science and Education*, May 08, 2020, p. 6.

[***] A. Kleinman, "Global mental health: a failure of humanity", *Perspectives*, Vol. 374, Iss. 9690, 2009, p. 604.

코로나19 팬데믹 상황에서도 여전히 개인의 자유를 앞세운 자들, 단순히 정쟁의 노예가 된 자들이 있다. 이러한 도덕적 해이로 공중보건이 실패하면 결국 그 개인은 물론이고 인류의 생명도 위협받을 수 있다는 반성이 필요한 이유가 바로 여기에 있다.

온갖 바이러스들로 감염된 현대, 집단지성이 발휘돼야

지구촌의 많은 국가들이 대한민국 정부의 방역을 모범사례로 입을 모아 칭송하고 있다는 것은 감히 말하지만, 일찍이 동학東學의 관민상화 官民相和, 민관공치民官共治의 정신에 뿌리를 둔 '민주民主'와 '공화共和'의 문화유전자가 비로소 오늘에야 그 빛을 발하고 있다는 증거라 할 수 있다.[*] 코로나19의 극복을 통해 대한민국의 정상성이 곧 세계적 정상성의 지표가 될 수 있다는 것을 확인한 셈이다. 세계인들이 기꺼이 수용할 수 있는 정상성은 이렇듯 '지구공치地球共治'를 목표로 글로벌 공공선을 실천할 때가 아니고서는 그 가치를 인정받을 수 없다.[**]

코로나19의 극복을 통해 정상사회로 재진입하기 위해서는 집단지성의 발휘가 필수적이다. P. 잔드리크는 디지털 시대가 요구하는 집단지성은 "나는 생각한다, 고로 존재한다"는 유아론唯我論을 폐치하고

---

[*] 조성환, 「재난에서 발휘되는 도덕성: 민주와 공화의 어우러짐」, 『세계는 한국에 주목하는가: 한국 사회 COVID-19 시민백서』, *op. cit.*, 134~136쪽 참조.

[**] 조성환 · 허남진, *op. cit.*, 102쪽.

"우리는 생각한다, 우리는 배운다, 우리는 행동한다"를 새로운 사유원리로 받아들여야 한다고 강조한다.[*] 잔드리크의 주장을 심규환의 용어로 변환시키면, '우리global citizens'가 디지털 시대의 윤리, 즉 코로나19 시대의 글로벌 공공선을 실천하는 주체요 동인이라는 뜻이다.

그 어떤 개인도 그 어떤 사회나 국가도 배제하지 않은 '우리-세상', 즉 글로벌 시민이 함께 만들어가야 할 미래는 '우리'에 대한 각성을 통해 글로벌 공공선의 실천으로 완성되어야 한다. 글로벌 공공선은 단지 코로나19 팬데믹의 문제에만 국한되는 것이 아니라 "현대사회"가 이미 온갖 "바이러스들"로 감염돼 있기에[**] 더더욱 이를 실천하기 위한 국제적 시민 연대가 필요한 것인지 모른다.

물론 여기서 '우리-세상'을 자칫 '인간만을 위한 세상'이라고 여길 수 있다. 하지만 이는 섣부른 단견이다. '우리-세상'은 지구공동체 전체가 생생生生한 것이 목표이기 때문이다. '우리-세상'에는 동물, 식물을 비롯해 무생물까지도 당연히 포함된다. 최근 '코로나와의 동행 with Corona'이 불가피하다는 담론들이 고개를 내밀고 있는 것도 우연이 아니다. 코로나19는 이제 더 이상 퇴치·박멸에 승부를 걸어야 할 '적'과

---

[*]   P. Jandrić, "We-think, we-learn, we-act: the trialectic of postdigital collective intelligence", *Postdigital Science and Education*, Vol. 1, No. 2, 2019, pp. 275~279 참조.

[**]   T. Besley, M. Peters, & S. Rider, "Afterword: viral modernity", In M. A. Peters, S. Rider, M. Hyvönen, & T. Besley (Eds.), *Post-Truth, Fake News*, Singapore: Springer, 2018. pp. 217~224 참조.

같은 대상이라 생각해선 안 된다. 현실적으로 그럴 수도 없다. 바이러스는 실제 인류와 오랜 세월 함께 해온 공생자共生者 중 하나다. 지구 공동체를 위해서는 오히려 '인간'이 지구를 파괴한 바이러스라 할 수 있는 것은 아닌지 겸허히 되돌아볼 때다. 세계보건기구와 유니세프가 공동으로 제출한 보고서에서도 확인할 수 있듯,[*] 코로나19의 감염원은 바로 '인간'이다. 인간이 다른 인간에게 코로나19를 전염시키고 있으니, 인간이 인간을 파괴하는 바이러스인 셈이다.

조선의 실학자 홍대용은 일찍이 『의산문답』에서 "사람과 동물은 지구의 '벼룩'과 '이'이다"라고 했다. 지구의 관점에서 볼 때, "인간은 지구의 부수적 요소"일 뿐이라는 것이다.[**] 코로나19 팬데믹으로 인해 어쩌면 우리는 지구 파괴적인 인간중심주의의 '민낯'을 목도目睹하고 있는지 모른다. 역설적으로 이야기해, 코로나19 팬데믹의 경험은 우리에게 '신인류주의new humanism'에 대한 깊은 고민에 잠기게 한다고나 할까.

인간에게 '생명권'은 천부권이면서 동시에 다른 생명체와 비교할 때 어디까지나 '제한된 의미'에서 그렇다. 생명권은 인간에게만 배타적으로 부여된 특권이 아니란 뜻이다. 같은 논리로, 신인류주의를 만

---

[*] WHO/Europe, the European Union and UKaid, *Analytical Report of the First, Second and Third Wave Studies*, May 2020, p. 19. 이 보고서에서는 코로나19의 1~3차 감염원이 모두 '인간'이라고 적시하고 있다.

[**] 자세한 내용은 조성환·허남진, *op. cit.*, pp. 103~109 참조.

일 전통의 인간중심주의로 이해한다면, 신인류주의는 허명虛名에 지나지 않을 것이다. 다른 생명체들과 더불어 사는 '정상적인' 방법을 체득하지 못한 탓에 '인간세'가 마치 '지구세'인 것처럼, 돌려 말해 '조작인 인간homo faber'이 지구의 주인인 것처럼 착각한 것이 바로 인간중심주의다.

이런 까닭에 요의 신인류주의를 혹여 개인주의나 자국중심주의 또는 인간중심주의와 혼동하지 않았으면 하는 것이 필자의 바람이다. 필자는 신인류주의를 개인도 국가도 초월하는 일종의 '지구공동체주의', '생명존중주의'와 같은 의미로 제안한 것이다. 이런 관점에서 신인류주의는 '반성적이고 비판적인 인간론'의 노선을 지향한다고 할 수 있다. '반성적이고 비판적인 인간론'에서 '인간'은 세계의 중심에 홀로 서서 행복을 추구하지 않고 널리 다른 생명체들과 공존하며 살아가는 법을 터득하고 실천하는 자를 의미한다. 나의 행복이 곧 인류의 행복이라는 것을 몸소 깨달은 자는 나의 생명이 곧 인류, 지구의 생명과 둘이 아니라는 것을 정확히 이해하며, 이를 친히 삶 속에서 실천할 것이다.

나아가 글로벌 공공선의 실천에 목표를 두고 있는 신인류주의가 구체화되기 위해서는 지구촌 시민들의 동참과 연대가 무엇보다 중요하다. 신인류주의는, B. 그린의 주장을 차용하자면, "협력적 인간homo collaborans"이 전개하는 "지식의 새로운 형태"라 할 수 있다. 코로나19 팬데믹과 같이 "지구적 문제를 해결"하기 위해 상호 협력하며 초국가

적 연대를 실천하는 것이 중요한 까닭이 여기에 있다.[*]

지구적 존재로서 인간이 지구적 변화에 동참하는 것은 인간이 지구공동체 구성원으로 살아가기 위한 필수적 조건이다. 코로나19는 우리에게 타자와 더불어 사는 것, 대면하며 교류하는 것이 얼마나 중요하고 의미 있는 삶의 방식인가를 되돌아보게 한다. 지구공동체에 존재하는 모든 타자와 더불어 행복을 공유하는 것, 그것이 정상적인 삶의 방식이고 최상의 삶의 목표이다. 그 어떤 생명체도 배제되거나 차별받거나 탈중심화되지 않고 최고의 선을 구현하기 위해 함께 노력하며 희생을 감수하는 것, 이것이 코로나19가 인류에게 전하는 메시지다.

정확히 이런 이유 때문에 우리는 지구공동체적 의식과 비전을 가지고 코로나19 발발 이전의 상태로 되돌아가 타자들, 타생명체들과 정상적으로 대면하며 살아가는 날을 앞당기기 위해 노력해야 한다. 앞서 우리는 메를로-퐁티를 인용하며 "나-타자-세계는 한 몸통"이라 했다. '세계'로서 "지구의 숨소리가 편해져야" "[나와 타자, 즉] 우리들 자신의 숨소리"도 편해질 수 있다. 이를 굳이 언급하고 강조해야만 그 의미를 이해할 만큼 인간이 그렇게 아둔한 존재인가?

코로나19는 분명 인류가 자초한 재앙이다. 그러니 그 해법을 찾는 것 또한 인류가 집단지성을 발휘해 찾아야 한다. "이번 기회에 제대로

---

[*]   B. Green, "In Pursuit of an 'Ethos of Community': Postdigital Education in the Age of Covid-19", *Postdigital Science and Education*, May 08, 2020, p. 3.

지구를 살려보자"는 한 블로거가 남긴 글을 함께 소리 내어 읽으며 이글을 마칠까 한다.[*]

마스크 없이는/ 이제 그 어디에도 갈 수 없다. / 어디를 가더라도 QR 체크인을 하고,/ 상시 대기 중인 직원들이 배치되어 있는 것이 요즘의 현주소다. / 체온을 재는 것은 기본 중 기본이고,/ 출입 명부를 작성해야 한다. / 이제는 코로나와 함께 살아가야 한다고 누구나가 생각하는 위드 코로나/ 시대가/ 된 것이다. / 맘껏 웃을 수 없는 시절을 보내고 있고,/ 안전을 기반한 우리는 조심스레/ 살아가야 하고, 그렇게 살고 있다. / (…) / 이제는 누구나가 적응이 되어버렸고,/ 3살짜리 꼬마도 답답하다고,/ **밖에 나가서 놀고 싶다고 조르면서/ 마스크부터 챙긴다./** (…) / **박장대소 활짝 웃어젖히던 시절이/ 그립고 그리워지는/ 오늘이다.** / 언제쯤 우리는 그런 날을 만끽할 수/ 있을까?/ 코로나로 달라진 하늘과 자연은/ 참으로 곱고 예쁘다. / 우리나라 금수강산이 되살아난다. / **지구의 숨소리가 편해지는 기회가 되었으면 좋겠다./ 그것이 곧, 우리들 자신의 숨소리가 될 것이므로!/** 우리가 자초한 것들이니,/ 참아야 한다면/ **이번 기회로 제대로〔지구를〕 살려보는 것도 좋겠다.**

---

* 이 시는 '생각대로 되는 나'를 운영하는 블로거의 〈마스크가 우리의 일상이 되다〉라는 시의 일부이다(https://blog.naver.com/ace5355/222141919737) - 진하게 표시한 부분은 필자 강조.

지구적 전환 2021

등록 1994.7.1 제1-1071
1쇄 발행 2021년 4월 20일

기 획   모시는사람들
지은이   고은광순 김유리   박길수   박치완   신승철   오하시 겐지
        유상용   유정길   이윤복   이주연   이현진   임진철   전희식
        조성환   차은정   허남진   황선진
펴낸이   박길수
편집장   소경희
편 집   조영준
관 리   위현정
디자인   이주향
마케팅   ˙조영준
펴낸곳   도서출판 모시는사람들
        03147 서울시 종로구 삼일대로 457(경운동 수운회관) 1207호
전 화   02-735-7173, 02-737-7173 / 팩스 02-730-7173
홈페이지 http://www.mosinsaram.com/

인 쇄   (주)성광인쇄(031-942-4814)
배 본   문화유통북스(031-937-6100)

값은 뒤표지에 있습니다.
ISBN   979-11-6629-033-6   03300